KB023749

초등학생을 위한
표준 한국어
교사용 지도서

학습 도구

1~2학년

교사용
지도서

초등학생을 위한

표준 한국어

국립국어원 기획 · **이병규** 외 집필

학습 도구

1~2학년

마리북

발간사

국립국어원에서는 교육부 2012년 '한국어 교육과정' 고시에 따라 교육과정을 반영한 학교급별 교재 개발을 진행하였습니다. 이어서 2017년 9월에 '한국어 교육과정'이 개정·고시(교육부 고시 제2017-131호)됨에 따라 2017년에 한국어(KSL) 교재 개발 기초 연구를 수행하였고, 연구 결과를 바탕으로 초등학교 교재 11권, 중고등학교 교재 6권을 개발하여 2019년 2월에 출판하였습니다.

교재에 더하여 학교 현장에서 다문화가정 학생들의 한국어 의사소통 능력 및 학습 능력 함양에 보탬이 되고자 익힘책을 개발하게 되었습니다. 교재와의 연계성을 높인 내용으로 구성하여 말 그대로 익힘책을 통해 한국어를 더 잘 익힐 수 있도록 노력하였습니다. 더불어 익힘책의 내용을 추가 반영한 지도서를 함께 출판하여 현장에서 애쓰시는 일선 학교 담당자들과 선생님들에게도 교재 사용의 길라잡이를 제공하고자 하였습니다.

'다문화'라는 말이 더 이상 낯설지 않은 한국 사회에서 다문화가정 학생들이 한국 사회 구성원으로서의 정체성 함양에 밑거름이 되는 한국어 능력을 기르는 데《초등학생을 위한 표준 한국어》가 도움이 되기를 바랍니다. 국립국어원에서는 이제껏 그래왔듯이 교재 개발 결과가 현장에서 보다 잘 활용될 수 있도록 돕기 위하여 교재 개발은 물론 교원 연수 등을 통해 지속적으로 다문화가정 학생들의 한국어 능력 향상을 위해 노력하겠습니다.

끝으로 3년간《초등학생을 위한 표준 한국어》교재와 익힘책, 지도서 개발과 발간을 위해 애써 주신 교재 개발진과 출판사에 깊은 감사의 말씀을 드립니다.

2020년 2월
국립국어원장 소강춘

머리말

2012년 '한국어(KSL) 교육과정'이 고시되면서 초등 및 중등 학습자를 위한 한국어(KSL) 교육은 공교육의 체제 속에서 전개되어 왔습니다. 모어 배경과 문화, 생활 경험과 언어적 환경 등에서 매우 다양한 한국어(KSL) 학습자들은 '한국어(KSL) 교육과정'이 적용된《초등학생을 위한 표준 한국어》를 배워 왔고 일상생활과 학교생활에 필요한 한국어 능력을 길러 왔습니다. 이제 학교에서의 한국어(KSL) 교육은 새로운 도약을 목전에 두고 있다고 할 수 있습니다. 지난 2017년에 '한국어(KSL) 교육과정'이 개정되면서, 새로운 교육과정이 적용된《초등학생을 위한 표준 한국어》 11권이 2019년에 출간되었습니다. 그리고 올해는《초등학생을 위한 표준 한국어 익힘책》11권이 세상에 빛을 보게 되었기 때문입니다.

새 교육과정에 따라 편찬한《초등학생을 위한 표준 한국어》와《초등학생을 위한 표준 한국어 익힘책》은 세 가지 원칙을 분명히 하였습니다. 첫째, 개정된 교육과정의 관점과 내용 체계, 교재 개발을 위한 기초 연구의 성과 등을 충실히 반영하는 것입니다. 〈의사소통 한국어〉 교재와 〈학습 도구 한국어〉 교재를 분권하고, 학령의 특수성을 고려한 저학년용, 고학년용 교재의 구분 등도 이러한 맥락에서 실행되었습니다.

둘째, 초등학교 한국어(KSL) 학습자와 교육 현장을 충분히 이해하고 고려하는 것입니다. 이를 위해 연구 집필진은 초등학생 한국어 학습자의 언어 환경, 한국어 학습의 조건과 요구 등을 파악하는 데 많은 노력을 기울였습니다.

셋째,《초등학생을 위한 표준 한국어》와《초등학생을 위한 표준 한국어 익힘책》을 긴밀히 연계하여 교수·학습의 효과와 효율성을 높이고자 하였습니다. 본책에서 목표 어휘와 목표 문법에 대한 부족한 활동을 익힘책에서 반복·수행하여 익힐 수 있도록 연계하였습니다.

이 교사용 지도서는 위와 같은 원칙하에 개발된《초등학생을 위한 표준 한국어》와《초등학생을 위한 표준 한국어 익힘책》을 교수·학습 상황에 효과적으로 연계하여 활용할 수 있도록 했습니다. 한국어 교육 경험이 많지 않은 선생님도 이 지도서를 참고하여 교재 연구를 하면 수업 설계를 잘 할 수 있을 것입니다. 특히, 교수·학습의 절차와 교육 내용 등을 교사 언어와 함께 구체적으로 기술하여 수업을 설계하는 데 편의를 도모하고자 하였습니다.

이뿐만 아니라, 이 지도서는 교수·학습 내용에 대한 배경지식과 참고 정보를 풍부하게 제시하고 있으며, 교수 방안에 대한 아이디어 또한 다양하게 제시하고 있습니다. 이를 참고하면 초등학교 한국어 학습자의 특성을 고려한 교수·학습을 수행하는 데 도움이 될 수 있을 것입니다.

초등학교 한국어 교육 현장에 적합한 교육을 설계하고 구현하기 위하여 개발한 교사용 지도서는 많은 분들의 지원과 노력으로 완성되었습니다. 우선 새로운 방식의 지도서가 편찬될 수 있도록 지원을 아끼지 않은 교육부와 국립국어원 관계자 여러분께 깊이 감사드립니다. 그리고 고된 작업 일정과 어려운 여건 속에서도 진심과 열정으로 임해 주셨던 연구 집필진 선생님들께, 그리고 마리북스출판사에도 깊은 감사의 마음을 전합니다.

　　이 지도서가 선생님들이 한국어(KSL) 교수·학습을 운영하는 데 올바른 지침이 될 수 있기를 바랍니다. 이렇게 이루어진 한국어 수업을 통하여 초등학교 한국어 학습자들이 학교생활에 잘 적응할 뿐만 아니라, 교과 학습의 기초와 기반을 다지질 수 있는 한국어 능력을 갖게 되길 희망합니다.

2020년 2월

저자 대표 이병규

일러두기

 지도서 소개

　《초등학생을 위한 표준 한국어 학습 도구 교사용 지도서》는 한국어(KSL) 교재의 교육 목표를 현장에 충분히 구현할 수 있도록 하는 데 목적을 두고 구성하였다. 본 지도서의 특징은 다음과 같다.

교사 중심의 교사용 지도서

- 교육 절차와 교육 내용 등을 상세하고 구체적으로 기술하여 한국어(KSL) 교육 경험이 많지 않은 교사도 본 지도서를 참고하여 양질의 수업을 진행할 수 있도록 함.
- 교사가 알고 있어야 하는 관련 지식과 다양한 활동을 기반으로 한 교수·학습 지침, 유의점 등을 상세하고 구체적으로 기술함.
- 단원별로 수행 과제로 부과할 만한 교육 활동을 제공하거나 여건에 따라 익힘책 활동을 과제로 전환할 수 있도록 유도하여 교사들의 편의를 도모함.
- 다양한 유형의 지도서 사용자들을 고려해 단계에 맞는 교사 언어를 제공함.

다양한 교육 현장에서의 활용을 고려한 지도서

- 교재의 단원 구성 원리와 교수 절차에 맞춰 개발함으로써 실제 사용상의 효율성을 높임.
- 단원별로 8~10차시를 적절한 교육 시수로 설정하였으나, 교육 현장의 상황이나 여건에 맞춰 선택적 사용이 가능하도록 내용을 구성함.
- 교재와 익힘책의 긴밀성을 확보하는 방향으로 지도서의 내용을 구성함.

초등 학습자의 특성을 고려한 교수 방안

- 성인 학습자에 비해 경험의 폭이 한정되어 있고 학습 동기의 양상도 다른 초등 학습자를 배려한 교수·학습 방안을 개발함.
- 교사로 하여금 《초등학생을 위한 표준 한국어》에 반영되어 있는 초등 학습자의 관심사와 학습 흥미를 이끌어 낼 수 있게 도와주고, 학습자가 간접 경험의 기회를 많이 가질 수 있도록 하는 데에 도움을 주는 장치를 다수 마련함.
- 초등학생들이 경험하는 일상생활과 학교생활을 고려한 교수·학습 방안을 개발함.
- 초등학생에게 필요한 학습 어휘와 학습 주제를 활용하는 방안을 제시하여 교사가 현장에서 바로 적용하여 사용할 수 있도록 함.

수업 전반의 진행 방식 및 각 단계의 진행 방식의 구체적 방법을 제시하는 지도서

- '어휘 지식' 등과 같은 보충적 설명을 통해 사전에 교사가 숙지해야 할 내용을 제공하여 지도서가 교사 재교육에 일조할 수 있도록 함.
- 각 활동을 설명하는 '교사 언어'를 제공하여 활동에 대한 교사와 학습자의 이해도를 높일 수 있도록 개발함.

2 지도서의 단원 구성

《초등학생을 위한 표준 한국어 학습 도구 교사용 지도서》의 단원은 다음과 같은 순서로 구성된다.

단원명 ⇨ 단원의 개관 ⇨ 단원의 목표와 내용 ⇨ 차시 전개 과정
⇨ 단원 지도상의 유의점 ⇨ 차시별 교수·학습 방법 제시

3 지도서의 단원별 내용 구성

지도서의 내용 구성과 제시의 특징은 다음과 같다.

① 단원의 개관

- 단원의 주제가 되는 학습 도구 기능과 이 단원과 연계된 〈의사소통 한국어〉의 단원 정보를 제시함.
- 차시별 학습 주제와 학습 활동에 대해 간략하게 제시함.

② 단원의 목표와 내용

- 단원의 목표에서는 단원의 중요 학습 목표를 명확하게 제시함.
- 단원의 주요 내용에서는 학습 주제와 학습 도구 어휘 내용과 관련된 활동 정보를 간략하게 제시함.

③ 차시 전개 과정

- 차시의 흐름에서는 차시별 학습 주제와 학습 내용, 교재와 익힘책 쪽수 정보를 제시함.
- 차시별 교수·학습 활동에서는 차시별 주요 활동에 관한 설명을 제시함.

④ 단원 지도상의 유의점

- 단원 지도에서 전반적으로 고려되어야 하는 유의점에 관한 설명을 제시함.

⑤ 차시별 교수·학습 방법 제시

- 수업 과정에 따라 차시별로 교수·학습 방법을 제공하여 교사의 지도 방향을 구체화시켜 줌.
- '어휘 지식' 항목을 설정하여 단원에서 학습해야 하는 학습 도구 어휘와 관련된 전문 지식을 제시함.
- 유의점(유)을 통해 수업을 원활하게 진행하는 데 필요한 전문 지식을 적절한 양과 수준으로 제시하고, 교재와 익힘책의 연계 정보, 익힘책 활동에 관한 안내, 활동별 유의점을 제공함.
- 교사 언어(선)를 제공하여 실제 수업에서 교사가 교육 내용을 어떻게 발화해야 하는지를 구체적으로 제시해 줌.

4 단계별 지도서 세부 사항

① 단원의 시작

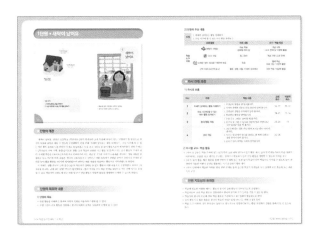

- 해당 단원의 학습 목표와 학습 도구 기능, 주제 등 전체 내용을 조망하고 확인할 수 있도록 구성함.
- 해당 단원의 〈의사소통 한국어〉 교재와의 연계성을 설명함.
- 단원명, 단원의 개관, 단원의 목표와 내용, 차시 전개 과정의 순으로 구성함.

② 1, 2차시(의사소통 필수 차시와 연계할 경우 5, 6차시)

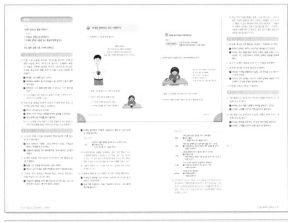

- 1차시의 도입은 〈의사소통 한국어〉의 주제와 배운 내용을 확인하도록 하여 〈의사소통 한국어〉와의 연계성을 높임.
- 2차시의 도입은 1차시에서 배운 내용을 확인하도록 구성함.
- 해당 차시에서 학습하는 학습 도구 어휘의 정의와 추가 예시 문장, 문법 정보를 제공함.
- 유의점(유)을 통해 활동 시 유의점, 학습 도구 어휘 관련 문법 정보, 관련된 익힘책 활동 정보를 제공함.
- 차시의 정리 활동은 해당 차시에서 배운 학습 도구 어휘나 학습 도구 기능을 복습할 수 있는 활동으로 구성함.

③ 3차시(의사소통 필수 차시와 연계할 경우 7차시)

- 3차시는 해당 단원의 학습 도구 어휘나 학습 도구 기능을 활용할 수 있는 놀이/협동 차시로서, 도입은 1, 2차시에 배운 내용을 확인하고 놀이 활동과 단원 주제와의 연관성을 이해시킬 수 있는 교사 발화를 제공함.
- 놀이/협동 활동의 방법과 구체적인 설명을 제시하고, 놀이/협동 활동의 방법을 설명할 때 필요한 교사 발화를 제공함.
- 유의점(유)을 통해 놀이/협동 활동 시 유의점, 관련된 익힘책 활동 정보를 제공함.
- 차시의 정리 활동은 놀이/협동 활동을 하면서 사용한 학습 도구 어휘나 학습 도구 기능을 복습할 수 있는 활동으로 구성함.

④ 4차시(의사소통 필수 차시와 연계할 경우 8차시)

- 4차시는 해당 단원의 복습 활동으로서, 도입은 마지막 차시의 성격을 설명하고 복습 활동의 대상이 되는 내용을 설명하는 데 도움을 줄 수 있는 교사 발화로 제시함.
- 첫 번째 활동은 해당 단원의 학습 도구 어휘에 관한 복습 활동으로 추가 연습이 필요한 어휘를 확인하도록 안내하는 교사 발화를 제시함.
- 두 번째 활동은 해당 단원의 학습 도구 기능에 관한 복습 활동으로 앞서 배웠던 학습 도구 기능을 다시 떠올리며 활용해 보도록 안내하는 교사 발화를 제시함.
- 정리 활동은 단원을 공부하며 든 느낌이나 생각을 이야기해 보거나 해당 단원에서 배운 내용을 정리해 볼 수 있는 활동으로 구성함.

차례

1단원 • 새싹이 났어요

선택 1
의사소통 한국어 3권
1. 뛰다가 넘어졌어요
5차시~8차시

필수
의사소통 한국어 3권
1. 뛰다가 넘어졌어요
1차시~4차시

선택 2
학습 도구 한국어
1. 새싹이 났어요

1
새싹이
났어요

단원 주제

1. 자세히 살펴보는 활동 이해하기
2. 수업 시간에 할 수 있는 여러 활동 살펴보기

● 화분에 심은 씨앗에서 새싹이 났어요.
● 새싹을 자세히 살펴보고 싶어요.

14

15

단원의 개관

'새싹이 났어요' 단원은 초등학교 1학년이나 2학년 학생들이 교과 학습에 바탕이 되는 '관찰하기'를 중심으로 한국어 어휘와 표현을 배울 수 있도록 구성했다. 이를 위해 '자세히 살펴보는 활동 이해하기', '수업 시간에 할 수 있는 여러 활동 살펴보기'를 단원의 주제로 설정했고 '눈을 감고 그려요'를 놀이 활동으로서 제시했다. 단원 주제는 1~2학년군의 국어, 수학, 통합(슬기로운 생활) 교과 학습과 관련된 사고 활동 및 읽거나 쓰는 문식 활동의 주제가 된다. 주제별 학습은 1차시와 2차시에 주로 이루어지며 개념 및 지식을 다루거나 용례를 제시하는 어휘 내용을 포함하고 있다. 이러한 어휘 내용은 '한국어 교육과정'의 1~2학년군 어휘 목록에서 선별된 것이다. 단원마다 주제와 관련된 놀이/협동 학습을 3차시에 제시했으며 4차시는 배운 내용을 복습하는 활동으로 마무리하도록 했다.

이 단원은 생활 한국어 능력 중급(3급)의 학습자가 선택할 수 있는 활동과 어휘 내용으로 구성되었다. 따라서 〈의사소통 한국어〉 교재 3권 1단원('뛰다가 넘어졌어요') 필수 차시를 모두 배운 학생을 대상으로 하는 선택 차시로 운영될 수 있다. 학습자의 숙달도에 맞는 어휘 및 쓰기 연습 활동은 익힘책 활동을 병행하여 수행할 수 있도록 했다.

단원의 목표와 내용

1) 단원의 목표

◆ 관찰 활동을 이해하고 한국어 어휘와 표현을 사용하여 수행해 볼 수 있다.
◆ 수업 시간의 주요 활동을 경험하고 한국어 어휘와 표현을 사용하여 수행해 볼 수 있다.

2) 단원의 주요 내용

주제	1. 자세히 살펴보는 활동 이해하기 2. 수업 시간에 할 수 있는 여러 활동 살펴보기		
	교재 활동	**어휘 내용**	**교수·학습 특성**
학습 도구 어휘	부엉이 선생님	학습 목표 발표할 때의 말	개념 이해 (교과 연계 및 익힘책 활용)
	꼬마 수업	동그라미	개념 이해 (교과 연계)
	어려운 말이 있어요? 확인해 봐요.	모습	용례 학습 어휘 연습 (익힘책 활용)
	선택 어휘 (파란색 표시)	활동, 설명, 이용, 자세히 살펴보다	어휘 연습 (익힘책 활용)

● 차시 전개 과정

1) 차시의 흐름

차시	주제	학습 내용	교재 쪽수	익힘책 쪽수
1	자세히 살펴보는 활동 이해하기	1. 선생님의 설명을 잘 들어 봅시다. 2. 자세히 살펴본 내용을 읽고 물음에 답해 봅시다.	16~17	10~12
2	수업 시간에 할 수 있는 여러 활동 살펴보기	1. 선생님의 설명을 주의해서 들어 봅시다. 2. 발표하는 활동을 알아봅시다.	18~21	13~14
3	놀이/협동 학습	1. '눈을 감고 그려요' 놀이를 해 봅시다. 2. 친구가 잘 그릴 수 있도록 어떻게 알려 주었어요? 내가 알려 준 말을 써 봅시다.	22~23	15
4	정리 학습	1. 〈보기〉에 있는 말을 아는 말과 모르는 말로 나눠 써 봅시다. 2. 모르는 말 중에서 하나를 골라요. 몇 쪽에 나와요? 말을 찾아서 읽어 봅시다. 3. 돋보기 안의 새싹을 자세히 살펴봅시다.	24~25	

2) 차시별 교수·학습 활동

◆ 1차시 및 2차시: 단원의 주제에 맞는 읽기(특히 소리 내어 읽기)나 쓰기 활동을 제시했다. 또한 생각을 주고받는 말하기나 발표하기 등의 수업 활동을 경험할 수 있도록 과제를 제시했다. 익힘책 활동이 연계된다.

◆ 3차시: 단원의 주제와 관련된 놀이나 협동 활동을 제시했다. 놀이나 협동 과정에서 사용한 어휘, 문장을 활용하는 쓰기와 말하기 활동이 함께 제시되었다. 익힘책 활동이 연계된다.

◆ 4차시: 단원의 어휘 및 주제별 학습 내용을 정리, 복습하는 활동을 제시했다. 복습 활동 위주의 차시로서 익힘책 활동은 따로 연계되지 않는다.

● 단원 지도상의 유의점

◆ 학습에 필요한 어휘를 배우는 활동과 문식력 강화 활동이 이루어지도록 운영한다.

◆ 학습자들이 교과 학습 활동을 경험하면서 한국어 읽기와 쓰기 능력을 기를 수 있도록 한다.

◆ 학습자의 한국어 수준에 맞춰 학습 활동을 가감하거나 재구성하여 활용하도록 한다 .

◆ 놀이 활동이나 협동 활동은 한국어 학습과 자연스럽게 이어지는 데에 초점을 둔다.

◆ 학습 도구 어휘의 경우 추상성이 강하므로 명시적으로 설명하기보다는 활동 과정에서 경험을 통해 익힐 수 있도록 한다.

주제

자세히 살펴보는 활동 이해하기

주요 활동

1. 선생님의 설명을 잘 들어 봅시다.
2. 자세히 살펴본 내용을 읽고 물음에 답해 봅시다.

학습 도구 어휘

모습, 활동, 설명, 이용, 자세히 살펴보다

① 도입 - 5분

1) 단원 도입 모듈에 제시된 〈의사소통 한국어〉 연계 단원의 이름을 본다. 〈의사소통 한국어〉 교재에서 배웠던 내용을 간략히 정리해 주거나, 〈의사소통 한국어〉 주제를 활용하여 생활 한국어 이해 수준을 확인한다.

- 🙋 여러분, 여기 예쁜 집이 있어요.
- 🙋 여러분이 배워야 할 한국어들이 잘 모이면 이렇게 예쁜 집이 돼요.
- 🙋 여러분은 우리 몸에 대해 말할 수 있어요? 누가 말해 볼까요?
- 🔵 도입 모듈에 대한 설명이나 활동은 최대한 간략하게 하며, 경우에 따라 생략할 수 있다.

2) 단원 도입 그림을 보면서 단원의 주제와 학습 목표, 대략적인 단원 학습 내용을 살펴본다.

- 🙋 하미가 무엇을 보고 있어요?
- 🙋 새싹이 아주 작아요. 새싹을 자세히 살펴볼 수 있어요?
- 🙋 우리 함께 단원 주제를 읽어 볼까요?
- 🔵 도입 단계에서 학습자들의 수준을 판별하여 차시 활동이나 추후 익힘책 활동 등을 선택적으로 운영할 수 있도록 한다.

② 주요 활동 I - 20분

1) 1차시의 전체 구성을 안내하며 학습자들의 이해 정도를 우선 확인한다.

- 🙋 여기 선생님이 나와요. 그리고 하미도 나와요. 선생님과 하미는 무엇을 하고 있어요?
- 🙋 선생님의 설명을 우선 들어 볼까요? 읽어 줄게요. 잘 들어 보세요.

2) 교재의 흐름을 자연스럽게 따라가면서 1번 활동을 함께 수행한다.

- 🙋 밑줄 그은 문장을 찾아보세요. 읽어 보세요.
- 🙋 하미가 되어 보세요. 밑줄 부분을 잘 보면서 대답해 보세요.

3) '어려운 말이 있어요? 확인해 봐요.' 항목을 확인하고 어휘 학습이 되도록 유도한다.

- 🙋 선생님의 설명을 보면, 빨간색으로 표시된 말도 있고 파란색 말도 있어요. 빨간색 말부터 보세요.

🔵 자세히 살펴보는 활동 이해하기

1. 선생님의 설명을 잘 들어 봅시다.

새싹이 났어요.
잎이 아주 작아요. 어떤 모습일까요?
돋보기로 보면 작은 것도 크게 보여요.
돋보기를 이용해서 작은 잎을 자세히 살펴봐요.

1) 밑줄 그은 문장을 소리 내어 읽어 보세요.

2) 하미가 되어 물음에 답해 보세요.

① 무엇을 자세히 살펴보려고 해요?

② 자세히 살펴볼 때 무엇을 이용해요?

16

- 🙋 어려운 말이에요. 어떻게 사용하는지 볼까요? 읽어 보세요. 뜻을 알아요?

어휘 지식

모습	사람이나 사물의 생김새. 겉으로 보이는 모양이나 상태. 예 선생님의 모습. 민수가 복도를 걷는 모습을 보았니?

- 🔵 교재에 제시된 용례를 어려워하는 경우, 문장 형태가 아닌 구 형태의 용례로서 접근할 수 있으며(예: '웃는 모습', '움직이는 모습'), 이 경우 교사가 동작으로 보여 주거나 인터넷에서 찾을 수 있는 사진 자료 등을 제시하며 이해를 도울 수 있다.

- 🔵 익힘책 10쪽의 1번, 2번을 쓰게 한다. 경우에 따라 과제로 부여할 수 있다.

4) 교재에서 파란색으로 표시된 어휘를 확인한다.

- 🙋 선생님의 설명을 다시 보세요. 파란색으로 표시된 말이 있어요. 무엇이에요?
- 🙋 돋보기를 이용해서, 이용, 이용하다 알아요? 우리 함께 확인해 볼까요?

어려운 말이 있어요? 확인해 봐요.

모습

이렇게 사용해요　나는 친구의 웃는 모습이 좋다.
달팽이가 천천히 움직이는 모습을 보았다.

2. 자세히 살펴본 내용을 읽고 물음에 답해 봅시다.

돋보기로 보니 새싹이 크게 보여요.
아, 잎은 모두 세 개예요.
잎의 모양은 서로 달라요.
큰 잎이 두 개 있어요.
큰 잎 사이에 아주 작은 잎이 있어요.

1) 밑줄 그은 문장을 소리 내어 다시 읽어 보세요.

2) 하미가 자세히 살펴본 내용이 무엇인지 발표해 보세요.

㊠ 학습 도구 어휘들 중에는 '활동', '이용' 등과 같이 '-하다'가 붙은 파생어 형태로도 많이 사용되는 어휘들이 있다. 이 경우 "활동, 이 말은 '활동하다'로도 많이 사용돼요.", "이용하다, 이렇게 사용하는 것을 더 많이 들어 봤지요?", "이용하다, 이렇게 사용할 때가 더 많아요." 등과 같이 사용의 방법으로 설명을 더해 줄 필요가 있다.

❸ 주요 활동 II - 10분

1) 본문에 제시된 2번 활동을 안내하고 수행하도록 한다.

　㉫ 하미가 있어요. 하미는 돋보기로 새싹을 보고 있어요.

　㉫ 하미는 무슨 말을 해요? 읽어 보세요. 밑줄 부분은 다시 읽어요. 자, 이제 하미가 자세히 살펴본 내용을 발표해 봐요.

2) 교사가 교재의 내용을 읽어 주고, 이해를 확인한다.

3) 본문에 제시된 주요한 활동을 수행한다.

　㉫ 여러분, 1)번을 해 볼까요? 밑줄 그은 문장을 소리 내어 다시 읽어 보세요.

　㉫ 하미가 되어 보세요. 하미가 자세히 살펴본 내용은 무엇이에요? 친구들 앞에서 발표해 보세요.

4) 익힘책 12쪽의 5번을 쓰게 한다.

❹ 정리 - 5분

1) 1번 활동으로 돌아가서 주요한 표현을 반복적으로 사용해 보도록 한다.

　㉫ 하미는 돋보기를 이용해서 새싹을 살펴보고 있어요.

　㉫ 여러분, 교재를 보면서 선생님을 따라 말하세요.

2) 2번 활동으로 돌아가서 주요한 표현을 반복적으로 사용해 보도록 한다.

　㉫ 하미는 새싹을 보았어요. 큰 잎과 작은 잎을 보았어요.

　㉫ 여러분, 교재를 보면서 선생님을 따라 말하세요.

어휘 지식	
활동	어떤 일에서 좋은 결과를 거두기 위해 힘씀. ㉠ 봉사 활동. 너 특별히 하는 취미 활동이 있니?
설명	어떤 것을 남에게 알기 쉽게 풀어 말함. 또는 그런 말. ㉠ 선생님께서는 질문에 대해 자세히 설명을 해 주셨다. 설명이 부족하다.
이용	대상을 필요에 따라 이롭거나 쓸모가 있게 씀. ㉠ 자원의 이용. 할머니께서는 휴대전화 이용 방식을 잘 모르셔서 늘 집 전화를 쓰신다.
자세히	아주 사소한 부분까지 구체적이고 분명하게. ㉠ 자세히 좀 얘기해 봐. 무슨 일 있는 거야? 자세히 묘사하다.
살펴보다	무엇을 찾거나 알아보다. ㉠ 주위를 살펴보다. 서랍을 살펴보다.

㊠ 파란색으로 표시된 어휘는 모든 경우에 따로 배우기보다는 경우에 따라 선택하여 배우도록 한다. 먼저 학습자들이 파란색 표시 어휘에 집중하도록 유도하고 이해를 확인한 후, 익힘책 11쪽의 3번, 4번을 쓰게 한다. 익힘책 활동은 과제로 부여할 수 있다.

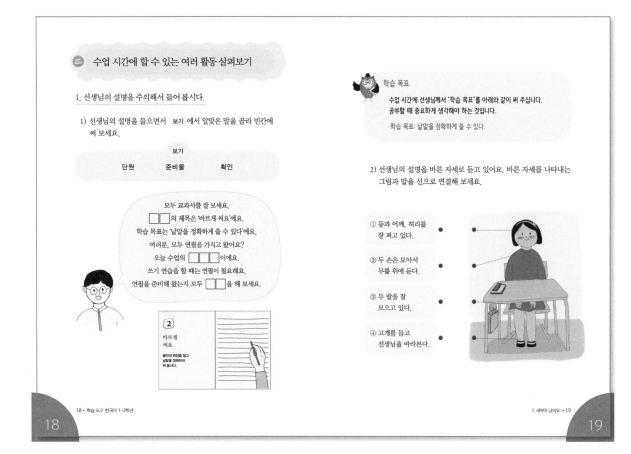

2차시

주제
수업 시간에 할 수 있는 여러 활동 살펴보기
주요 활동
1. 선생님의 설명을 주의해서 들어 봅시다.
2. 발표하는 활동을 알아봅시다.
학습 도구 어휘
학습 목표, 발표할 때의 말, 동그라미

1 도입 – 5분

1) 단원의 학습 주제를 다시 설명하고, 1차시에서 배운 내용을 떠올리게 한다.

- 🔵 돋보기로 새싹을 관찰할 수 있어요? 관찰할 때는 무슨 말을 해요?
- 🔵 돋보기를 이용하다, 알아요? 새싹을 자세히 관찰했다, 말할 수 있어요?
- 🟠 한국어 어휘와 표현에 초점을 두도록 유도한다.

2) 2차시의 주요한 내용을 소개한다.

- 🔵 수업 시간에는 무엇을 할까요?
- 🔵 수업 시간에는 무슨 말을 하게 될까요? 발표할 때는 어떻게 말해요?
- 🟠 저학년 학습자들의 학습 경험을 확인하고, 한국어 이해 수준과 표현 수준을 확인하여 차시 내용을 운영하도록 한다.

2 주요 활동 I – 15분

1) 2차시의 전체 구성을 안내하며 학습자들의 이해 정도를 우선 확인한다.

- 🔵 1번에서 선생님의 설명을 보세요. 교과서도 있어요. 교과서와 함께 보세요.
- 🔵 보기에는 무슨 말이 있어요? 살펴보세요. 이제 함께 읽어 봐요.

2) '부엉이 선생님'의 내용을 확인하고 설명한다. 예시를 통해 접근한다.

- 🔵 '부엉이 선생님'에는 어떤 내용이 있어요? 소리 내어 읽어 봐요.
- 🔵 우리 국어 교과서를 보면서 확인할까요? 선생님이 들고 있는 교과서를 보세요.
- 🟠 '부엉이 선생님' 활동에서는 차시 주제와 관련된 주요한 언어 기능이나 개념을 소개한다. 부엉이 선생님에 제시된 내용은 다소 어렵거나 추상적일 수 있기 때문에, 되도록 쉽게 설명해 주고, 실제 교과에서 사용되는 이미지나 예시 등을 가지고 설명해 주는 것이 좋다.
- 🟠 '부엉이 선생님' 내용을 충분히 설명한 후에 익힘책 13쪽의 1번, 2번을 수행하도록 한다. 과제로 부여할 수 있다.

3) 교재의 2)번 활동을 설명한다. 연필을 준비시키고 선으로 긋는 활동을 안내한다.

- 🔵 하미를 보세요. 바른 자세를 하고 있어요. 순서대로 읽어 볼까요?
- 🔵 하미의 바른 자세와 설명하는 말을 선으로 이어 보세요.

2. 발표하는 활동을 알아봅시다.

1) 하미가 수업 시간에 발표를 하고 있어요. 소리 내어 읽어 보세요.

저는 무의 씨앗을 심었습니다.
씨앗을 심고 3일 후에 새싹이 났습니다.
작고 동그란 잎이 두 개 있습니다.
새싹의 이름은 동그라미로 지었다.
잎이 동그랗기 때문입니다.

① 밑줄 그은 부분은 발표할 때 올바른 말이 아니에요. 틀린 부분을
고쳐 봅시다.

새싹의 이름은 동그라미로 지었다.

→ 새싹의 이름은 동그라미로 (   ).

🦉 발표할 때의 말
**발표할 때는 듣는 사람을 생각해서 예의 바르게 말해요.
높임말을 사용해야 해요.**

 꼬마 수업 **동그라미**

동그라미 모양은 자동차 바퀴와 같은 모양이에요. 자동차 바퀴의 모양을
말할 때는 "동그라미 모양이다."라고 하거나 "모양이 동그랗다."라고 해요.
수학 시간에는 동그라미와(○)와 세모(△), 네모(□) 모양을 배워요.

② 여러분은 새싹의 이름을 무엇으로 정하고 싶어요? 그 이름을 정한
까닭은 무엇이에요? 아래 밑줄에 써 보세요.

새싹의 이름:

이름을 정한 까닭:

③ ②번의 내용을 친구들 앞에서 발표해 보세요.

2) 자신이 발표를 잘했는지 확인해 봐요. 소리 내어 읽으면서 표시해
보세요.

똑바로 서서 바른 자세로 발표했다.　　😊😐☹️

친구들이 잘 들을 수 있는 목소리로 발표했다.　😊😐☹️

높임말로 예의 바르게 발표했다.　　　　😊😐☹️

---

3 주요 활동 II – 15분

1) 본문에 제시된 2번 활동을 안내하고 수행하도록 한다.

🟩 하미는 발표를 하고 있어요. 그런데 빈센트가 놀라고 있
어요. 왜 그럴까요?

🟩 하미는 무슨 말을 해요? 읽어 보세요. 밑줄 부분은 다시
읽어요.

2) ①번 활동을 한다. '부엉이 선생님'을 보면서 수행하게
한다. 익힘책 14쪽의 3번, 4번을 보충적으로 연이어 수
행하게 할 수 있다.

🟩 여러분 하미의 말은 발표에 어울리지 않아요. 고쳐서 써
보세요.

🟩 '부엉이 선생님'을 보세요. 발표할 때는 어떻게 말해야
해요?

🟧 익힘책 14쪽의 4번 활동은 2차시의 마무리 활동으로서 따
로 활용할 수 있다.

3) '꼬마 수업' 내용을 설명한다.

🟩 하미의 말에는 색깔이 표시된 말이 있어요. 무엇이에요?

🟩 '꼬마 수업'을 읽어 볼까요? 수학 시간에 배웠어요? 이제
동그라미를 알아요?

🟧 '꼬마 수업' 활동에서는 차시 내용에서 다룬 특정한 주요 교
과의 학습 개념을 소개한다. 그 교과의 수업 시간(예: 수학 시
간)을 그대로 재현하며 지도하는 것이 좋다. 되도록 그 교과
의 수업 장면을 경험해 볼 수 있도록 실제 교과에서 사용되
는 이미지나 예시 등을 가지고 설명해 주는 것이 좋다. 학생
의 수준에 따라 진행한다.

4) ②번과 ③번 활동을 수행한다. 두 활동을 묶어서 한 번
에 말하는 활동으로 운영할 수 있다.

🟩 새싹의 이름을 정해 보세요. 이름을 써 보세요.

🟩 이름을 정한 까닭을 말해 보세요. 써 보세요. 누가 발표해
볼까요?

🟧 저학년 학생들의 쓰기는 교사가 칠판에 예시를 보여 주며 지
도할 수 있다. 띄어쓰기나 한글을 정확히 쓰고 있는지 확인
하며 지도한다. 익힘책 14쪽의 3번을 다시 보거나 다시 쓰
게 할 수 있다.

4 정리 – 5분

1) 교재 2)번 활동을 수행하며 2차시 내용을 정리한다.

🟩 여러분, 발표를 잘 했는지 생각해 봐요. 교재의 내용을 읽
고 표시해 봐요.

🟩 이제 발표를 잘 할 수 있어요?

2) 1번 활동으로 돌아가서 주요한 표현을 반복적으로 사
용해 보도록 한다.

🟩 단원, 준비물, 학습 목표가 무엇인지 말할 수 있어요?

🟩 바른 자세가 무엇이에요? 교재를 보면서 다시 읽어 보
세요.

함께 해 봐요

1. '눈을 감고 그려요' 놀이를 해 봅시다.

① 두 명이 짝이 되어요.

② 둘 중 한 사람은 눈을 가려요.

③ 눈을 가린 사람이 칠판에서 좀 떨어진 곳에서 출발해요. 손에는 펜을 들어요.

④ 눈을 가린 사람이 칠판에 도착할 수 있도록 알려 줘요. 칠판에 도착하면 얼굴을 그리기 시작해요.

⑤ 나머지 한 사람은 행동을 계속 알려 줘요. 눈, 코, 입, 귀 등을 어떻게 그릴지 말해요.

⑥ 얼굴을 알아볼 수 있도록 잘 그린 편이 이겨요.

2. 친구가 잘 그릴 수 있도록 어떻게 알려 주었어요? 내가 알려 준 말을 써 봅시다.

3차시

1 도입 – 5분

1) 3차시는 놀이 활동임을 환기시킨다. 또한 놀이에 알맞은 자리 배치나 학생 현황을 파악한다. 준비물을 미리 나눠 준다.

- 선 우리 모두 몇 명이에요? 둘씩 짝을 지어 앉아 볼까요?
- 선 책상 위에 펜이 있어요. 눈을 가릴 수 있는 물건도 있어요. 들어 보세요.
- 유 놀이 활동을 시작하기 전 학생들의 어휘 수준을 확인하고, 잘 모르는 어휘를 설명해 준다.

2) 단원의 주제와 놀이 활동의 연관성을 설명한다.

- 선 자세히 살펴보는 활동을 배웠어요. 무엇을 자세히 살펴봤어요?
- 선 이제 자세히 살펴보고, 자세히 설명하는 놀이를 해 볼까요?
- 유 놀이 활동과 단원의 주제인 '관찰하기'를 연결시켜 설명하되, 학습자의 수준에 따라 추상적인 설명은 생략할 수 있다. 놀이에 흥미를 지니고 관련된 한국어 어휘와 표현을 익히고 사용해 보는 것을 우선 강조하여 지도한다.

2 놀이 설명 – 10분

1) 그림을 보며 어떤 놀이를 할지 생각해 본다.

- 선 그림을 순서대로 살펴보세요. 설명을 소리 내어 읽어 보세요.

- 선 어떤 놀이예요? 이해했어요?

2) 놀이 방법을 확인한다.

- 선 선생님이 설명할게요. 잘 들으세요.
- 선 둘씩 짝을 지어요. 한 사람은 눈을 가리고 칠판까지 와요. 짝꿍은 친구가 잘 가도록 말해 줘요. 얼굴을 그릴 수 있도록 말해 줘요.
- 유 정확하게 한국어를 말하지 못해도 학생의 수준에 맞도록 자유롭게 말하면서 놀이에 참여하도록 한다. 지나치게 교정하지 않는다.

3 놀이하기(활동하기) 및 정리 – 25분

1) '눈을 감고 그려요' 놀이를 해 본다.

- 선 놀이를 시작해요. 누가 먼저 할까요?
- 선 놀이를 할 때는 한국어를 사용하도록 노력해요. 할 수 있는 만큼 말해요.

2) 놀이를 하면서 사용한 말들을 떠올려서 말해 본다.

- 선 친구가 잘 그릴 수 있도록 어떻게 알려 주었어요?
- 선 말을 써 보세요. 쓰기 어려우면 말로 해 보세요.
- 유 쓰기 시간을 내기 어려우면 과제로 부여하거나 말하기를 위주로 하는 활동으로 지도할 수 있다. 익힘책 15쪽의 1번, 2번 활동을 함께 수행하거나 과제로 부여할 수 있다.

3) 놀이 활동을 정리한다.

- 선 누가 가장 잘 그렸어요? 잘 그리기 어려워요?
- 선 한국어로 알려 줄 수 있어요? 무슨 말이 가장 어려워요? 어떤 말이 재미있어요?

되돌아보기

1. 보기 에 있는 말을 아는 말과 모르는 말로 나눠 써 봅시다.

보기

활동 설명 자세히 살펴보다 발표
모습 준비물 확인 동그라미

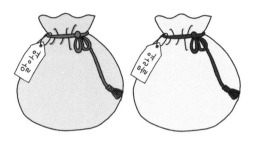

2. 모르는 말 중에서 하나를 골라요. 몇 쪽에 나와요? 말을 찾아서 읽어 봅시다.

3. 돋보기 안의 새싹을 자세히 살펴봅시다.

1) 돋보기 안에 보이는 새싹의 모습이 어떠한지 말해 보세요.

2) 새싹의 모습이 어떠한지 써 보세요.

4차시

1 도입 – 5분

1) 되돌아보기 차시의 성격을 설명하고 복습 활동의 대상이 되는 내용을 간략히 설명한다.

- 🔵 1번을 보세요. 보기에는 많은 말이 나와요. 배운 말이에요. 읽어 보세요.
- 🔵 3번을 보세요. 하미가 돋보기로 무엇을 봤어요? 떠올려 보세요.

2) 이미 배운 교재 내용을 다시 보도록 안내하거나 바로 본 차시 활동을 시작하게 할 수 있다.

2 되돌아보기 I – 10분

1) 1번 복습 활동을 수행한다. 보기의 어휘를 읽고 아는 어휘와 모르는 어휘를 찾게 한다.

- 🔵 알아요, 어떤 말을 써요? 몰라요, 어떤 말을 써요?
- 🔵 아는 말이 많아요, 모르는 말이 많아요? 제일 어려운 말은 무엇이에요?

2) 2번 활동을 하면서 모르는 어휘의 뜻을 다시 확인하도록 한다.

- 🔵 모르는 말은 다시 설명해 줄게요. 교재의 몇 쪽에 나오는지 볼까요?
- 🔵 여러분이 먼저 교재를 찾아보세요. 몇 쪽에 나와요? 찾아서 읽어 보세요.

3 되돌아보기 II – 20분

1) 2번 복습 활동을 수행한다. 돋보기를 이용해서 자세히 살펴보는 관찰 활동을 할 때 필요한 어휘와 표현을 떠올리게 한다.

- 🔵 하미는 무엇을 했어요? 돋보기로 무엇을 봤어요?
- 🔵 돋보기에 보이는 모습이 어때요? 말해 보세요.

2) 복습한 내용을 쓸 수 있도록 한다.

- 🔵 새싹의 모습을 말했지요? 이제 써 볼까요?
- 🔵 문장으로 쓰세요. 선생님처럼 써 보세요.
- 🟠 쓰기를 어려워할 수 있으므로 선생님이 칠판에 보기로 써 주는 것이 좋다. 또한 구어체인 '~요' 문체보다는 문어체인 '~다' 문체를 보기로 제시할 필요가 있다. 그러나 학습자에 따라서는 구어체와 문어체의 구분 문제를 크게 부각시키지 않을 수 있다.

4 정리 – 5분

1) 단원을 공부하며 든 느낌이나 생각을 이야기한다.

2) 배운 한국어 어휘와 표현에 초점을 두고 떠올릴 수 있도록 유도한다.

2단원 • 의미를 찾아요

선택 1
의사소통 한국어 3권
2. 수영을 할 줄 알아요
5차시~8차시

필수
의사소통 한국어 3권
2. 수영을 할 줄 알아요
1차시~4차시

선택 2
학습 도구 한국어
2. 의미를 찾아요

단원 주제

1. 그림이 나타내는 의미를 찾아보기

2. 예상해서 답하기

2 의미를 찾아요

● 자르갈은 취미를 나타내는 그림을 들고 있어요.

● 자르갈의 취미는 무엇일까요?

26　27

● 단원의 개관

　'의미를 찾아요' 단원은 초등학교 1학년이나 2학년 학생들이 교과 학습에 바탕이 되는 '추론하기'를 중심으로 한국어 어휘와 표현을 배울 수 있도록 구성했다. 이를 위해 '그림이 나타내는 의미를 찾아보기', '예상해서 답하기'를 단원의 주제로 설정했고 '무늬를 꾸며요'를 놀이 활동으로서 제시했다. 단원 주제는 1~2학년군의 국어, 수학, 통합(슬기로운 생활) 교과 학습과 관련된 사고 활동 및 읽거나 쓰는 문식 활동의 주제가 된다. 주제별 학습은 1차시와 2차시에 주로 이루어지며 개념과 지식을 다루거나 용례를 제시하는 어휘 내용을 포함하고 있다. 이러한 어휘 내용은 '한국어 교육과정'의 1~2학년군 어휘 목록에서 선별된 것이다. 단원마다 주제와 관련된 놀이/협동 학습을 3차시에 제시했으며 4차시는 배운 내용을 복습하는 활동으로 마무리하도록 했다.

　이 단원은 생활 한국어 능력 중급(3급)의 학습자가 선택할 수 있는 활동과 어휘 내용으로 구성되었다. 따라서 〈의사소통 한국어〉 교재 3권 2단원('수영을 할 줄 알아요') 필수 차시를 모두 배운 학생을 대상으로 하는 선택 차시로 운영될 수 있다. 학습자의 숙달도에 맞는 어휘 및 쓰기 연습 활동은 익힘책 활동을 병행하여 수행할 수 있도록 했다.

● 단원의 목표와 내용

1) 단원의 목표

◆ 그림의 의미를 추론해 보고 한국어 어휘와 표현을 사용하여 표현할 수 있다.

◆ 규칙이나 시간을 예상해 보고 한국어 어휘와 표현을 사용하여 표현할 수 있다.

2) 단원의 주요 내용

주제	1. 그림이 나타내는 의미를 찾아보기 2. 예상해서 답하기		
	교재 활동	**어휘 내용**	**교수 · 학습 특성**
학습 도구 어휘	✏️ 꼬마 수업	한글 자음자와 모음자의 순서	개념 이해 (교과 연계 및 익힘책 활용)
	💬 어려운 말이 있어요? 확인해 봐요.	모양, 주변, 경험, 규칙, 배열, 예상	용례 학습 어휘 연습 (익힘책 활용)
	선택 어휘 (파란색 표시)	무엇, 의미, 뜻	어휘 연습 (익힘책 활용)

● 차시 전개 과정

1) 차시의 흐름

차시	주제	학습 내용	교재 쪽수	익힘책 쪽수
1	그림이 나타내는 의미를 찾아보기	1. 그림을 살펴보고 물음에 답해 봅시다. 2. 그림의 뜻을 어떻게 찾을 수 있어요? 아래 설명을 차례대로 읽어 봅시다.	28~29	16~18
2	예상해서 답하기	1. 한글 카드가 이어지는 규칙을 예상해 봅시다. 2. 몇 시인지 예상해 봅시다.	30~33	19~20
3	놀이/협동 학습	1. '무늬 꾸미기' 놀이를 해 봅시다. 2. 무늬를 꾸미면서 친구와 무슨 말을 주고받았어요? 친구와 주고받은 말을 써 봅시다.	34~35	21
4	정리 학습	1. 〈보기〉에 있는 말을 아는 말과 모르는 말로 나눠 써 봅시다. 2. 모르는 말 중에서 하나를 골라요. 말을 찾아서 읽어 봅시다. 3. 다음 그림이 나타내는 의미를 찾아 말해 봅시다. 4. 다음 그림을 보고 규칙을 찾아봅시다.	36~37	

2) 차시별 교수 · 학습 활동

◆ 1차시 및 2차시: 단원의 주제에 맞는 읽기(특히 소리 내어 읽기)나 쓰기 활동을 제시했다. 또한 생각을 주고받는 말하기나 발표하기 등의 수업 활동을 경험할 수 있도록 과제를 제시했다. 익힘책 활동이 연계된다.

◆ 3차시: 단원의 주제와 관련된 놀이나 협동 활동을 제시했다. 놀이나 협동 과정에서 사용한 어휘, 문장을 활용하는 쓰기와 말하기 활동이 함께 제시되었다. 익힘책 활동이 연계된다.

◆ 4차시: 단원의 어휘 및 주제별 학습 내용을 정리, 복습하는 활동을 제시했다. 복습 활동 위주의 차시로서 익힘책 활동은 따로 연계되지 않는다.

● 단원 지도상의 유의점

◆ 학습에 필요한 어휘를 배우는 활동과 문식력 강화 활동이 이루어지도록 운영한다.
◆ 학습자들이 교과 학습 활동을 경험하면서 한국어 읽기와 쓰기 능력을 기를 수 있도록 한다.
◆ 학습자의 한국어 수준에 맞춰 학습 활동을 가감하거나 재구성하여 활용하도록 한다.
◆ 놀이 활동이나 협동 활동은 한국어 학습과 자연스럽게 이어지는 데에 초점을 둔다.
◆ 학습 도구 어휘의 경우 추상성이 강하므로 명시적으로 설명하기보다는 활동 과정에서 경험을 통해 익힐 수 있도록 한다.

주제

그림이 나타내는 의미를 찾아보기

주요 활동

1. 그림을 살펴보고 물음에 답해 봅시다.
2. 그림의 뜻을 어떻게 찾을 수 있어요? 아래 설명을 차례대로 읽어 봅시다.

학습 도구 어휘

무엇, 의미, 뜻, 모양, 주변, 경험

1 도입 – 5분

1) 단원 도입 모듈에 제시된 〈의사소통 한국어〉 연계 단원 이름을 본다. 〈의사소통 한국어〉 교재에서 배웠던 내용을 간략히 정리해 주거나, 〈의사소통 한국어〉 주제를 활용하여 생활 한국어 이해 수준을 확인한다.

　⊛ 여러분, 여기 예쁜 집이 있어요.
　　여러분이 배워야 할 한국어들이 잘 모이면 이렇게 예쁜 집이 돼요.

　⊛ 여러분은 취미에 대해 말할 수 있어요? 누가 말해 볼까요?

　㉭ 도입 모듈에 대한 설명이나 활동은 최대한 간략하게 하며, 경우에 따라 생략할 수 있다.

2) 단원 도입 그림을 보면서 단원의 주제와 학습 목표, 대략적인 단원 학습 내용을 살펴본다.

　⊛ 자르갈은 무엇을 들고 있어요?

　㉮ 자르갈이 들고 있는 그림은 자르갈의 취미를 나타내요.

　⊛ 그림을 보면 자르갈의 취미를 예상할 수 있어요?

　㉭ 도입 단계에서 학습자들의 수준을 판별하여 차시 활동이나 익힘책 활동 등을 선택적으로 운영할 수 있도록 한다.

2 주요 활동 I – 20분

1) 1차시의 전체 구성을 안내하며 학습자들의 이해 정도를 우선 확인한다.

　㉮ 여러분 여기 선생님이 나와요. 선생님이 들고 있는 그림은 무엇이에요?

　㉮ 선생님은 질문을 하고 있어요. 어떤 질문인지 살펴보세요.

2) 교재의 흐름을 자연스럽게 따라가면서 1번 활동을 함께 수행한다.

　㉮ 선생님의 질문을 소리 내어 읽어 보세요.

　㉮ 질문에 대한 답이 있어요. 읽으면서 따라 써 보세요.

　㉧ 교사는 학생들이 밑줄 위에 따라 쓸 때, 글씨나 띄어쓰기를 지도한다.

3) 본문에 파란색으로 표시된 항목을 확인하고 어휘 학습이 되도록 유도한다.

　㉮ 선생님의 설명에서 파란색으로 표시된 말이 있어요. 찾아볼까요?

그림이 나타내는 의미를 찾아보기

1. 그림을 살펴보고 물음에 답해 봅시다.

그림은 무엇을 의미해요?
그림의 뜻은 무엇이에요?

1) 선생님의 질문을 소리 내어 읽어 보세요.

2) 선생님의 질문에 다음과 같이 답할 수 있어요. 소리 내어 읽으면서 따라 써 보세요.

① "자전거를 타면 안 돼요."

② "자전거 타는 것을 금지한다는 뜻이 있어요."

어휘 지식	
무엇	정해지지 않은 대상이나 굳이 이름을 밝힐 필요가 없는 대상을 가리키는 말. ㉘ 저것은 무엇에 쓰는 물건입니까? 　저 사람 이름은 무엇입니까?
의미	말이나 글, 기호 등이 나타내는 뜻. ㉘ 문장의 의미. 　그가 쓴 글은 문법에 맞지 않아 의미가 전혀 통하지 않았다.
뜻	말이나 글, 행동이 나타내는 내용. ㉘ 뜻을 나타내다. 　뜻이 어렵다.

㉭ 유의 관계에 있는 '의미'와 '뜻'을 함께 설명할 수 있다.

㉭ 파란색으로 표시된 어휘는 모든 경우에 따로 배우기보다는 경우에 따라 선택하여 배우도록 한다. 먼저 학습자들이 파란색 표시 어휘에 집중하도록 유도하고 이해를 확인한 후, 익힘책 18쪽의 4번, 5번을 수행해 보도록 한다. 경우에 따라 과제로 부여할 수 있다.

2. 그림의 뜻을 어떻게 찾을 수 있어요? 아래 설명을 차례대로 읽어
봅시다.

1) 이 모양은
하면 안 된다는 뜻을 나타낸다.

2) 학교 주변에 있는 주민 센터에서
이 그림을 보았다. "뛰면 안 돼요."라고
쓰여 있었다.

뛰면 안 돼요.

3) 위의 두 그림을 본 경험을 생각해서
여기서 자전거를 타면 안 된다는 뜻을
찾을 수 있었다.

🗣️ 어려운 말이 있어요? 확인해 봐요.

모양

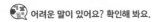 이렇게 사용해요   바구니에는 동그라미 모양과 막대 모양의
사탕들이 있었다.

주변

이렇게 사용해요   학교 주변에는 문구점이 몇 개 있다.

경험

이렇게 사용해요   나는 동물원에 간 경험이 있다.
친구들에게 내가 경험한 일에 대해 말해 주었다.

29

3 주요 활동 II - 10분

1) 본문에 제시된 2번 활동을 안내하고 수행하도록 한다.

🔵 그림을 순서대로 보세요. 순서대로 설명이 있어요. 읽어
보세요.

🔵 그림의 뜻을 이해했어요? 그림의 뜻을 찾을 때는 순서대
로 생각해요.

2) 교사가 교재의 내용을 읽어 주고, 다시 이해를 확인
한다.

3) '어려운 말이 있어요? 확인해 봐요.' 항목을 확인하고
어휘 학습이 되도록 유도한다.

🔵 2번의 그림 설명을 잘 보세요. 빨간색으로 표시된 말이
있어요.

🔵 어려운 말이에요. 어떻게 사용하는지 읽어 볼까요? 뜻을
알아요?

어휘 지식	
모양	겉으로 나타나는 생김새나 모습. 예 줄무늬 모양. 아들은 아버지의 얼굴 모양을 그대로 본 떠서 조각상을 만들었다.

주변	어떤 대상을 싸고 있는 둘레. 또는 가까운 범위 안. 예 섬 주변. 학교 주변에 영어 학원 아는 데 있어?
경험	자신이 실제로 해 보거나 겪어 봄. 또는 거기서 얻은 지식이 나 기능. 예 현장 경험. 나는 대학생 때에 경험을 넓히기 위해 다양한 아르바 이트를 했다.

유 교재에 제시된 용례를 어려워하는 경우, 문장 형태가 아닌
구 형태의 용례로서 접근할 수 있으며(예: '막대 모양', '학교 주
변') 이 경우 교사가 동작으로 보여 주거나 인터넷에서 찾을
수 있는 사진 자료 등을 제시하며 이해를 도울 수 있다.

유 학습 도구 어휘들 중에는 '경험'과 같이 '-하다'가 붙은 파생
어 형태로도 많이 사용되는 어휘들이 있다. 이 경우 "경험,
이 말은 '경험하다'로도 많이 사용돼요.", "경험하다, 이렇
게 사용하는 것을 더 많이 들어 봤지요?", "경험하다, 이렇게
사용할 때가 더 많아요." 등과 같이 사용의 방법으로 설명을
더해 줄 필요가 있다.

유 익힘책 16~17쪽의 1번~3번을 수행해 보도록 한다. 경우에
따라 과제로 부여할 수 있다. 17쪽의 3번은 차시 정리 활동
으로 활용할 수 있다.

4 정리 - 5분

1) 1번 활동으로 돌아가서 주요한 표현을 반복적으로 사
용해 보도록 한다.

🔵 그림은 무엇을 의미해요. 그림의 뜻은 무엇이에요?

🔵 여러분은 무엇을 썼어요? 잘 썼는지 다시 살펴보세요.

2) 2번 활동으로 돌아가서 주요한 표현을 반복적으로 사
용해 보도록 한다.

🔵 그림의 모양이 어때요? 학교 주변에는 무엇이 있어요?
여러분은 어떤 경험을 했어요? 경험을 말할 수 있어요?

🔵 여러분, 교재를 다시 읽어 줄게요. 선생님을 따라 읽어요.

유 익힘책 17쪽의 3번을 정리 활동으로 수행하도록 할 수 있다.

예상해서 답하기

1. 한글 카드가 이어지는 규칙을 예상해 봅시다.

1) 한글 카드가 이어지는 모습을 살펴보세요.

ㄱ　ㅏ　ㄴ　ㅑ　ㄷ　ㅓ　ㄹ　ㅕ

① 자음자 카드는 어떤 순서로 이어지고 있어요? 말해 보세요.

② 모음자 카드는 어떤 순서로 이어지고 있어요? 말해 보세요.

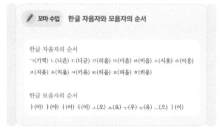

✏️ 꼬마 수업　한글 자음자와 모음자의 순서

한글 자음자의 순서
ㄱ(기역) ㄴ(니은) ㄷ(디귿) ㄹ(리을) ㅁ(미음) ㅂ(비읍) ㅅ(시옷) ㅇ(이응)
ㅈ(지읒) ㅊ(치읓) ㅋ(키읔) ㅌ(티읕) ㅍ(피읖) ㅎ(히읗)

한글 모음자의 순서
ㅏ(아) ㅑ(야) ㅓ(어) ㅕ(여) ㅗ(오) ㅛ(요) ㅜ(우) ㅠ(유) ㅡ(으) ㅣ(이)

---

2) 위에서 한글 카드는 다음과 같이 이어지는 규칙이 있어요.
소리 내어 읽어 보세요.

한글 카드의 배열 규칙

• 자음자 한 번, 모음자 한 번, 순서대로 이어진다.
• 자음자, 모음자의 순서는 '한글 자음자와 모음자의 순서'와 같다.

3) 한글 카드의 배열 규칙을 다시 써 보세요.

_____

_____

_____

🔍 어려운 말이 있어요? 확인해 봐요.

규칙
이렇게 사용해요
운동 시합을 할 때는 경기의 규칙을 잘 지켜야 한다.
종이에 있는 무늬들이 이어지는 모습에서 규칙을 찾을 수 있다.

배열
이렇게 사용해요
무게에 따라 배열 순서를 정했다.
책꽂이의 책은 크기에 따라 잘 배열되어 있었다.

2차시

주제
예상해서 답하기

주요 활동
1. 한글 카드가 이어지는 규칙을 예상해 봅시다.
2. 몇 시인지 예상해 봅시다.

학습 도구 어휘
한글 자음자와 모음자의 순서, 규칙, 배열, 예상

1 도입 - 5분

1) 단원의 학습 주제를 다시 설명하고, 1차시에서 배운 내용을 떠올리게 한다.

🔵 한국어 어휘와 표현에 초점을 두도록 유도한다.

2) 2차시의 주요한 내용을 소개한다.

🔴 규칙을 예상할 수 있어요? 몇 시인지 예상할 수 있어요?

🔵 저학년 학습자들의 학습 경험을 확인하고, 한국어 이해 수준과 표현 수준을 확인하여 차시 내용을 운영하도록 한다.

2 주요 활동 I - 15분

1) 2차시의 전체 구성을 안내하며 학습자들의 이해 정도를 우선 확인한다.

🔴 물음에 답할 수 있어요? 자음자 카드를 보세요. 모음자 카드를 보세요.

2) '꼬마 수업'의 내용을 확인하고 설명한다. 예시를 통해 접근한다.

🔴 '꼬마 수업'에는 어떤 내용이 있어요? 소리 내어 읽어 봐요.

🔵 '꼬마 수업' 활동에서는 차시 내용에서 다룬 특정 주요 교과의 학습 개념을 소개한다. 그 교과의 수업 시간(예: 국어 시간)을 그대로 재현하며 지도하는 것이 좋다. 되도록 그 교과의 수업 장면을 경험해 볼 수 있도록 실제 교과에서 사용되는 이미지나 예시 등을 가지고 설명해 주는 것이 좋다. 학생의 수준에 따라 진행한다.

3) 교재의 2)번 활동을 설명한다.

🔴 교재의 그림을 다시 보세요. 자음자 카드와 모음자 카드는 어떻게 이어져요?

4) 교재의 3)번 활동으로 가서, 학생들이 읽은 내용을 다시 쓰게 한다.

🔵 따라 쓰기를 할 때에는 글씨나 띄어쓰기 지도를 자연스럽게 병행하도록 한다.

5) '어려운 말이 있어요? 확인해 봐요.' 항목을 확인하고 어휘 학습이 되도록 유도한다.

🔴 교재에는 색깔이 표시된 말이 있어요. 빨간색으로 표시된 말을 찾아요.

🔴 어려운 말이에요. 어떻게 사용하는지 읽어 볼까요? 뜻을 알아요?

어휘 지식	
규칙	어떤 일이나 현상에 일정하게 나타나는 질서나 법칙. 예 규칙이 나타나다. 규칙을 발견하다.
배열	일정한 순서나 간격으로 죽 벌여 놓음. 예 그 사업가는 휴대 전화 자판의 한글 배열 방식을 개발하여 특허를 얻었다.

🔵 교재에 제시된 용례를 어려워하는 경우, 문장 형태가 아닌

2. 몇 시인지 예상해 봅시다.

1) 시계를 보며 말하고 있어요. 내용을 살펴보세요.

짧은바늘은 1에 있어요.
긴바늘은 12에 있어요.
지금은 1시예요.

① 저밍이 영화를 보고 있어요. 영화가 몇 시에 끝나는지 예상해서
써 보세요.

지금은 1시예요. 영화가 시작해요.
저밍이 영화를 보는 데 걸리는 시간은 한 시간이에요.
영화는 몇 시에 끝날까요?
영화는 _____.

② 영화는 몇 시에 끝나요? 긴바늘과 짧은바늘로 그려 보세요.

영화 시작　　　　　　영화 끝

어려운 말이 있어요? 확인해 봐요.

예상

이렇게 사용해요　비가 올 것을 예상해서 우산을 가지고 왔다.
이번 시합의 결과를 예상하는 것이 어렵다.

2) 3교시는 몇 시에 시작해요? 시계를 보고 써 보세요.

2교시는 10시 30분에 끝나요.

쉬는 시간은 10분이에요.

3교시가 몇 시에 시작하는지 예상할 수 있어요.

3교시는 _____.

구 형태의 용례로서 접근할 수 있으며(예: '경기의 규칙', '배열
순서') 이 경우 교사가 동작으로 보여 주거나 인터넷의 사진
자료를 제시하며 이해를 도울 수 있다.

🔵 학습 도구 어휘들 중에는 '배열'과 같이 '-되다'가 붙은 파
생어 형태로도 사용되는 어휘들이 있다. 이 경우 "배열, 이
말은 '배열되다'로도 많이 사용돼요.", "배열되다, 이렇게
사용하는 것을 들어 봤어요?" 등과 같이 사용의 방법으로
설명을 더해 줄 필요가 있다.

🔵 익힘책 19쪽의 1번과 2번 ①을 쓰게 한다.

🔵 경우에 따라서는 교재 33쪽의 '예상' 어휘까지 모두 배운 후
익힘책 19~20쪽, 1번~3번 활동을 이어서 수행하도록 할 수
있다.

❸ 주요 활동 II - 15분

1) 본문에 제시된 2번 활동을 안내하고 수행하도록 한다.

🔴 시계 그림을 보세요. 몇 시인지 말할 수 있어요? 교재를
읽어 보세요.

🔵 저학년 학생들의 경우, 간단한 시계 보기라도 한국어로 표
현하는 것을 어려워할 수 있다. 학생들의 수준에 따라 진행
하되, 시계 보기를 정확히 수행하는 데에 초점을 두기보다는
긴바늘과 짧은바늘을 이해하고 간단한 시각을 한국어로 표
현하는 데에 좀 더 초점을 두는 것이 좋다.

2) ①번 활동을 한다. 교재를 읽으면서 수행하게 한다.

🔴 저밍이 영화를 보고 있어요. 영화는 몇 시에 끝날까요?

🔴 밑줄에 써 보세요. 쓰기 어려우면 우선 말로 해 보세요.

3) ②번 활동을 한다. 시계 그림을 보면서 그리게 한다.

4) '어려운 말이 있어요? 확인해 봐요.' 항목을 확인하고
어휘 학습이 되도록 유도한다.

🔴 교재에서 빨간색으로 표시된 말을 찾아요.

🔴 어려운 말이에요. 어떻게 사용하는지 읽어 볼까요? 뜻을
알아요?

어휘 지식	
예상	앞으로 있을 일이나 상황을 짐작함. 또는 그런 내용. 예 예상이 빗나가다. 엎치락뒤치락하는 경기 점수로 인해 우승 팀 예상을 할 수가 없었다.

🔵 익힘책 19쪽의 2번 ②와 20쪽 3번을 수행하도록 한다.

🔵 경우에 따라서는 여기서 익힘책 19~20쪽, 1번~3번을 이
어서 수행할 수 있다.

5) 2)번 활동을 수행한다. 앞서 배운 내용을 떠올리며 몇
시인지 예상하게 한다. 활동을 시작하기 전, 익힘책 20
쪽 4번을 수행하도록 한다.

🔴 첫 번째 시계를 보세요. 2교시는 몇 시에 끝나요?

🔴 두 번째 시계를 보세요. 쉬는 시간은 몇 분이에요?

6) 3교시가 시작하는 시간을 예상해 보도록 한다.

❹ 정리 - 5분

1) 2차시 내용을 정리한다.

🔴 여러분, 무엇을 예상했어요? 발표해 보세요.

🔴 규칙을 예상할 수 있어요? 몇 시인지 예상할 수 있어요?

2) 주요한 표현을 반복적으로 사용해 보도록 한다.

🔴 교과서를 보면서 모양, 주변, 경험을 어떻게 사용하는지
말할 수 있어요?

🔴 예상은 어떻게 사용해요? 교재를 보면서 다시 읽어 보세요.

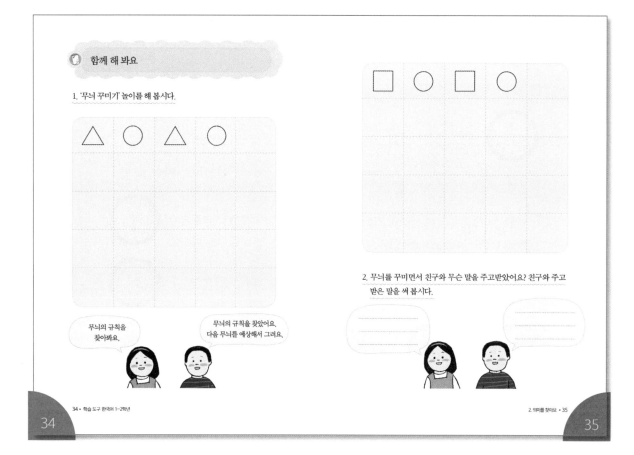

3차시

1 도입 – 5분

1) 3차시는 놀이 활동임을 환기시킨다. 또한 놀이에 알맞은 자리 배치나 학생 현황을 파악한다. 준비물을 미리 나눠 준다.

- 선 종이를 한 장 준비해요. 그리고 둘씩 짝을 지어 앉아 볼까요?
- 선 '무늬'를 알아요? '무늬'가 무엇이에요?
- 유 놀이 활동을 시작하기 전 학생들의 어휘 수준을 확인하고, 잘 모르는 어휘를 설명해 준다.

2) 단원의 주제와 놀이 활동의 연관성을 설명한다.

- 선 규칙을 예상하는 것을 배웠어요. 어떤 규칙을 예상했어요?
- 선 규칙을 예상할 수 있어요? 규칙을 예상하는 놀이를 해 볼까요?
- 유 놀이 활동과 단원의 주제인 '추론하기'를 연결시켜 설명하되, 학습자의 수준에 따라 추상적인 설명은 생략할 수 있다. 놀이에 흥미를 지니고 관련된 한국어 어휘와 표현을 익히고 사용해 보는 것을 우선 강조하여 지도한다.

2 놀이 설명 – 10분

1) 그림을 보며 어떤 놀이를 할지 생각해 본다.

- 선 어떤 무늬가 있어요? 어떤 무늬를 꾸밀 수 있어요?
- 선 어떤 놀이예요? 이해했어요?

2) 놀이 방법을 확인한다.

- 선 무늬의 이어지는 규칙을 찾으면 돼요.
- 선 친구와 함께 꾸며요. 친구가 무늬를 찾을 수 있도록 도와줘요.
- 유 정확하게 한국어를 말하지 못해도 학생의 수준에 맞도록 자유롭게 말하면서 놀이에 참여하도록 한다. 지나치게 교정하지 않는다.

3 놀이하기(활동하기) 및 정리 – 25분

1) '무늬 꾸미기' 놀이를 해 본다.

- 선 놀이를 시작해요. 누가 먼저 할까요?
- 선 놀이를 할 때는 한국어를 사용하도록 노력해요. 할 수 있는 만큼 말해요.

2) 놀이를 하면서 사용한 말들을 떠올려서 말해 본다.

- 선 친구가 무늬의 규칙을 찾을 수 있도록 어떤 말을 주고받았어요?
- 선 말을 써 보세요. 쓰기 어려우면 우선 소리 내서 말해 보세요.
- 유 쓰기 시간을 내기 어려우면 과제로 부여하거나 말하기를 위주로 하는 활동으로 지도할 수 있다.

3) 놀이 활동을 정리한다.

- 선 누가 가장 잘 꾸몄어요? 잘 꾸미기 어려워요?
- 선 한국어로 말할 수 있어요? 무슨 말이 가장 어려워요? 어떤 말이 재미있어요?
- 유 정리 활동으로서 익힘책 21쪽의 1번, 2번을 이어서 수행하도록 하거나 과제로 부여할 수 있다.

되돌아보기

1. 보기 에 있는 말을 아는 말과 모르는 말로 나눠 써 봅시다.

보기

모양 무엇 의미 뜻 주변 경험 예상 규칙 배열

2. 모르는 말 중에서 하나를 골라요. 몇 쪽에 나와요? 말을 찾아서 읽어 봅시다.

3. 다음 그림이 나타내는 의미를 찾아 말해 봅시다.

학교에 있는 어떤 장소예요.
그림이 붙어 있어요.
그림은 어떤 장소를 의미할까요?

4. 다음 그림을 보고 규칙을 찾아봅시다.

1) 다음에 무엇이 이어질까요? 예상해서 말해 보세요.

2) 물건이 이어지는 규칙을 찾아 써 보세요.

4차시

1 도입 – 5분

1) 되돌아보기 차시의 성격을 설명하고 복습 활동의 대상이 되는 내용을 간략히 설명한다.

- 🔵 1번을 보세요. 보기에는 많은 말이 나와요. 배운 말이에요. 읽어 보세요.
- 🔵 3번을 보세요. 그림의 의미는 무엇이에요?
- 🔵 4번을 보세요. 그림이 이어지는 규칙이 있어요?

2) 이미 배운 교재 내용을 다시 보도록 안내하거나 바로 본 차시 활동을 시작하게 할 수 있다.

2 되돌아보기 I – 10분

1) 1번 복습 활동을 수행한다. 보기의 어휘를 읽고 아는 어휘와 모르는 어휘를 찾게 한다.

- 🔵 알아요, 어떤 말을 써요? 어떤 어휘를 써요? 몰라요, 어떤 말을 써요? 어떤 어휘를 써요?
- 🔵 아는 말이 많아요, 모르는 말이 많아요? 제일 어려운 말은 무엇이에요?

2) 2번 활동을 하면서 모르는 어휘의 뜻을 다시 확인하도록 한다.

- 🔵 모르는 말은 다시 설명해 줄게요. 교재의 몇 쪽에 나오는지 볼까요?
- 🔵 여러분이 먼저 교재를 찾아보세요. 몇 쪽에 나와요? 찾아서 읽어 보세요.

3 되돌아보기 II – 20분

1) 3번 복습 활동을 수행한다. 그림이 나타내는 의미를 찾는 방법을 떠올리게 한다.

- 🔵 학교에 있는 장소예요. 어떤 그림이 붙어 있어요?
- 🔵 그림은 어떤 장소를 의미해요? 말해 보세요.

2) 4번 복습 활동을 수행한다. 그림의 규칙을 찾아 말하고 쓰게 한다.

- 🔵 그림에는 무엇이 나와요? 규칙을 찾을 수 있어요?
- 🔵 물건이 이어지는 규칙을 문장으로 쓰세요. 선생님처럼 써 보세요.
- 🟢 쓰기를 어려워할 수 있으므로 선생님이 칠판에 보기로 써 주는 것이 좋다. 또한 구어체인 '~요' 문체보다는 문어체인 '~다' 문체를 보기로 제시할 필요가 있다. 그러나 학습자에 따라서는 구어체와 문어체의 구분 문제를 크게 부각시키지 않을 수 있다.

4 정리 – 5분

1) 단원을 공부하며 든 느낌이나 생각을 이야기한다.

2) 배운 한국어 어휘와 표현에 초점을 두고 떠올릴 수 있도록 유도한다.

3단원 • 궁금한 것을 물어봐요

단원의 개관

'궁금한 것을 물어봐요' 단원은 초등학교 1학년이나 2학년 학생들이 교과 학습에 바탕이 되는 '조사하기'를 중심으로 한국어 어휘와 표현을 배울 수 있도록 구성했다. 이를 위해 '우리 반이 함께 할 일 계획하기', '가족 행사표 만들기'를 단원의 주제로 설정했고 '같이 가자 놀이'를 놀이 활동으로서 제시했다. 단원 주제는 1~2학년군의 국어, 수학, 통합(슬기로운 생활) 교과 학습과 관련된 사고 활동 및 읽거나 쓰는 문식 활동의 주제가 된다. 주제별 학습은 1차시와 2차시에 주로 이루어지며 개념 및 지식을 다루거나 용례를 제시하는 어휘 내용을 포함하고 있다. 이러한 어휘 내용은 '한국어 교육과정'의 1~2학년군 학습 도구 어휘 목록에서 단원 주제에 맞게 선별된 것이다. 단원마다 주제와 관련된 놀이/협동 학습을 3차시에 제시했으며 4차시는 배운 내용을 복습하는 활동으로 마무리하도록 했다.

이 단원은 생활 한국어 능력 중급(3급)의 학습자가 선택할 수 있는 활동과 어휘 내용으로 구성되었다. 따라서 〈의사소통 한국어〉 교재 3권 3단원('친구하고 같이 체험 학습을 가요') 필수 차시를 모두 배운 학생을 대상으로 하는 선택 차시로 운영될 수 있다. 학습자의 숙달도에 맞는 어휘 및 쓰기 연습 활동은 익힘책 활동을 병행하여 수행할 수 있도록 했다.

단원의 목표와 내용

1) 단원의 목표

◆ 우리 반이 함께 할 일에 대해 묻고 답할 때 사용하는 한국어 어휘와 표현을 알고 사용할 수 있다.

◆ 가족 행사표에 대해 묻고 답할 때 사용하는 한국어 어휘와 표현을 알고 사용할 수 있다.

2) 단원의 주요 내용

주제	1. 우리 반이 함께 할 일 계획하기 2. 가족 행사표 만들기		
	교재 활동	**어휘 내용**	**교수·학습 특성**
학습 도구 어휘	🖊 꼬마 수업	가족 행사	개념 이해 (교과 연계 및 익힘책 활용)
	💬 어려운 말이 있어요? 확인해 봐요.	조사, 계획, 알아보다, 체험	용례 학습 어휘 연습 (익힘책 활용)
	선택 어휘 (파란색 표시)	만들다, 언제, 대화, 가족	어휘 연습 (익힘책 활용)

● 차시 전개 과정

1) 차시의 흐름

차시	주제	학습 내용	교재 쪽수	익힘책 쪽수
1	우리 반이 함께 할 일 계획하기	1. 친구들이 발표회 때 하고 싶은 일을 조사하여 우리 반 발표회 계획표 　를 만들었습니다. 읽고 물음에 답해 봅시다. 2. 친구들의 대화를 읽고 계획표의 빈칸을 채워 봅시다.	40~41	22~23
2	가족 행사표 만들기	1. 달력을 살펴보고 물음에 답해 봅시다. 2. 리암이 만든 가족 행사표를 살펴보고 물음에 답해 봅시다. 3. 다음 글을 소리 내어 읽고 물음에 답해 봅시다. 4. 우리 가족의 행사를 조사하여 가족 행사표에 써 봅시다.	42~45	24~26
3	놀이/협동 학습	1. '같이 가자' 놀이를 해 봅시다. 2. 놀이한 것을 떠올리며 체험 학습 계획표를 완성해 봅시다.	46~47	27
4	정리 학습	1. 아는 낱말에 〇표 해 봅시다. 2. 위 낱말을 이용하여 문장을 완성해 봅시다. 3. 친구들과 쉬는 시간에 함께 하고 싶은 일을 조사해 봅시다.	48~49	

2) 차시별 교수·학습 활동

◆ 1차시 및 2차시: 단원의 주제에 맞는 읽기(특히 소리 내어 읽기)나 쓰기 활동을 제시했다. 또한 생각을 주고받는 말
　하기나 발표하기 등의 수업 활동을 경험할 수 있도록 과제를 제시했다. 익힘책 활동이 연계된다.

◆ 3차시: 단원의 주제와 관련된 놀이나 협동 활동을 제시했다. 놀이나 협동 과정에서 사용한 어휘, 문장을 활용하는 쓰
　기와 말하기 활동이 함께 제시되었다. 익힘책 활동이 연계된다.

◆ 4차시: 단원의 어휘 및 주제별 학습 내용을 정리, 복습하는 활동을 제시했다. 복습 활동 위주의 차시로서 익힘책 활
　동은 따로 연계되지 않는다.

● 단원 지도상의 유의점

◆ 학습에 필요한 어휘 학습과 문식력 강화 활동이 이루어지도록 운영한다.

◆ 발표회 계획표를 보고 궁금한 것을 묻고 답하는 연습을 할 수 있도록 한다.

◆ 가족 행사를 조사하여 가족 행사표를 만들어 보는 과정에서 학생들이 소외감을 느끼지 않도록 주의한다.

◆ 놀이의 승패보다는 알고 싶은 내용을 묻고 답하는 활동 자체에 의미를 두어 지도한다.

◆ 학습 도구 어휘의 경우 추상성이 강하므로 명시적으로 설명하기보다는 활동 과정에서 경험을 통해 익힐 수 있도록
　한다.

1차시

주제

우리 반이 함께 할 일 계획하기

주요 활동

1. 친구들이 발표회 때 하고 싶은 일을 조사하여 우리 반 발표회 계획표를 만들었습니다. 읽고 물음에 답해 봅시다.

2. 친구들의 대화를 읽고 계획표의 빈칸을 채워 봅시다.

학습 도구 어휘

조사, 계획, 만들다, 언제, 대화

1 도입 – 5분

1) 단원 도입 모듈에 제시된 〈의사소통 한국어〉 연계 단원 이름을 본다. 〈의사소통 한국어〉 교재에서 배웠던 내용을 간략히 정리해 주거나, 〈의사소통 한국어〉 주제를 활용하여 생활 한국어 이해 수준을 확인한다.

   🔵 여러분, 여기 예쁜 집이 있어요.

   여러분이 배워야 할 한국어들이 잘 모이면 이렇게 예쁜 집이 돼요.

   🔵 발표회를 본 적이 있나요? 발표회를 한 적이 있나요?

   🟡 도입 모듈에 대한 설명이나 활동은 최대한 간략하게 하며, 경우에 따라 생략할 수 있다.

2) 단원 도입 그림을 보면서 단원의 주제와 학습 목표, 대략적인 단원 학습 내용을 살펴본다.

   🔵 무엇을 하고 있어요?

   🔵 요우타가 궁금해하는 것은 무엇이에요? 요우타의 말을 읽어 보세요.

   🔵 하미는 어떻게 대답했어요? 하미의 말을 읽어 보세요.

   🟡 도입 단계에서 학습자들의 수준을 판별하여 차시 활동이나 추후 익힘책 활동 등을 선택적으로 운영할 수 있도록 한다.

2 주요 활동Ⅰ– 20분

1) 첫 번째 활동에 대하여 안내한다.

   🔵 우리 반 발표회 계획표를 살펴보세요.

   🔵 우리 반 발표회 계획표는 어떻게 만들었어요?

   🔵 우리 반 발표회 계획표를 보면 무엇을 알 수 있는지 함께 배워 봅시다.

2) 교사가 교재의 내용을 읽어 주고, 이해를 확인한다.

   🔵 우리 반 발표회는 언제 해요?

   🔵 우리 반 발표회는 어디에서 해요?

   🔵 우리 반 발표회는 누구와 해요?

   🔵 우리 반 발표회에서 무엇을 하기로 했어요?

3) 교재에서 파란색으로 표시된 어휘를 확인한다.

   🔵 파란색 어휘가 있어요. 무엇이에요?

   🔵 파란색으로 표시된 어휘를 찾아보세요.

🔵 **우리 반이 함께 할 일 계획하기**

1. 친구들이 발표회 때 하고 싶은 일을 조사하여 우리 반 발표회 계획표를 만들었습니다. 읽고 물음에 답해 봅시다.

우리 반 발표회 계획표

언제	20○○년 ○○월 ○○일
어디에서	우리 반 교실
누구와	우리 반 친구들
무엇을	동요 부르기 악기 연주하기

1) 우리 반 발표회는 어디에서 하는지 소리 내어 읽어 보세요.

2) 우리 반 발표회에서 무엇을 하기로 했는지 써 보세요.

_____

_____

40 • 학습 도구 한국어 1~2학년

40

어휘 지식

만들다	글이나 노래를 새로 짓다. 예 이야기 만들기는 재미있어. 가사를 바꿔 노래를 새로 만들었어.
언제 [언:제]	알지 못하는 어느 때. 예 체험 학습은 언제 가요? 방학은 언제부터예요?
대화 [대:화]	마주 대하여 이야기를 주고받음. 또는 이야기. 예 짝과 나는 대화가 잘 통해. 친구와 대화하는 것은 즐거워.

🟡 파란색으로 표시된 어휘는 모든 경우에 따로 배우기보다는 경우에 따라 선택하여 배우도록 한다. 먼저 학습자들에게 파란색 표시 어휘에 집중하도록 유도하고 이해를 확인한 후, 익힘책 23쪽의 3번, 4번을 쓰게 한다. 익힘책 활동은 과제로 부여할 수 있다.

4) 교재의 흐름을 자연스럽게 따라가면서 1번 활동을 함께 수행한다.

   🔵 우리 반 발표회는 어디에서 하는지 소리 내어 읽어 보세요.

   🔵 우리 반 발표회에서 무엇을 하기로 했는지 찾아 써 보세요.

5) '어려운 말이 있어요? 확인해 봐요.' 항목을 확인하고

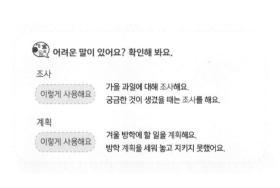

어려운 말이 있어요? 확인해 봐요.

조사

이렇게 사용해요   가을 과일에 대해 조사해요.
궁금한 것이 생겼을 때는 조사를 해요.

계획

이렇게 사용해요   겨울 방학에 할 일을 계획해요.
방학 계획을 세워 놓고 지키지 못했어요.

2. 친구들의 대화를 읽고 계획표의 빈칸을 채워 봅시다.

너희 모둠은 발표회에서 무엇을 하니?

우리 모둠은 태권도를 하기로 했어.

발표회는 어디에서 해?

강당에서 해.

희망 모둠의 발표회 계획표

언제	20○○년 ○○월 ○○일
어디에서	
누구와	리암, 지민, 저밍, 하미
무엇을	

41

어휘 학습이 되도록 유도한다.

📘 어려운 말이에요. 어떻게 사용하는지 볼까요?

📗 읽어 보세요. 낱말의 뜻을 알아요?

어휘 지식	
조사	어떤 일이나 사물의 내용을 알기 위하여 자세히 살펴보거나 찾아봄. 例 조사한 결과 우리 반 친구들은 하늘색을 가장 좋아해.
계획 [계:획/게:훽]	앞으로의 일을 자세히 생각하여 정함. 例 방학 때 무엇을 할지 계획은 정했니?

❓ '조사'와 '계획'은 '조사하다', '계획하다'의 파생어 형태로 많이 사용된다. "조사는 '조사하다'로도 많이 사용돼요."와 같이 사용의 방법으로 설명을 더해 줄 필요가 있다.

❓ 익힘책 22쪽의 1번, 2번을 수행하도록 한다. 경우에 따라 과제로 부여할 수 있다

③ 주요 활동 II – 10분

1) 두 번째 활동에 대하여 안내한다.
  📗 희망 모둠의 발표회 계획표를 보세요. 무엇이 빠져 있어요?

2) 요우타와 하미의 대화를 읽어 보게 한다.
  📗 요우타와 하미의 대화를 소리 내어 읽어 보세요.
  📗 요우타와 하미의 대화를 짝과 나누어 읽어 보세요.

3) 교재의 흐름을 자연스럽게 따라가면서 2번 활동을 함께 수행한다.
  📗 희망 모둠의 발표회는 어디에서 해요?
  📗 희망 모둠은 발표회에서 무엇을 해요?

4) 희망 모둠의 발표회 계획표를 보며 질문을 만들어 본다.
  📗 완성한 발표회 계획표를 보고 요우타처럼 질문을 만들어 보세요.
  📗 만든 질문에 어떻게 대답할 수 있을지 말해 보세요.

④ 정리 – 5분

1) 1번 활동으로 돌아가서 주요한 표현을 반복적으로 사용해 보도록 한다.
  📗 우리 반 발표회 계획표를 보면서 짝과 묻고 답해 보세요.

2) 2번 활동으로 돌아가서 주요한 표현을 반복적으로 사용해 보도록 한다.
  📗 희망 모둠의 발표회 계획표를 보면서 짝과 묻고 답해 보세요.

가족 행사표 만들기

1. 달력을 살펴보고 물음에 답해 봅시다.

3월

일요일	월요일	화요일	수요일	목요일	금요일	토요일
		1 3·1절	2 입학식	3	4	5
6	7	8	9	10	11	12
13	14	15	16	17	18	19
20	21	22	23	24	25	26
27	28	29 내 생일	30	31		

1) 리암이 조사한 가족 행사에는 무엇이 있어요?

2) 입학식은 언제 해요?

✏️ **꼬마 수업** 가족 행사

가족 행사는 우리 가족이 함께 하는 특별한 일이에요. 예를 들어 내 생일이나 부모님의 생신, 입학식, 졸업식, 가족 여행 등이 있어요. 가족 행사는 부모님께 여쭤보고 조사할 수 있어요.

2. 리암이 만든 가족 행사표를 살펴보고 물음에 답해 봅시다.

리암의 가족 행사표

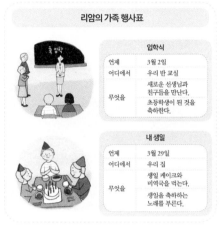

입학식	
언제	3월 2일
어디에서	우리 반 교실
무엇을	새로운 선생님과 친구들을 만난다. 초등학생이 된 것을 축하한다.

내 생일	
언제	3월 29일
어디에서	우리 집
무엇을	생일 케이크와 미역국을 먹는다. 생일을 축하하는 노래를 부른다.

1) 입학식은 어디에서 하는지 소리 내어 읽어 보세요.

2) 내 생일에는 무엇을 하는지 소리 내어 읽어 보세요.

2차시

주제
가족 행사표 만들기

주요 활동
1. 달력을 살펴보고 물음에 답해 봅시다.
2. 리암이 만든 가족 행사표를 살펴보고 물음에 답해 봅시다.
3. 다음 글을 소리 내어 읽고 물음에 답해 봅시다.
4. 우리 가족의 행사를 조사하여 가족 행사표에 써 봅시다.

학습 도구 어휘
가족, 가족 행사, 알아보다, 체험

1 도입 – 3분

1) 단원의 학습 주제를 다시 설명하고, 1차시에서 배운 내용을 떠올리게 한다.
- 🔵 짝이 어제 무엇을 했는지 조사해 보세요.
- 🔵 '조사', '계획'을 사용해서 문장을 만들어 보세요.
- 🟡 한국어 어휘와 표현에 초점을 두도록 유도한다.

2) 2차시의 주요한 내용을 소개한다.
- 🔵 조사할 때 어떻게 말해요?
- 🟡 저학년 학습자들의 학습 경험을 확인하고, 한국어 이해 수준과 표현 수준을 확인하여 차시 내용을 운영하도록 한다.

2 주요 활동 I – 8분

1) 첫 번째 활동에 대하여 안내한다.

- 🔵 3월에 가족들과 함께 하는 것에는 무엇이 있어요?

2) 달력을 살펴보고 1번 활동을 함께 수행한다.
- 🔵 리암이 조사한 가족 행사에는 무엇이 있어요?
- 🔵 입학식은 언제 해요? 내 생일은 언제예요?

3) 교재에서 파란색으로 표시된 어휘를 확인한다.
- 🔵 파란색 어휘가 있어요. 무엇이에요?

어휘 지식	
가족	주로 한집에 모여 살고 결혼이나 부모, 자식, 형제 등의 관계로 이루어진 사람들의 집단. 또는 그 구성원. 📙 우리 가족은 4명이에요. 추석에는 온 가족이 모여요.

- 🟡 파란색으로 표시된 어휘는 모든 경우에 따라 배우기보다는 경우에 따라 선택하여 배우도록 한다. 먼저 학습자들에게 파란색 표시 어휘에 집중하도록 유도하고 이해를 확인한 후, 익힘책 25쪽의 3번, 4번을 쓰게 한다. 익힘책 활동은 과제로 부여할 수 있다.

4) '꼬마 수업'의 내용을 설명한다.
- 🔵 '꼬마 수업'을 읽어 볼까요? 가족 행사는 뭐예요? 찾아 읽어 보세요.
- 🔵 가족 행사는 어떻게 조사해요?
- 🟡 '꼬마 수업' 활동에서는 차시 내용에서 다룬 특정 주요 교과의 학습 개념을 소개한다. 그 교과의 수업 시간(예: 통합 시간)을 그대로 재현하며 지도하는 것이 좋다. 되도록 그 교과의 수업 장면을 경험해 볼 수 있도록 실제 교과에서 사용되는 이미지나 예시 등을 가지고 설명해 주는 것이 좋다. 학생의 수준에 따라 진행한다.

3. 다음 글을 소리 내어 읽고 물음에 답해 봅시다.

리암이 부모님과 함께 5월의 가족 행사에 대해 알아보았습니다.
5월 5일은 어린이날입니다. 어린이날에는 부모님과 함께 동물원에
가기로 했습니다. 동물원에서 먹이 주기 체험을 할 계획입니다.

1) 리암이 알아본 가족 행사를 달력에 표시해 보세요.

일요일	월요일	화요일	수요일	목요일	금요일	토요일
1	2	3	4	5	6	7
8	9	10	11	12	13	14
15	16	17	18	19	20	21
22	23	24	25	26	27	28
29	30	31				

5월

2) 어린이날에 어디에 가기로 했는지 찾아 ○표 해 보세요.

3) 어린이날에 무엇을 하기로 했는지 찾아 밑줄을 그어 보세요.

어려운 말이 있어요? 확인해 봐요.

알아보았습니다 (알아보다)

이렇게 사용해요	내일의 날씨를 인터넷으로 알아보았다. 다른 나라에도 어린이날이 있는지 알아보았다.

체험

이렇게 사용해요	물고기 잡기를 직접 체험해 보았다. 농장 체험을 하면서 채소가 어떻게 자라는지 배웠다.

4. 우리 가족의 행사를 조사하여 가족 행사표에 써 봅시다.

( )의 가족 행사표	
언제	
어디에서	
무엇을	

---

③ 주요 활동 II – 8분

1) 두 번째 활동에 대하여 안내한다.

　📖 리암이 만든 가족 행사표를 살펴보세요.

2) 교사가 교재의 내용을 읽어 주고, 이해를 확인한다.

　📖 리암이 조사한 가족 행사는 무엇이에요?

3) 교재의 흐름을 자연스럽게 따라가면서 2번 활동을 함께 수행한다.

　📖 입학식은 어디에서 해요? 입학식에는 무엇을 해요?
　📖 리암의 생일에는 무엇을 해요?

4) 리암의 가족 행사표를 보고 짝과 묻고 대답해 보도록 한다.

④ 주요 활동 III – 10분

1) 교사가 교재의 내용을 읽어 주고, 이해를 확인한다.

　📖 리암은 어떤 가족 행사를 알아보았어요?

2) 교재의 흐름을 자연스럽게 따라가면서 3번 활동을 함께 수행한다.

　📖 리암이 알아본 가족 행사를 달력에 표시해 보세요.
　📖 어린이날에 어디에 가기로 했는지 찾아 ○표 해 보세요.
　📖 어린이날에 무엇을 하기로 했는지 찾아 밑줄을 그어 보세요.

3) '어려운 말이 있어요? 확인해 봐요.' 항목을 확인하고 어휘 학습이 되도록 유도한다.

📖 어려운 말이에요. 어떻게 사용하는지 볼까요? 읽어 보세요. 낱말의 뜻을 알아요?

어휘 지식

알아보다 [아라보다]	모르는 것을 알려고 살펴보거나 조사하다. 📎 남산에 어떻게 가는지 알아보았다.
체험	몸으로 직접 겪음. 또는 그런 경험. 📎 체험 학습에서 다양한 체험을 했다.

　🔖 익힘책 24쪽의 1번, 2번을 수행하도록 한다. 경우에 따라 과제로 부여할 수 있다.

⑤ 주요 활동 IV – 8분

1) 가족 행사를 조사하여, 가족 행사표에 써 보도록 한다.

　🔖 미리 가족 행사를 조사해 올 수 있도록 한다.

2) 가족 행사표에 쓴 내용을 발표해 보도록 한다.

3) 익힘책 26쪽의 5번, 6번을 수행하도록 한다.

⑥ 정리 – 3분

1) 친구들이 만든 가족 행사표에 대해 묻고 답하며 2차시 내용을 정리한다.

　📖 친구들의 가족 행사표에서 궁금한 것을 물어보세요.

2) 2번 활동으로 돌아가서 주요한 표현을 반복적으로 사용해 보도록 한다.

　📖 리암의 가족 행사표를 보면서 짝과 묻고 답해 보세요.

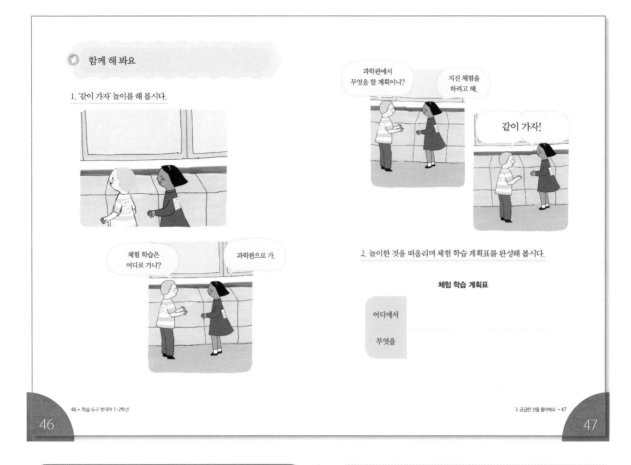

3차시

1 도입 – 5분

1) 3차시는 놀이 활동임을 환기시킨다.

- 선 선생님께서 나눠 주시는 종이를 살펴봅시다. 어떤 내용이 쓰여 있어요?

- 유 놀이 활동을 시작하기 전 학생들의 어휘 수준을 확인하고, 잘 모르는 어휘를 설명해 준다.

2) 놀이 활동과 단원의 주제가 가진 연관성을 설명한다.

- 선 친구가 어떤 종이를 가지고 있는지 조사하는 놀이를 해 볼까요?

- 유 놀이 활동과 단원의 주제인 '조사하기'를 연결시켜 설명하되, 학습자의 수준에 따라 추상적인 설명은 생략할 수 있다. 놀이에 흥미를 지니고 관련된 한국어 어휘와 표현을 익히고 사용해 보는 것을 우선 강조하여 지도한다.

2 놀이 설명 – 5분

1) 그림을 보며 어떤 놀이를 할지 생각해 본다.

- 선 리암과 하미가 무엇을 하고 있는지 살펴보세요.
- 선 리암이 하미에게 무엇을 묻고 있어요?
- 선 하미는 어떻게 대답했어요?

2) 놀이 방법을 확인한다.

- 선 '같이 가자' 놀이 방법을 잘 들어 보세요.

놀이 방법

1. 선생님께서 나눠 주시는 종이 중 하나를 골라 짝의 등에 붙인다.
2. 교실을 돌아다니다가 선생님의 신호를 들으면 멈춘다.
3. 가장 가까이 있는 친구와 서로의 등에 붙어 있는 종이의 내용을 확인한다.
4. 서로 묻고 답하며 등에 붙어 있는 종이가 같은 것인지 확인한다.
5. 내용이 모두 같다면 동시에 '같이 가자'라고 외친다. 그렇지 않다면 선생님의 신호에 맞춰 다시 이동한다.
6. 모든 사람이 같은 종이를 등에 붙인 사람을 찾으면 게임이 끝난다.

- 유 묻고 답하며 궁금한 것을 알아보는 활동에 중점을 두어 지도한다.

- 유 정확하게 한국어를 말하지 못해도 학습자의 수준에 맞도록 자유롭게 말하면서 놀이에 참여하도록 한다. 지나치게 교정하지 않는다.

3 놀이하기(활동하기) 및 정리 – 30분

1) 놀이 방법에 따라 '같이 가자' 놀이를 한다. 부록

2) 놀이를 하면서 사용한 말들을 떠올려서 말해 본다.

- 선 친구에게 무엇을 물어봤어요?
- 선 어떻게 대답했어요?

3) 등에 붙인 종이를 바꾸어 다시 한번 '같이 가자' 놀이를 한다.

4) 놀이한 것을 떠올리며 체험 학습 계획표를 완성한다.

- 유 쓰기 시간을 내기 어려우면 과제로 부여할 수 있다. 익힘책 27쪽의 1번, 2번을 수행하도록 하거나 과제로 부여할 수 있다.

5) 놀이 활동을 정리한다.

- 선 놀이를 하면서 어떤 말을 했어요? 무슨 말이 어려웠어요? 어떤 말이 재미있었어요?

되돌아보기

1. 아는 낱말에 ○표 해 봅시다.

계획 체험 알아보다 조사

2. 위 낱말을 이용하여 문장을 완성해 봅시다.

1) 여름 방학에 할 일을 (   )했다.

2) 설날에 무엇을 하는지 (   )했다.

3) 동물원에서 코끼리 타기 (   )을/를 해 보았다.

4) 우리는 동물원에 어떤 동물이 있는지 (   ).

3. 친구들과 쉬는 시간에 함께 하고 싶은 일을 조사해 봅시다.

1) 내가 친구들과 함께 하고 싶은 일을 계획표에 써 보세요.

어디에서

무엇을

2) 짝이 계획표에 쓴 내용을 조사하여 빈칸을 채워 보세요.

어디에서   무엇을

4차시

1 도입 – 5분

1) 되돌아보기 차시의 성격을 설명하고 복습 활동의 대상이 되는 내용을 간략히 설명한다.

    🔵 1번을 보세요. 배운 낱말이에요. 읽어 보세요.

    🔵 3번을 보세요. 무엇을 조사해 볼 것 같아요?

2) 3차시까지 배운 내용을 확인한다.

    🔵 배운 낱말을 사용해서 문장을 만들어 보세요.

    🔵 무엇을 조사해 보았어요?

    🟠 배운 내용을 다시 보도록 안내할 수도 있고, 본 차시 활동을 바로 시작하게 할 수도 있다.

2 되돌아보기 I – 15분

1) 1번 복습 활동을 수행한다. 제시된 어휘를 읽고 아는 어휘와 모르는 어휘를 찾게 한다.

    🔵 아는 낱말에 ○표 해 보세요.

    🔵 교재에서 모르는 낱말이 나온 부분을 찾아 읽어 보세요.

    🔵 제일 어려운 낱말은 무엇이에요?

2) 2번 활동을 하면서 배운 낱말을 사용하여 문장을 완성하도록 한다.

    🔵 알맞은 낱말을 넣어 문장을 읽어 보세요.

3 되돌아보기 II – 18분

1) 조사할 때 필요한 어휘와 표현을 떠올리게 한다.

    🔵 무엇을, 어떻게 물어보면 좋을까요? 말해 보세요.

2) 친구들과 쉬는 시간에 함께 하고 싶은 일을 계획표에 써 보도록 한다.

    🔵 친구들과 쉬는 시간에 함께 하고 싶은 일을 떠올려 보세요.

    🔵 떠올린 내용을 계획표에 써 보세요.

    🟠 학습자의 수준에 따라 낱말로 쓰도록 할 수도 있고, 문장으로 쓰도록 지도할 수도 있다.

3) 짝과 계획표에 쓴 내용을 묻고 답하며 조사 활동을 수행한다.

    🔵 짝은 쉬는 시간에 무엇을 하고 싶다고 했어요?

    🔵 그것은 어디에서 할 수 있어요?

4) 모둠 친구들이 계획표에 쓴 내용을 묻고 답하며 조사 활동을 수행한다.

    🔵 친구들은 쉬는 시간에 무엇을 하고 싶다고 했어요?

    🔵 그것은 어디에서 할 수 있어요?

4 정리 – 2분

1) 단원을 공부하며 든 생각이나 느낌을 이야기한다.

2) 한국어 어휘와 표현에 초점을 두어 배운 내용을 떠올릴 수 있도록 유도한다.

체험 학습 계획표

어디에서	과학관
무엇을	공룡 화석을 관찰하기

체험 학습 계획표

어디에서	과학관
무엇을	지진 체험하기

체험 학습 계획표

어디에서	
무엇을	

체험 학습 계획표

어디에서	동물원
무엇을	먹이 주기 체험하기

체험 학습 계획표

어디에서	동물원
무엇을	말타기 체험하기

체험 학습 계획표

어디에서	
무엇을	

4단원 • 더 길어요 더 짧아요

● 단원의 개관

'더 길어요 더 짧아요' 단원은 초등학교 1학년이나 2학년 학생들이 교과 학습에 바탕이 되는 '비교하기'를 중심으로 한국어 어휘와 표현을 배울 수 있도록 구성했다. 이를 위해 '대상을 비교하여 말하기', '바르고 고운 말 사용하기'를 단원의 주제로 설정했고 '비교하기 놀이'와 '쌓기 나무 놀이'를 놀이 활동으로서 제시했다. 단원 주제는 1~2학년군의 국어, 수학, 통합(슬기로운 생활) 교과 학습과 관련된 사고 활동 및 읽거나 쓰는 문식 활동의 주제가 된다. 주제별 학습은 1차시와 2차시에 주로 이루어지며 여기에는 개념 및 지식을 다루거나 용례를 제시하는 어휘 내용을 포함하고 있다. 이러한 어휘 내용은 '한국어 교육과정'의 1~2학년군 학습 도구 어휘 목록에서 단원의 주제에 맞게 선별된 것이다. 단원마다 주제와 관련된 놀이/협동 학습을 3차시에 제시했으며 4차시는 배운 내용을 복습하는 활동으로 마무리하도록 했다.

이 단원은 생활 한국어 능력 중급(3급)의 학습자가 선택할 수 있는 활동과 어휘 내용으로 구성되었다. 따라서 〈의사소통 한국어〉 교재 3권 4단원('숙제를 다 하고 놀자고 했어요') 필수 차시를 모두 배운 학생을 대상으로 하는 선택 차시로 운영될 수 있다. 학습자의 숙달도에 맞는 어휘 및 쓰기 연습 활동은 익힘책 활동을 병행하여 수행할 수 있도록 했다.

● 단원의 목표와 내용

1) 단원의 목표
◆ 한국어 어휘와 표현을 사용하여 친숙한 대상을 비교하여 말할 수 있다.
◆ 한국어 어휘와 표현으로 바르고 고운 말을 사용할 수 있다.

2) 단원의 주요 내용

주제	1. 대상을 비교하여 말하기 2. 바르고 고운 말 사용하기		
	교재 활동	**어휘 내용**	**교수·학습 특성**
학습 도구 어휘	🦉 부엉이 선생님	비교할 때의 말	개념 이해 (교과 연계 및 익힘책 활용)
	✏ 꼬마 수업	바르고 고운 말	개념 이해 (교과 연계)
	💬 어려운 말이 있어요? 확인해 봐요.	가장, 다르다, 같다	용례 학습 어휘 연습 (익힘책 활용)
	선택 어휘 (파란색 표시)	재다, 기분, 반대, 찾다, 따라 쓰다, 쌓기 나무	어휘 연습 (익힘책 활용)

● 차시 전개 과정

1) 차시의 흐름

차시	주제	학습 내용	교재 쪽수	익힘책 쪽수
1	대상을 비교하여 말하기	1. 비교하는 말을 알아봅시다. 2. 〈보기〉와 같이 비교하여 써 봅시다.	52~53	28~30
2	바르고 고운 말 사용하기	1. 하미와 리암의 말을 비교하여 봅시다. 2. 내용을 생각하며 소리 내어 읽어 봅시다. 3. 바르고 고운 말을 찾아 글자 위에 따라 써 봅시다. 4. 어떻게 말하면 좋을까요? 〈보기〉에서 찾아 써 봅시다.	54~57	31~32
3	놀이/협동 학습	1. '비교하기' 놀이를 해 봅시다. 2. 비교하는 말을 연습해 봅시다. 3. 쌓기 나무 놀이를 해 봅시다. 4. 비교하는 말을 연습해 봅시다.	58~59	33
4	정리 학습	1. 빈칸에 들어갈 낱말을 〈보기〉에서 찾아 써 봅시다. 2. 〈보기〉에서 낱말을 골라 그림에 알맞은 문장을 완성해 봅시다. 3. 어떻게 말하면 좋을까요? 대화를 완성해 봅시다.	60~61	

2) 차시별 교수·학습 활동

◆ 1차시 및 2차시: 단원의 주제에 맞는 읽기(특히 소리 내어 읽기)나 쓰기 활동을 제시했다. 또한 생각을 주고받는 말하기나 발표하기 등의 수업 활동을 경험할 수 있도록 과제를 제시했다. 익힘책 활동이 연계된다.

◆ 3차시: 단원의 주제와 관련된 놀이나 협동 활동을 제시했다. 놀이나 협동 과정에서 사용한 어휘, 문장을 활용하는 쓰기와 말하기 활동이 함께 제시되었다. 익힘책 활동이 연계된다.

◆ 4차시: 단원의 어휘 및 주제별 학습 내용을 정리, 복습하는 활동을 제시했다. 복습 활동 위주의 차시로서 익힘책 활동은 따로 연계되지 않는다.

● 단원 지도상의 유의점

◆ 학습에 필요한 어휘 학습과 문식력 강화 활동이 이루어지도록 운영한다.

◆ 주변에서 자주 접하는 익숙한 두 대상을 비교하며 비교 표현을 연습할 수 있도록 한다.

◆ 바르고 고운 말과 그렇지 않은 말을 비교하는 과정에서 바르지 않은 말이 강조되지 않도록 주의한다.

◆ 놀이의 승패보다는 비교하는 표현을 바르게 사용하며 놀이하는지에 중점을 두어 지도한다.

◆ 학습 도구 어휘의 경우 추상성이 강하므로 명시적으로 설명하기보다는 활동 과정에서 경험을 통해 익힐 수 있도록 한다.

주제

대상을 비교하여 말하기

주요 활동

1. 비교하는 말을 알아봅시다.

2. 〈보기〉와 같이 비교하여 써 봅시다.

학습 도구 어휘

재다, 가장, 비교할 때의 말

1 도입 – 5분

1) 단원 도입 모듈에 제시된 〈의사소통 한국어〉 연계 단원 이름을 본다. 〈의사소통 한국어〉 교재에서 배웠던 내용을 간략히 정리해 주거나, 〈의사소통 한국어〉 주제를 활용하여 생활 한국어 이해 수준을 간략히 확인한다.

- 📕 여러분, 여기 예쁜 집이 있어요.

  여러분이 배워야 할 한국어들이 잘 모이면 이렇게 예쁜 집이 돼요.

- 📕 어떤 숙제를 해 봤어요?

- 💬 도입 모듈에 대한 설명이나 활동은 최대한 간략하게 하며, 경우에 따라 생략할 수 있다.

2) 단원 도입 그림을 보면서 단원의 주제와 학습 목표, 대략적인 단원 학습 내용을 살펴본다.

- 📕 준비물이 뭐예요?

- 📕 저밍의 고민은 무엇이에요?

- 📕 두 끈의 길이를 어떻게 비교해요? 어떻게 비교해서 말해요?

- 💬 도입 단계에서 학습자들의 수준을 판별하여 차시 활동이나 추후 익힘책 활동 등을 선택적으로 운영할 수 있도록 한다.

2 주요 활동 I – 15분

1) 첫 번째 활동에 대하여 안내한다.

- 📘 그림을 보세요. 연필의 길이는 어떻게 비교해요?

- 📘 어떻게 말할 수 있어요?

- 📘 가위와 지우개, 책의 무게는 어떻게 비교해요? 어떻게 말할 수 있어요?

2) 교사가 교재의 내용을 읽어 주고, 이해를 확인한다.

- 📘 어떤 연필이 파란색 연필보다 더 길어요?

- 📘 빨간색 연필과 노란색 연필 중 어느 것이 더 길어요?

- 📘 어떤 연필이 가장 길어요?

- 📘 가위와 지우개 중 어느 것이 더 무거워요?

- 📘 가위보다 무거운 것은 무엇이에요?

- 📘 가장 무거운 것은 무엇이에요?

3) 교재에서 파란색으로 표시된 어휘를 확인한다.

- 📘 파란색 어휘가 있어요. 무엇이에요?

- 📘 연필의 길이를 재어 봅시다, 재어, 재다 알아요?

🔵 대상을 비교하여 말하기

1. 비교하는 말을 알아봅시다.

어느 연필이 더 길까요?
연필의 길이를 재어 봅시다.
파란색 연필이 노란색 연필보다 더 깁니다.
빨간색 연필이 파란색 연필보다 더 깁니다.
빨간색 연필이 가장 깁니다.

어느 것이 더 무거울까요?
무게를 재어 봅시다.
가위가 지우개보다 더 무겁습니다.
책이 가위보다 더 무겁습니다.
책이 가장 무겁습니다.

1) 그림을 보면서 선생님이 읽어 주시는 내용을 잘 들어 보세요.

2) 내용을 생각하며 소리 내어 읽어 보세요.

 비교할 때의 말

무엇이 같고 다른지 살펴보는 것을 비교라고 해요. 길이나 무게 등을 비교할 수 있어요. 길이를 비교할 때에는 '빨간색 연필이 파란색 연필보다 더 길어요', '빨간색 연필이 가장 길어요'와 같이 말해요.

어휘 지식

재다 [재:다]	도구나 방법을 써서 길이, 크기, 양 등의 정도를 알아보다. 📎 자로 책상의 길이를 쟀다. 몸무게를 재 보았더니 살이 쪘다.

- 💬 파란색으로 표시된 어휘는 모든 경우에 따로 배우기보다는 경우에 따라 선택하여 배우도록 한다. 먼저 학습자들에게 파란색 표시 어휘에 집중하도록 유도하고 이해를 확인한 후, 익힘책 29쪽의 3번, 4번을 쓰게 한다. 익힘책 활동은 과제로 부여할 수 있다.

4) 교재의 흐름을 자연스럽게 따라가면서 1번 활동을 함께 수행한다.

- 📘 그림을 보면서 선생님이 읽어 주는 내용을 다시 한번 잘 들어 보세요.

- 📘 내용을 생각하면서 소리 내어 읽어 보세요.

5) '부엉이 선생님'의 내용을 확인하고 설명한다. 예시를 통해 접근한다.

- 📘 '부엉이 선생님'에는 어떤 내용이 있어요? 소리 내어 읽어 봐요.

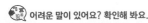 어려운 말이 있어요? 확인해 봐요.

가장

| 이렇게 사용해요 | 내가 가장 좋아하는 과일은 사과이다.
하미는 우리 반에서 달리기를 가장 잘한다. |

2. 보기 와 같이 비교하여 써 봅시다.

보기

 파란색 연필이 노란색 연필보다 더 깁니다.
빨간색 연필이 파란색 연필보다 더 깁니다.
빨간색 연필이 가장 깁니다.

_____

_____

_____

---

③ **주요 활동 Ⅱ – 15분**

1) 두 번째 활동에 대하여 안내한다.
   🔵 〈보기〉의 그림을 자세히 살펴보세요.
   🔵 〈보기〉의 문장을 읽어 보세요.

2) 그림을 자세히 살펴보고 세 사물의 무게를 비교하여 말해 보게 한다.
   🔵 책과 풀의 무게를 비교해서 말해 보세요.
   🔵 가장 무거운 것은 무엇이에요?

3) 교재의 흐름을 자연스럽게 따라가면서 2번 활동을 함께 수행한다.
   🔵 책과 풀, 농구공의 무게를 비교하여 문장으로 써 보세요.

④ **정리 – 5분**

1) 1번 활동으로 돌아가서 주요한 표현을 반복적으로 사용해 보도록 한다.
   🔵 연필의 길이를 비교해서 말해 보세요.

2) 2번 활동으로 돌아가서 주요한 표현을 반복적으로 사용해 보도록 한다.
   🔵 책과 풀, 농구공의 무게를 비교해서 말해 보세요.

🔵 비교해서 말할 때는 어떻게 말해요? 찾아 읽어 보세요.

🟢 '부엉이 선생님' 활동에서는 차시 주제와 관련된 주요한 언어 기능이나 개념을 소개한다. '부엉이 선생님'에 제시된 내용은 다소 어렵거나 추상적일 수 있기 때문에, 되도록 쉽게 설명해 주고, 실제 교과에서 사용되는 이미지나 예시 등을 가지고 설명해 주는 것이 좋다.

🟢 '부엉이 선생님' 내용을 충분히 설명한 후에 익힘책 30쪽의 5번, 6번을 수행한다. 과제로 부여할 수 있다.

6) '어려운 말이 있어요? 확인해 봐요.' 항목을 확인하고 어휘 학습이 되도록 유도한다.
   🔵 어려운 말이에요. 어떻게 사용하는지 볼까요? 읽어 보세요. 낱말의 뜻을 알아요?

어휘 지식	
가장	여럿 가운데 제일로. 🔵 저밍은 반에서 키가 가장 커.

🟢 익힘책 28쪽의 1번, 2번을 수행하도록 한다. 경우에 따라 과제로 부여할 수 있다.

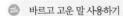 바르고 고운 말 사용하기

1. 하미와 리암의 말을 비교하여 봅시다.

사탕 내놔!

나도 사탕 먹고 싶어. 사탕을 나눠 줄래?

1) 하미의 말을 읽어 보세요. 기분이 어때요?

2) 리암의 말을 읽어 보세요. 기분이 어때요?

3) 하미와 리암의 말을 들었을 때 기분을 비교해 보세요. 내가 듣고 싶은 말에 ○표 해 보세요.

✏️ 꼬마 수업 바르고 고운 말

'고마워', '사랑해', '최고야'와 같은 말을 바르고 고운 말이라고 해요. 바르고 고운 말을 들으면 기분이 좋아요.

2. 내용을 생각하며 소리 내어 읽어 봅시다.

선생님께서는 바르고 고운 말을 사용하라고 하십니다. 어느 날, 리암은 선생님의 말씀과 반대로 하고 싶어졌습니다. 쉬는 시간입니다. 친구들이 공기놀이를 합니다. 리암이 말합니다.
"내가 먼저 할 거야. 저리 비켜!"
친구들의 표정이 화가 나 보입니다. 저밍이 다가오며 말합니다.
"나도 공기놀이를 하고 싶어. 같이 해도 돼?"
친구들의 표정이 아까와는 다릅니다. 공기놀이를 하고 싶은 리암과 저밍의 마음은 같습니다. 무엇이 친구들의 표정이 달라지게 했을까요?

1) 리암과 저밍의 말을 들은 친구들의 기분은 어떨까요? 말과 표정을 연결해 보세요.

저리 비켜!

 나도 공기놀이를 하고 싶어. 같이 해도 돼?

2) 리암과 저밍의 말을 들었을 때 기분을 비교해 보세요. 바르고 고운 말에 ○표 해 보세요.

2차시

주제
바르고 고운 말 사용하기

주요 활동
1. 하미와 리암의 말을 비교하여 봅시다.
2. 내용을 생각하며 소리 내어 읽어 봅시다.
3. 바르고 고운 말을 찾아 글자 위에 따라 써 봅시다.
4. 어떻게 말하면 좋을까요? 〈보기〉에서 찾아 써 봅시다.

학습 도구 어휘
기분, 바르고 고운 말, 반대, 다르다, 같다, 찾다, 따라 쓰다

1 도입 – 3분

1) 단원의 학습 주제를 다시 설명하고, 1차시에서 배운 내용을 떠올리게 한다.

🔵 연필과 자의 길이를 비교해 보세요. 어떻게 말해요?

🟢 한국어 어휘와 표현에 초점을 두도록 유도한다.

2) 2차시의 주요한 내용을 소개한다.

🔵 들으면 기분이 좋은 말을 비교해서 찾아봅시다.

🟢 저학년 학습자들의 학습 경험을 확인하고, 한국어 이해 수준과 표현 수준을 확인하여 차시 내용을 운영하도록 한다.

2 주요 활동 I – 10분

1) 첫 번째 활동에 대하여 안내한다.

🔵 친구에게 사탕을 나누어 달라고 할 때 어떻게 말해요?

2) 하미와 리암의 말을 비교하여 살펴보고, 1번 활동을 함께 수행한다.

🔵 하미와 리암은 어떻게 말했어요? 그 말을 들었을 때 기분이 어때요?

🔵 내가 듣고 싶은 말은 뭐예요? ○표 해 보세요.

3) '꼬마 수업'의 내용을 설명한다.

🔵 바르고 고운 말에는 어떤 것들이 있어요?

🔵 바르고 고운 말을 들으면 기분이 어때요?

🟢 학습자의 수준에 따라 리암의 말이 듣는 사람을 배려하는 공손한 표현임을 설명할 수 있다.

🟢 '꼬마 수업' 활동에서는 차시 내용에서 다룬 특정 주요 교과의 학습 개념을 소개한다. 그 교과의 수업 시간(예: 국어 시간)을 그대로 재현하며 지도하는 것이 좋다. 되도록 그 교과의 수업 장면을 경험해 볼 수 있도록 실제 교과에서 사용되는 이미지나 예시 등을 가지고 설명해 주는 것이 좋다. 학생의 수준에 따라 진행한다.

3 주요 활동 II – 15분

1) 두 번째 활동에 대하여 안내한다.

🔵 이야기를 읽고 바르고 고운 말을 찾아봅시다.

2) 교사가 교재의 내용을 읽어 주고, 이해를 확인한다.

🔵 리암은 어떻게 말했어요? 저밍은 어떻게 말했어요?

3) 교재에서 파란색으로 표시된 어휘를 확인한다.

🔵 파란색 어휘가 있어요. 무엇이에요?

어휘 지식

기분	불쾌, 유쾌, 우울, 분노 등의 감정 상태. 예 선생님께 칭찬을 받아 기분이 좋다. 숙제를 다 해서 뿌듯한 기분이 든다.
반대 [반:대]	어떤 것이 다른 것과 모양, 위치, 방향, 속성 등에서 완전히 다름. 예 저밍이 갑자기 반대 방향으로 뛰어갔다. 이 책은 내가 읽은 책이랑 분위기가 완전히 반대야.
찾다 [찬따]	무엇을 얻거나 누구를 만나려고 여기저기를 살피다. 예 어제 잃어버린 필통을 찾았다. 책꽂이에서 동화책을 찾았다.
따르다	다른 사람이 하는 대로 같이 하다. 예 칠판을 보고 글씨를 따라 썼다. 선생님이 읽은 부분을 따라 읽었다.

🔁 익힘책 32쪽의 3번, 4번을 수행하도록 한다. 경우에 따라 과제로 부여할 수 있다.

4) 교재의 흐름을 자연스럽게 따라가면서 2번 활동을 함께 수행한다.
- 선 리암과 저밍의 말과 친구들의 표정을 연결해 보세요.
- 선 바르고 고운 말에 ○표 해 보세요.

5) '어려운 말이 있어요? 확인해 봐요.' 항목을 확인하고 어휘 학습이 되도록 유도한다.
- 선 어려운 말이에요. 어떻게 사용하는지 볼까요? 읽어 보세요. 낱말의 뜻을 알아요?

어휘 지식

다르다	두 개의 대상이 서로 같지 아니하다. 예 나와 형은 학년이 달라요.
같다 [갇따]	서로 다르지 않다, 서로 비슷하다. 예 나와 여동생은 취미가 같아요.

🔁 익힘책 31쪽의 1번, 2번을 수행하도록 한다. 익힘책 활동은 과제로 부여할 수 있다.

🔁 '다르다'와 '같다'는 서로 반대되는 뜻을 가지고 있어 반의어 관계이다. 반의어 관계를 활용하여 '축구공과 농구공은 모양이 같아요', '축구공과 농구공은 색깔이 달라요'와 같이 설명할 수 있다.

4 주요 활동 Ⅲ - 10분

1) 교재의 흐름을 자연스럽게 따라가면서 3번 활동을 함께 수행한다.
- 선 어떤 말을 들었을 때 기분이 좋아요?
- 선 들었을 때 기분이 좋은 말을 따라 써 보세요.

2) 교재의 흐름을 자연스럽게 따라가면서 4번 활동을 함께 수행한다.
- 선 하미와 저밍은 어떻게 말하면 좋을까요? 〈보기〉에서 골라 써 보세요.

5 정리 - 2분

1) 바르고 고운 말을 다시 말해 보며 2차시 내용을 정리한다.
- 선 들었을 때 기분이 좋은 말에는 어떤 것이 있어요?

2) 2번 활동으로 돌아가서 주요한 표현을 반복적으로 사용해 보도록 한다.
- 선 리암과 저밍 중 바르고 고운 말을 사용한 사람은 누구예요?

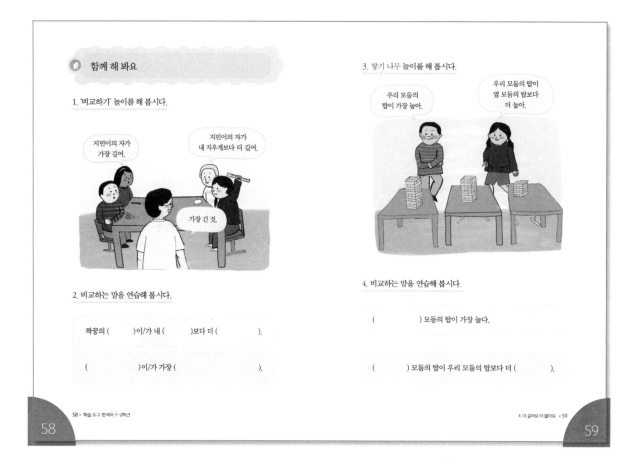

3차시

1 도입 – 3분

1) 3차시는 놀이 활동임을 환기시킨다. 또한 놀이에 알맞은 자리 배치나 학생 현황을 파악한다.
   - 🜀 놀이 활동을 시작하기 전 학생들의 어휘 수준을 확인하고, 잘 모르는 어휘를 설명해 준다.

2) 놀이 활동과 단원의 주제가 가진 연관성을 설명한다.
   - 🜁 비교하는 말을 사용하며 놀이를 해 볼까요?
   - 🜀 놀이 활동과 단원의 주제인 '비교하기'를 연결시켜 설명하되, 학습자의 수준에 따라 추상적인 설명은 생략할 수 있다. 놀이에 흥미를 지니고 관련된 한국어 어휘와 표현을 익히고 사용해 보는 것을 우선 강조하여 지도한다.

2 놀이 설명 – 5분

1) 그림을 보며 어떤 놀이를 할지 생각해 본다.
   - 🜁 선생님의 말씀을 읽어 보세요.
   - 🜁 친구들의 물건 중 무엇이 가장 길어요?

2) 놀이 방법을 확인한다.
   - 🜁 비교하기 놀이를 하는 방법을 잘 들어 보세요.

놀이 방법
1. 모둠 친구들이 한 팀이 된다.
2. 자신이 가진 물건을 한 개씩 꺼낸다.
3. 선생님의 말씀을 잘 듣고, 우리 모둠 친구들의 물건 중에서 가장 알맞은 것을 들어 올린다.
4. 비교 표현을 사용하여 들어 올린 물건을 설명한다. 바르게 설명하면 점수를 받는다.
5. 가장 많은 점수를 받은 모둠이 이긴다.

🜀 소수의 학생들만 말하지 않도록 주의한다.

3 놀이하기(활동하기) – 15분

1) 놀이 방법에 따라 비교하기 놀이를 한다.

2) 놀이를 하면서 사용한 말을 써 본다.
   - 🜁 놀이하며 한 말을 문장으로 써 보세요.
   - 🜀 익힘책 33쪽 2번을 수행하도록 하거나 과제로 부여할 수 있다.

4 놀이하기(활동하기) II – 15분

1) 모둠원들과 쌓기 나무로 탑을 만들고, 다른 모둠의 탑과 비교하여 말해 보도록 한다.

2) 교재에서 파란색으로 표시된 어휘를 확인한다.
   - 🜁 파란색 어휘가 있어요. 무엇이에요?

어휘 지식	
쌓다	여러 개의 물건을 겹겹이 포개다. 예 쌓기 나무를 쌓아 탑을 만들었다. 책을 산더미처럼 쌓아 놓았다.

   - 🜀 익힘책 33쪽의 1번을 쓰게 한다. 경우에 따라 과제로 부여할 수 있다.

3) 쌓기 나무 탑을 비교하면서 사용한 말을 쓰도록 한다.

5 정리 – 2분

1) 1번 놀이 활동을 정리한다.
   - 🜁 놀이를 하면서 어떤 말을 했어요? 어떤 말이 재미있어요?

2) 2번 놀이 활동을 정리한다.
   - 🜁 놀이를 하면서 어떤 말을 했어요? 무슨 말이 어려웠어요?

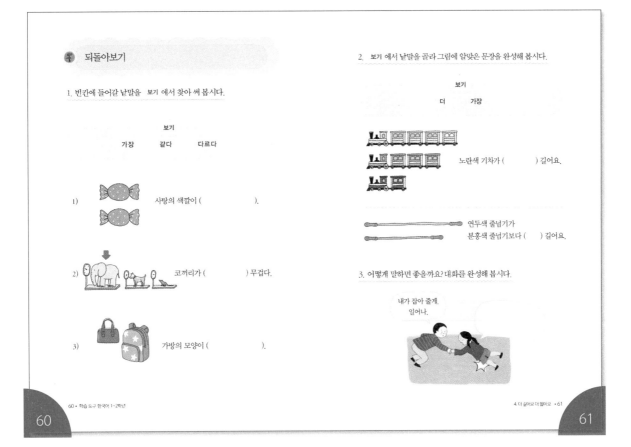

1. 빈칸에 들어갈 낱말을 보기 에서 찾아 써 봅시다.

보기

가장   같다   다르다

1) 사탕의 색깔이 (   ).

2) 코끼리가 (   ) 무겁다.

3) 가방의 모양이 (   ).

2. 보기 에서 낱말을 골라 그림에 알맞은 문장을 완성해 봅시다.

보기

더   가장

노란색 기차가 (   ) 길어요.

연두색 줄넘기가
분홍색 줄넘기보다 (   ) 길어요.

3. 어떻게 말하면 좋을까요? 대화를 완성해 봅시다.

내가 잡아 줄게.
일어나.

4차시

1 도입 – 5분

1) 되돌아보기 차시의 성격을 설명하고 복습 활동의 대상이 되는 내용을 간략히 설명한다.

🔵 1번의 〈보기〉를 보세요. 배운 낱말이에요. 읽어 보세요.

🔵 무엇을 비교해 볼 것 같아요?

2) 3차시까지 배운 내용을 확인한다.

🔵 무엇을 비교해 보았어요?

🟠 배운 내용을 다시 보도록 안내할 수도 있고, 본 차시 활동을 바로 시작하게 할 수도 있다.

2 되돌아보기 I – 15분

1) 1번 복습 활동을 수행한다. 〈보기〉의 낱말 중에서 모르는 낱말은 다시 확인하도록 한다.

🔵 모르는 낱말이 있어요? 모르는 낱말이 나오는 문장을 교재에서 찾아 읽어 보세요.

2) 〈보기〉에서 알맞은 낱말을 골라 그림에 어울리는 문장을 완성하도록 한다.

🔵 알맞은 낱말을 넣어 문장을 완성해 보세요.

3 되돌아보기 II – 18분

1) 2번 복습 활동을 수행한다. 〈보기〉에서 낱말을 골라 그림에 어울리는 문장을 완성하고 읽어 보도록 한다.

🔵 알맞은 낱말을 넣어 문장을 읽어 보세요.

2) 그림에 어울리는 다른 문장을 만들고 써 보도록 한다.

🔵 그림을 다르게 설명해 보세요.

🔵 문장으로 써 보세요.

🟠 학습자의 수준에 따라 비교하여 말하는 활동을 중점적으로 지도할 수 있다.

3) 3번 복습 활동을 수행한다. 그림에 어울리도록 대화를 완성하도록 한다.

🔵 지민이는 어떻게 말하면 좋을까요?

🔵 그 말을 들었을 때 기분이 어때요?

4 정리 – 2분

1) 단원을 공부하며 든 생각이나 느낌을 이야기한다.

2) 한국어 어휘와 표현에 초점을 두어 배운 내용을 떠올릴 수 있도록 유도한다.

5단원 • 답을 구해요

● 단원의 개관

    '답을 구해요' 단원은 초등학교 1학년이나 2학년 학생들이 교과 학습에 바탕이 되는 '문제 해결하기'를 중심으로 한국어 어휘와 표현을 배울 수 있도록 구성했다. 이를 위해 '수학 문제 해결하기', '문제점을 찾아 해결하기'를 단원의 주제로 설정했고 '문제 해결 방법 찾기 말판 놀이'를 놀이 활동으로서 제시했다. 단원 주제는 1~2학년군의 국어, 수학, 통합(슬기로운 생활) 교과 학습과 관련된 사고 활동, 읽거나 쓰는 문식 활동의 주제가 된다. 주제별 학습은 1차시와 2차시에 주로 이루어지며 개념과 지식을 다루거나 용례를 제시하는 어휘 내용을 포함하고 있다. 이러한 어휘 내용은 '한국어 교육과정'의 1~2학년군 어휘 목록에서 선별된 것이다. 단원마다 주제와 관련된 놀이/협동 학습을 3차시에 제시했으며 4차시는 배운 내용을 복습하는 활동으로 마무리하도록 했다.

    이 단원은 생활 한국어 능력 중급(3급)의 학습자가 선택할 수 있는 활동과 어휘 내용으로 구성되었다. 따라서 〈의사소통 한국어〉 교재 3권 5단원('쓰레기를 버리면 안 돼요') 필수 차시를 모두 배운 학생을 대상으로 하는 선택 차시로 운영될 수 있다. 학습자의 숙달도에 맞는 어휘 및 쓰기 연습 활동은 익힘책 활동을 병행하여 수행할 수 있도록 했다.

● 단원의 목표와 내용

1) 단원의 목표

◆ 수학 문제 해결의 과정을 알고 문제를 풀 수 있다.

◆ 그림에서 문제점을 찾아 해결할 수 있다.

2) 단원의 주요 내용

주제	1. 수학 문제 해결하기 2. 문제점을 찾아 해결하기		
	교재 활동	어휘 내용	교수·학습 특성
학습 도구 어휘	부엉이 선생님	생각 그물	개념 이해 (교과 연계 및 익힘책 활용)
	어려운 말이 있어요? 확인해 봐요.	풀다, 구하다, 해결, 문제점, 찾다	용례 학습 어휘 연습 (익힘책 활용)
	선택 어휘 (파란색 표시)	계산, 표현, 이유, 정리	어휘 연습 (익힘책 활용)

● 차시 전개 과정

1) 차시의 흐름

차시	주제	학습 내용	교재 쪽수	익힘책 쪽수
1	수학 문제 해결하기	1. 문제를 소리 내어 읽고 물음에 답해 봅시다. 2. 수학 문제를 풀 때 쓰는 표현을 소리 내어 읽어 봅시다.	64~65	34~35
2	문제점을 찾아 해결하기	1. 다음 만화를 읽고 무엇을 해결해야 하는지 생각해 봅시다. 2. 에너지를 절약하는 방법을 생각해 봅시다.	66~69	36~38
3	놀이/협동 학습	1. '문제 해결 방법 찾기' 말판 놀이를 해 봅시다. 2. 말판 놀이를 하며 만든 문장을 써 봅시다.	70~71	39
4	정리 학습	1. 다음 낱말로 빙고 놀이를 해 봅시다. 2. 낱말을 하나 골라 짧은 문장을 만들어 봅시다. 3. 다음 글을 읽고 물음에 답해 봅시다.	72~73	

2) 차시별 교수·학습 활동

◆ 1차시 및 2차시: 단원의 주제에 맞는 읽기(특히 소리 내어 읽기)나 쓰기 활동을 제시했다. 또한 생각을 주고받는 말하기나 발표하기 등의 수업 활동을 경험할 수 있도록 과제를 제시했다. 익힘책 활동이 연계된다.

◆ 3차시: 단원의 주제와 관련된 놀이나 협동 활동을 제시했다. 놀이나 협동 과정에서 사용한 어휘, 문장을 활용하는 쓰기와 말하기 활동이 함께 제시되었다. 익힘책 활동이 연계된다.

◆ 4차시: 단원의 어휘 및 주제별 학습 내용을 정리, 복습하는 활동을 제시했다. 복습 활동 위주의 차시로서 익힘책 활동은 따로 연계되지 않는다.

● 단원 지도상의 유의점

◆ 학습에 필요한 어휘 학습과 문식력 강화 활동이 이루어지도록 운영한다.

◆ 수학 교과 학습을 돕기 위한 차시이므로 수학 교과서의 내용과 함께 연계하여 지도한다.

◆ 학생들이 스스로 문제 해결 방법을 찾는 것에 어려움을 느낄 수 있으므로 여러 관련 자료를 활용하여 동기를 유발한다.

◆ 놀이를 하면서 문제 해결 관련 표현을 말할 수 있도록 교사가 돌아다니며 지도한다.

◆ 학습 도구 어휘의 경우 추상성이 강하므로 명시적으로 설명하기보다는 활동 과정에서 경험을 통해 익힐 수 있도록 한다.

주제
수학 문제 해결하기
주요 활동
1. 문제를 소리 내어 읽고 물음에 답해 봅시다.
2. 수학 문제를 풀 때 쓰는 표현을 소리 내어 읽어 봅시다.
학습 도구 어휘
풀다, 구하다, 계산, 해결, 표현

1 도입 – 5분

1) 단원 도입 모듈에 제시된 〈의사소통 한국어〉 연계 단원 이름을 본다. 〈의사소통 한국어〉 교재에서 배웠던 내용을 간략히 정리해 주거나, 〈의사소통 한국어〉 주제를 활용하여 생활 한국어 이해 수준을 간략히 확인한다.
   - 📢 여러분, 여기 예쁜 집이 있어요.
     여러분이 배워야 할 한국어들이 잘 모이면 이렇게 예쁜 집이 돼요.
   - 📢 어떤 숙제를 해 봤어요?
   - 🔎 도입 모듈에 대한 설명이나 활동은 최대한 간략하게 하며, 경우에 따라 생략할 수 있다.

2) 단원 도입 그림을 보면서 단원의 주제와 학습 목표, 대략적인 단원 학습 내용을 살펴본다.
   - 📢 무슨 시간이에요?
   - 📢 책상 위에 무엇이 놓여 있어요?
   - 📢 말풍선의 내용을 함께 소리 내어 읽어 볼까요?

3) '답을 구하다'는 표현에서 학습 도구 기능(문제 해결)을 도입한다.
   - 📢 성우는 지금 바둑알을 가지고 장난을 치고 있어요. 하미가 장난치지 말고 무엇을 하라고 했어요?
   - 📢 이번 단원에서 우리는 문제의 답을 구할 때 쓰는 표현을 알아보겠습니다.
   - 🔎 도입 단계에서 학습자들의 수준을 판별하여 차시 활동이나 익힘책 활동 등을 선택적으로 운영할 수 있도록 한다.

2 주요 활동 I – 15분

1) 64쪽의 문제를 소리 내어 읽어 보도록 한다.

2) 교사가 교재의 내용을 읽어 주고, 이해를 확인한다.
   - 📢 선생님과 함께 64쪽의 대화를 읽어 보겠습니다.
   - 📢 선생님이 김세현 선생님의 질문을 읽으면 여러분은 리암의 대답을 읽어 보세요.

어휘 지식	
계산	수를 세거나 더하기, 빼기, 곱하기, 나누기 등의 셈을 함. 📝 계산 실수를 했다. 지수는 어릴 때부터 숫자에 강해 계산을 잘했다.

   - 🔎 교재 65쪽의 '표현' 어휘까지 모두 배운 후 익힘책 활동을 수행하도록 한다.

3) 본문에 제시된 주요한 활동을 수행하게 한다.

🔵 수학 문제 해결하기

1. 리암이 수학 문제를 풀고 있습니다. 문제를 소리 내어 읽고 물음에 답해 봅시다.

> 오늘은 토끼의 생일입니다. 생쥐가 토끼에게 사과 7개를 선물했습니다. 사슴이 복숭아 6개를 선물하고, 다람쥐가 배 3개를 선물했습니다. 토끼가 받은 과일은 모두 몇 개입니까?

구하려는 식은 무엇일까요?

'7+6+3'이에요.

어떻게 계산했어요?

먼저 7하고 3을 더해서 10을 만들었어요. 그리고 10에 6을 더했더니 16이 나왔어요.

1) 구하려고 하는 식은 무엇이에요?

2) 리암이 문제를 어떻게 해결했어요? 찾아 써 보세요.

64

   - 📢 여러분, 1)번을 해 볼까요? 리암이 구하려고 하는 식은 무엇이에요?
   - 📢 리암이 문제를 어떻게 해결했어요? 리암의 말에서 찾아 써 보세요.

4) '어려운 말이 있어요? 확인해 봐요.'에서 빨간색으로 표시된 어휘를 먼저 확인하고, 뜻을 설명한다.
   - 📢 '풀고(풀다)', '구하려는(구하다)', '해결'이 사용된 문장을 읽어 보세요.

어휘 지식	
풀다	모르거나 복잡한 문제를 해결하거나 그 답을 알아내다. 📝 나는 선생님이 낸 문제를 가장 먼저 풀었다. 문제를 풀다, 암호를 풀다, 시험지를 풀다.
구하다	문제에 대한 답이나 수, 양을 알아내다. 📝 다음 문제의 답을 구하시오.
해결	사건이나 문제, 일 등을 잘 처리해 끝을 냄. 📝 나는 짝과 함께 수학 문제를 해결했다.

   - 🔎 이 차시에서는 일반적인 수학 교과서의 흐름을 이해하기 위해 필요한 어휘와 표현을 가르치고자 한다. 따라서 수학 교과서를 함께 펴 놓고 수업을 진행하면 이해를 도울 수 있다.
   - 🔎 익힘책 34쪽의 1번, 2번과 35쪽의 3번을 쓰게 한다. 경우에 따라 과제로 부여할 수 있다.

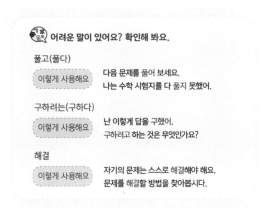

어려운 말이 있어요? 확인해 봐요.

풀고(풀다)

이렇게 사용해요　다음 문제를 풀어 보세요.
　　　　　　　　　나는 수학 시험지를 다 풀지 못했어.

구하려는(구하다)

이렇게 사용해요　난 이렇게 답을 구했어.
　　　　　　　　　구하려고 하는 것은 무엇인가요?

해결

이렇게 사용해요　자기의 문제는 스스로 해결해야 해요.
　　　　　　　　　문제를 해결할 방법을 찾아봅시다.

2. 수학 문제를 풀 때 쓰는 표현을 소리 내어 읽어 봅시다.

문제 확인하기	구하려고 하는 것은 무엇인가요?
문제 해결 방법 찾기	답을 구하는 식을 써 보세요.
문제 해결하기	답을 구해 보세요.
확인하기	무엇을 알게 되었는지 말해 보세요.

5. 답을 구해요 • 65

65

---

④ 정리 – 5분

1) 배운 어휘와 표현들을 학생들이 잘 알고 있는지 확인
한다.

　📢 수학 문제를 풀 때에 쓰는 표현에는 어떤 것이 있었어요?
　　다시 한번 65쪽의 2번에 있는 표현을 소리 내어 읽어 보
　　세요.

2) 차시 예고를 한다.

---

③ 주요 활동 II – 15분

1) 수학 교과서의 '문제 해결' 차시를 실물 화상기로 함께
보며 수학 문제를 풀 때 쓰는 표현을 함께 살펴본다.

　📢 수학 교과서를 살펴볼까요? 수학 문제를 해결할 때 어떤
　　표현이 사용되나요?

어휘 지식	
표현	느낌이나 생각 등을 말, 글, 몸짓 등으로 나타내어 겉으로 드러냄. ⑩ 음악을 듣고 느낌을 동작으로 표현해 보자. 　한국어 표현이 아직까지 서투르다.

　💬 파란색으로 표시된 어휘는 모든 경우에 따로 배우기보다는
　　경우에 따라 선택하여 배우도록 한다. 먼저 학습자들에게 파
　　란색 표시 어휘에 집중하도록 유도하고 이해를 확인한 후,
　　익힘책 35쪽의 4번, 5번을 쓰게 한다. 익힘책 활동은 과제로
　　부여할 수 있다.

2) 본문에 제시된 주요한 활동을 함께 수행한다.

　📢 수학 문제를 풀 때는 문제 확인하기, 문제 해결 방법 찾
　　기, 문제 해결하기, 확인하기의 과정을 거쳐요. 각 과정에
　　사용되는 표현을 소리 내어 읽어 보세요.

5단원 답을 구해요 • 51

문제점을 찾아 해결하기

1. 다음 만화를 읽고 무엇을 해결해야 하는지 생각해 봅시다.

1) 하미가 '지구가 아파요.' 만화를 읽고 있어요. 선생님과 함께 소리 내어 읽어 보세요.

2) 지구가 아픈 이유는 무엇이에요? 그림을 보고 말해 보세요.

어려운 말이 있어요? 확인해 봐요.

문제점
[이렇게 사용해요] 이 그림의 문제점은 무엇일까? 문제점을 해결할 방법을 생각해 보자.

찾아(찾다)
[이렇게 사용해요] 문제의 해답을 찾았어. 에너지를 절약할 수 있는 방법을 찾아 발표해 보세요.

66 67

2차시

주제
문제점을 찾아 해결하기

주요 활동
1. 다음 만화를 읽고 무엇을 해결해야 하는지 생각해 봅시다.
2. 에너지를 절약하는 방법을 생각해 봅시다.

학습 도구 어휘
문제점, 찾다, 이유, 정리, 생각 그물

1 도입 – 5분

1) 1차시에 배운 내용을 복습해 보도록 한다.

🟠 수학 문제를 해결할 때 쓰는 표현들을 알아봤어요. 어떤 표현이 있었어요?

🟠 '풀다', '구하다', '해결'이 들어간 문장을 만들 수 있어요?

🟢 한국어 어휘와 표현에 초점을 두도록 유도한다.

2) 오늘 배울 내용을 안내한다.

🟠 오늘은 문제점을 찾고 그 해결 방법을 생각해 보도록 하겠습니다.

🟢 저학년 학습자들의 학습 경험을 확인하고, 한국어 이해 수준과 표현 수준을 확인하여 차시 내용을 운영하도록 한다.

2 주요 활동 I – 15분

1) 66쪽 만화를 선생님과 함께 소리 내어 읽어 보도록 한다.

🟠 지구의 표정이 어때요?

🟠 지구가 아픈 것 같아요. 지구가 왜 아플까요? 함께 67쪽의 그림을 살펴볼까요?

2) 그림의 내용을 살펴보고, 본문에 제시된 어휘들 중 빨간색으로 표시된 어휘를 먼저 확인한다.

🟠 그림에서 하미가 거실에 앉아 책을 읽고 있어요. 문제가 되는 부분들이 보이네요. 이렇게 문제가 되는 부분을 '문제점'이라고 해요. 그림 속의 문제점을 찾기 전에 먼저 '어려운 말이 있어요? 확인해 봐요.'를 읽어 보겠습니다.

어휘 지식	
문제점 [문:제쩜]	문제가 되는 부분이나 요소. 예 과학 실험 과정에서 문제점이 발견되었다.
찾다 [찬따]	모르는 것을 알아내려고 노력하다. 또는 모르는 것을 알아내다. 예 나는 그 문제의 해답을 찾았다.

🟢 익힘책 36쪽의 1번과 2번을 수행하도록 한다.

3) 본문에 제시된 주요한 활동을 함께 수행한다.

🟠 67쪽의 그림 속에 나타난 문제점을 찾아 발표해 보세요.

🟢 학생들이 찾기 어려워할 경우, 교사가 적절하게 힌트를 주어 답을 유도한다.

4) 본문에 제시된 어휘들 중 파란색으로 표시된 어휘를 확인하고, 뜻을 설명한다.

🟠 '이유'가 사용된 문장을 읽어 보세요.

어휘 지식	
이유	어떠한 결과가 생기게 된 까닭이나 근거. 예 지수가 화를 내는 것은 모두 그럴 만한 이유가 있었기 때문이다. 열심히 공부를 해야 하는 이유는 무엇일까?

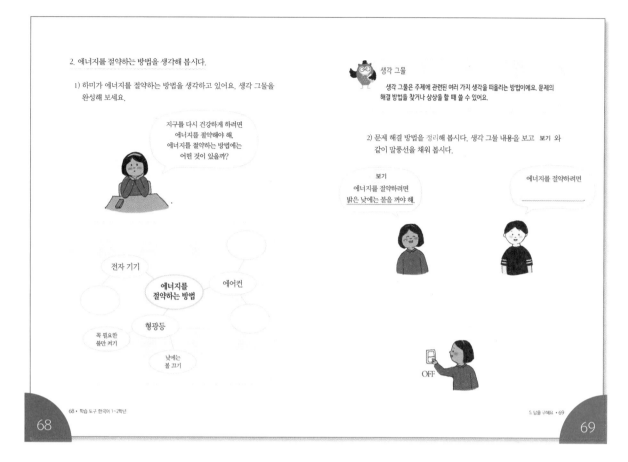

68

69

3 주요 활동 II – 15분

1) 68쪽에 하미의 말풍선을 선생님을 따라 읽어 보도록 하고, 내용을 확인한다.

🔵 지구를 다시 건강하게 하려면 어떻게 해야 해요?

🔵 지구가 아픈 문제를 해결하기 위해 에너지를 절약하는 방법을 찾아볼까요?

2) 에너지 절약을 위한 생각 그물 내용을 살펴보고, 생각 그물을 완성해 보도록 한다.

🔵 에너지를 절약하기 위한 방법을 찾아볼까요? 우선 형광등, 에어컨, 전자 기기로 나누어 살펴보도록 해요. 전자 기기는 TV, 컴퓨터 등을 말해요.

🔵 에너지를 절약하려면 형광등은 어떻게 해야 할까요? 꼭 필요한 불만 켜거나 밝은 낮에는 불을 꺼야겠지요? 그렇다면 에어컨은 어떻게 해야 할까요?

🟠 학생들이 스스로 에너지 절약을 위한 방법을 찾는 것은 어려울 수 있다. 67쪽의 그림을 모니터에 띄워 놓고 교사의 도움이 필요한 경우 함께 찾을 수 있도록 한다. 또한 환경 보호에 관한 책을 미리 준비하여 학습 동기를 유발할 수 있다. 학생의 수준에 따라 진행한다.

3) '부엉이 선생님'의 '생각 그물' 설명을 읽어 보도록 한다.

🔵 생각 그물은 무엇이에요? 언제 사용할 수 있어요?

🔵 방금 사용한 것 말고 생각 그물을 본 적 있나요?

🟠 필요한 경우 교과서에 사용된 생각 그물의 예를 몇 가지 더 제시하여 이해를 도울 수 있다.

4) '부엉이 선생님' 내용을 충분히 설명한 후에 익힘책 38쪽의 5번을 수행하도록 한다.

🟠 익힘책 6번 활동은 분리하여 정리 활동으로 활용하거나 과제로 부여할 수 있다.

5) 문제 해결 방법을 함께 정리해 본다.

🔵 하미가 문제 해결 방법을 말하고 있어요. 함께 읽어 볼까요?

🔵 완성한 생각 그물 내용을 보며 요우타의 말풍선을 채워 보세요.

어휘 지식	
정리 [정:니]	종류에 따라 체계적으로 나누거나 모음. 📝 공부한 내용을 공책에 정리해 보자. 방학 때 할 계획을 정리했다.

🟠 67쪽의 '이유' 어휘를 한 번 더 확인하며 익힘책 37쪽 3번과 4번을 쓰게 한다.

4 정리 – 5분

1) 정리한 문제 해결 방법을 발표하게 한다.

2) 차시 예고를 한다.

함께 해 봐요

1. '문제 해결 방법 찾기' 말판 놀이를 해 봅시다.

환경 오염 문제를 해결하려면 샴푸와 린스를 적게 사용해야 해.

환경 오염 문제를 해결하려면 쓰레기를 함부로 버리면 안 돼.

2. 말판 놀이를 하며 만든 문장을 써 봅시다.

3차시

1 도입 - 5분

1) 지난 시간에 배운 낱말을 떠올리게 한다.

   선 (칠판에 다음과 같이 초성을 이용한 문장을 제시한다.-'그림 속에서 ㅁㅈㅈ을 ㅊㅇ보았다.') 우리가 지난 시간에 배운 내용이에요. 어떤 낱말이 들어가야 할까요?

   선 배운 낱말 중에 기억나는 낱말을 발표해 보세요.

   유 놀이 활동을 시작하기 전 학생들의 어휘 수준을 확인하고, 잘 모르는 어휘를 설명해 준다.

2) 오늘 배울 내용을 안내한다.

   선 지난 시간에 문제점을 찾아 해결 방법까지 생각해 보았죠? 오늘은 '문제 해결 방법 찾기' 말판 놀이를 통해 한국어 표현을 배워 보도록 하겠습니다.

2 놀이 설명 - 10분

1) 교실 형태를 모둠으로 구성하고, 70쪽의 그림을 살펴본다.

   선 요우타의 모둠 친구들이 말판 놀이를 하고 있어요. 요우타와 지민이 하는 말을 소리 내어 읽어 보세요.

   선 지금 따라 읽은 문장과 같이 문장을 만들어야 말판 놀이를 할 수 있어요. 선생님이 각 모둠에 말과 스티커를 나누어 주겠습니다. 선생님의 설명을 잘 듣고 말판 놀이를 시작하겠습니다.

2) 익힘책 39쪽을 읽고 1번 문제를 쓰며 놀이 방법을 확인한다.

놀이 방법

1. 주사위, 말, 모양 스티커를 준비하고 모둠 친구들이 순서를 정한다.
2. 말을 하나씩 고른 후, 순서대로 주사위를 던진다.
3. 주사위에 나온 숫자만큼 말판 위의 말을 움직인다.
4. 문제에 어울리는 해결 방법이 나오면 말풍선 속 예시 문장과 같이 문장을 만들어 말한다. 그리고 해당 그림 위에 자신의 모양 스티커를 붙여 표시한다.

   유 칠판에 다음과 같은 문장 틀을 제시한다.
   '환경 오염 문제를 해결하려면 ~을 해야 해./~면 안 돼.'

5. 문제와 어울리지 않는 해결 방법 그림이 나오면 스티커를 붙이지 않는다.
6. 해결 방법 4개에 모두 스티커를 붙이면 놀이에서 승리한다.

3 놀이하기(활동하기) - 20분

1) 놀이 방법에 따라 모둠별로 말판 놀이를 하도록 한다.

   유 놀이를 하며 문제 해결 관련 표현을 말할 수 있도록 교사가 돌아다니며 지도한다. 너무 소란스럽지 않도록 한다.

2) 놀이를 하며 내가 말한 문장을 써 보도록 한다.

   선 놀이를 할 때 썼던 말을 문장으로 써 보세요.

   유 쓰기 시간을 내기 어려우면 과제로 부여하거나 말하기 활동으로 대체할 수 있다. 쓰기 활동은 익힘책 39쪽 2번 문제를 활용할 수 있다.

4 정리 - 5분

1) 놀이 중 재미있었던 점을 발표하게 한다.

2) 차시 예고를 한다.

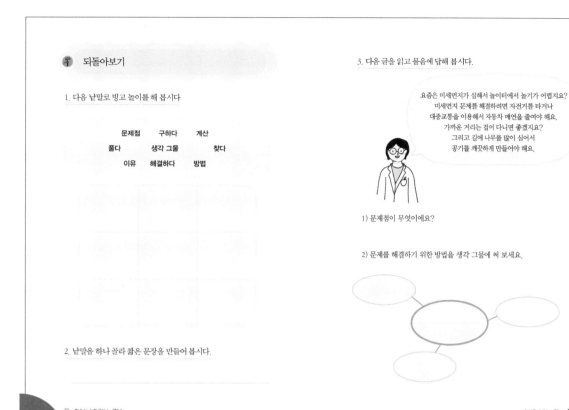

1. 다음 낱말로 빙고 놀이를 해 봅시다

문제점	구하다	계산
풀다	생각 그물	찾다
이유	해결하다	방법

2. 낱말을 하나 골라 짧은 문장을 만들어 봅시다.

3. 다음 글을 읽고 물음에 답해 봅시다.

> 요즘은 미세먼지가 심해서 놀이터에서 놀기가 어렵지요?
> 미세먼지 문제를 해결하려면 자전거를 타거나
> 대중교통을 이용해서 자동차 매연을 줄여야 해요.
> 가까운 거리는 걸어 다니면 좋겠지요?
> 그리고 길에 나무를 많이 심어서
> 공기를 깨끗하게 만들어야 해요.

1) 문제점이 무엇이에요?

2) 문제를 해결하기 위한 방법을 생각 그물에 써 보세요.

4차시

1 도입 – 5분

1) 복습 활동의 대상이 되는 내용을 간략히 설명한다.

　🔵 지난 시간에 어떤 놀이를 했지요? 어떤 문제에 대한 해결 방법을 찾았나요?

2) 단원의 1~2차시의 내용을 다시 살펴보며 72쪽 1번의 낱말을 함께 읽어 본다.

　🔵 이번 단원에서 우리는 '문제 해결하기'에 대하여 공부해 보았어요. 배운 낱말에는 무엇이 있었는지 함께 읽어 볼까요?

2 되돌아보기 I – 20분

1) 읽은 낱말 중에 아는 낱말에 동그라미 하도록 한다.

　🔵 모르는 낱말이 있어요? 모르는 낱말이 나오는 문장을 교재에서 찾아 읽어 보세요.

2) 모르는 낱말은 다시 그 뜻을 찾아보도록 한다.

　🔵 모르는 낱말은 책 앞쪽에서 뜻을 찾아보세요.

3) 빙고판에 낱말을 채우게 한다.

　🔵 빙고판의 원하는 칸에 9개의 낱말을 써서 모두 채우세요.

　🔵 글씨를 또박또박 쓸 수 있도록 합니다.

4) 빙고 놀이를 진행한다.

5) 낱말을 하나 골라 짧은 문장을 만들어 쓸 수 있게 한다.

　🟡 놀이를 활용하여 배운 낱말을 추가적으로 복습할 수 있다.

3 되돌아보기 II – 10분

1) 미세 먼지 관련한 뉴스 영상을 제시한다.

2) 73쪽의 글을 선생님이 읽어 준다.

　🔵 뉴스 영상과 관련하여 73쪽의 의사 선생님의 인터뷰를 선생님이 읽어 주겠습니다. 문제점과 해결 방법에 동그라미를 그리며 들어보세요.

3) 1)번과 2)번의 문제를 각자 풀어 보도록 한다.

4) 답을 확인한다.

　🔵 선생님이 말씀하신 문제점은 무엇이에요?

　🔵 미세 먼지 문제를 해결하기 위한 방법에는 어떤 것이 있나요?

4 정리 – 5분

1) 생각 그물 내용을 바탕으로 문장을 만들어 보게 한다.

　🟢 '미세 먼지 문제를 해결하려면 ~을 해야 합니다./~면 안 됩니다.' 문장 형식을 칠판에 적어 준다.

2) 단원을 공부하며 든 느낌이나 생각을 이야기하며 마무리한다.

6단원 • 수행 평가는 이렇게

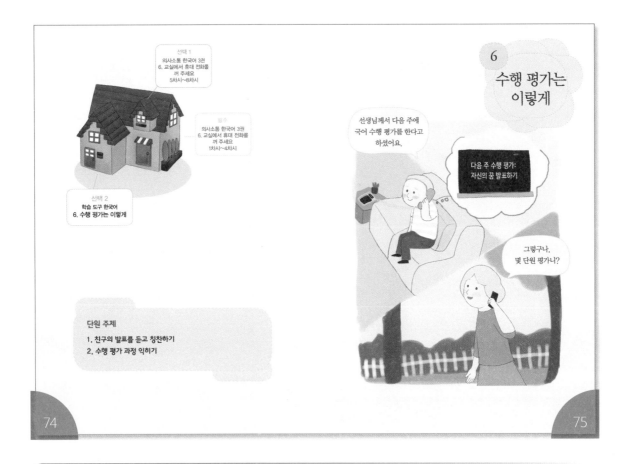

단원의 개관

'수행 평가는 이렇게' 단원은 초등학교 1학년이나 2학년 학생들이 교과 학습에 바탕이 되는 '평가하기'를 중심으로 한국어 어휘와 표현을 배울 수 있도록 구성했다. 이 단원은 '평가하기'에서도 특히 초등학교 평가의 주를 이루는 '수행 평가'에 대한 특화 단원으로 구상했다. 이를 위해 '친구의 발표를 듣고 칭찬하기', '수행 평가 과정 익히기'를 단원의 주제로 설정했고 '친구의 시험지 칭찬하기'를 협동 학습으로서 제시했다. 단원 주제는 1~2학년군의 국어, 수학, 통합(슬기로운 생활) 교과 학습과 관련된 사고 활동, 읽거나 쓰는 문식 활동의 주제가 된다. 주제별 학습은 1차시와 2차시에 주로 이루어지며 개념과 지식을 다루거나 용례를 제시하는 어휘 내용을 포함하고 있다. 이러한 어휘 내용은 '한국어 교육과정'의 1~2학년군 어휘 목록에서 선별된 것이다. 단원마다 주제와 관련된 놀이/협동 학습을 3차시에 제시했으며 4차시는 배운 내용을 복습하는 활동으로 마무리하도록 했다.

이 단원은 생활 한국어 능력 중급(3급)의 학습자가 선택할 수 있는 활동과 어휘 내용으로 구성되었다. 따라서 〈의사소통 한국어〉 교재 3권 6단원('교실에서 휴대 전화를 꺼 주세요') 필수 차시를 모두 배운 학생을 대상으로 하는 선택 차시로 운영될 수 있다. 학습자의 숙달도에 맞는 어휘 및 쓰기 연습 활동은 익힘책 활동을 병행하여 수행할 수 있도록 했다.

단원의 목표와 내용

1) 단원의 목표

◆ 친구의 발표를 듣고 칭찬할 수 있다.
◆ 수행 평가의 과정을 알고 말할 수 있다.

2) 단원의 주요 내용

주제	1. 친구의 발표를 듣고 칭찬하기 2. 수행 평가 과정 익히기		
	교재 활동	**어휘 내용**	**교수·학습 특성**
학습 도구 어휘	🦉 부엉이 선생님	수행 평가	개념 이해 (교과 연계 및 익힘책 활용)
	💬 어려운 말이 있어요? 확인해 봐요.	적당하다, 과정, 방법, 고르다, 다시	용례 학습 어휘 연습 (익힘책 활용)
	선택 어휘 (파란색 표시)	발표, 칭찬, 단원, 번호	어휘 연습 (익힘책 활용)

● 차시 전개 과정

1) 차시의 흐름

차시	주제	학습 내용	교재 쪽수	익힘책 쪽수
1	친구의 발표를 듣고 칭찬하기	1. 친구의 발표를 듣고 칭찬하는 방법을 알아봅시다. 2. 저밍의 발표를 듣고 칭찬해 봅시다.	76~77	40~42
2	수행 평가 과정 익히기	1. 수행 평가를 안내하는 말입니다. 소리 내어 읽어 봅시다. 2. 수행 평가 전에 무엇을 준비해야 할까요? 확인해 봅시다. 3. 수행 평가 시간입니다. 내용을 살펴봅시다. 4. 수행 평가가 끝날 때는 어떻게 할까요? 다음을 읽고 물음에 답해 봅시다.	78~81	43~44
3	놀이/협동 학습	1. 시험지의 내용을 채워 봅시다. 2. 짝과 시험지를 바꿔 그 내용을 확인해 봅시다. 3. 시험지를 순서대로 모아 가져와 봅시다.	82~83	45
4	정리 학습	1. 아래 글자판에서 〈보기〉의 낱말을 찾아 색칠해 봅시다. 2. 위의 낱말을 76~81쪽에서 찾아 ○표 해 봅시다. 3. 그림에 알맞은 설명을 찾아 연결해 봅시다. 4. 친구의 발표를 듣고 칭찬해 봅시다.	84~85	

2) 차시별 교수·학습 활동

◆ 1차시 및 2차시: 단원의 주제에 맞는 읽기(특히 소리 내어 읽기)나 쓰기 활동을 제시했다. 또한 생각을 주고받는 말하기나 발표하기 등의 수업 활동을 경험할 수 있도록 과제를 제시했다. 익힘책 활동이 연계된다.

◆ 3차시: 단원의 주제와 관련된 놀이나 협동 활동을 제시했다. 놀이나 협동 과정에서 사용한 어휘, 문장을 활용하는 쓰기와 말하기 활동이 함께 제시되었다. 익힘책 활동이 연계된다.

◆ 4차시: 단원의 어휘 및 주제별 학습 내용을 정리, 복습하는 활동을 제시했다. 복습 활동 위주의 차시로서 익힘책 활동은 따로 연계되지 않는다.

● 단원 지도상의 유의점

◆ 학습에 필요한 어휘 학습과 문식력 강화 활동이 이루어지도록 운영한다.

◆ 수행 평가에 대한 기초 지식을 습득할 수 있도록 수행 평가의 경험에 대해 다양하게 브레인스토밍한다.

◆ 시험지의 성적보다는 문제를 빠짐없이 풀었는지, 번호와 이름을 썼는지 등 기본 태도에 중점을 두어 칭찬한다.

◆ 학습 도구 어휘의 경우 추상성이 강하므로 명시적으로 설명하기보다는 활동 과정에서 경험을 통해 익힐 수 있도록 한다.

주제
친구의 발표를 듣고 칭찬하기

주요 활동
1. 친구의 발표를 듣고 칭찬하는 방법을 알아봅시다.
2. 저밍의 발표를 듣고 칭찬해 봅시다.

학습 도구 어휘
발표, 칭찬, 적당하다, 수행 평가

1 도입 – 5분

1) 단원 도입 모듈에 제시된 〈의사소통 한국어〉 연계 단원 이름을 본다. 〈의사소통 한국어〉 교재에서 배웠던 내용을 간략히 정리해 주거나, 〈의사소통 한국어〉 주제를 활용하여 생활 한국어 이해 수준을 간략히 확인한다.

   ㉠ 여러분, 여기 예쁜 집이 있어요.
   여러분이 배워야 할 한국어들이 잘 모이면 이렇게 예쁜 집이 돼요.
   ㉠ 여러분은 여러 가지 통신 수단에 대해 말할 수 있어요? 누가 말해 볼까요?
   ㉤ 도입 모듈에 대한 설명이나 활동은 최대한 간략하게 하며, 경우에 따라 생략할 수 있다.

2) 단원 도입 그림을 보면서 단원의 주제와 학습 목표, 대략적인 단원 학습 내용을 살펴본다.

   ㉠ 75쪽의 그림을 보세요. 리암과 엄마는 어떻게 대화를 나누고 있어요?
   ㉠ 가운데 칠판에 뭐라고 써 있어요?
   ㉠ 무슨 과목 수행 평가예요?
   ㉠ 엄마는 리암에게 무엇을 물어봤어요?
   ㉤ 복습이 필요한 경우, 전화 통화에 관한 〈의사소통 한국어〉 교재의 내용을 좀 더 다룰 수 있다.

2 주요 활동 I – 20분

1) 76쪽의 그림과 말풍선을 살펴보도록 한다.

2) 교사가 교재의 내용을 읽어 주고, 이해를 확인한다.

   ㉠ 그림에서 리암과 친구들이 각각 무엇을 하고 있는지 살펴보세요.
   ㉠ 칠판에 뭐라고 써 있어요?

어휘 지식	
발표	어떤 사실이나 결과, 작품 등을 세상에 드러내어 널리 알림. ㉠ 주말에 있었던 일을 발표해 봅시다. 발표를 열심히 할수록 발표에 자신감이 생긴다.
칭찬	좋은 점이나 잘한 일 등을 매우 훌륭하게 여기는 마음을 말로 나타냄. 또는 그런 말. ㉠ 작은 일에도 최선을 다해서 선생님께 칭찬을 들었다. 항상 칭찬만 받을 수는 없으니 너무 실망하지 마세요.

   ㉤ 평소 수업 시간에 많이 사용되는 어휘로 학생들의 이해를 확인한 후 익힘책 41쪽 3번, 4번을 수행하도록 한다.

3) 본문에 제시된 주요한 활동을 함께 수행한다.

 친구의 발표를 듣고 칭찬하기

1. 친구의 발표를 듣고 칭찬하는 방법을 알아봅시다.

국어 수행 평가: 나의 꿈 발표하기

리암이 듣는 사람을 바라보며 말하는 점이 좋았어.

리암의 목소리 크기가 적당해서 잘 들렸어.

1) 선생님은 리암의 발표를 들으며 무엇을 하고 계세요?

2) 리암의 발표에서 칭찬할 점은 무엇이에요?

수행 평가
학교에서 우리가 배운 내용을 잘할 수 있는지 확인하는 것을 수행 평가라고 해요. 평가는 선생님뿐만 아니라 친구들이 할 수도 있어요. 친구의 발표를 들을 때에는 무엇을 잘했는지 생각하며 들어요.

   ㉠ 선생님을 따라 말풍선의 내용을 소리 내어 읽어 보세요.
   ㉠ 1)번과 2)번 문제의 답을 써 보세요.
   ㉠ 선생님은 리암의 발표를 들으며 무엇을 하고 계세요?
   ㉠ 친구들은 리암의 발표를 칭찬하고 있어요. 어떤 점을 칭찬하고 있어요?

4) 본문에 제시된 어휘들 중 빨간색으로 표시된 어휘를 먼저 확인하고, 뜻을 설명한다.

   ㉠ '적당해서(적당하다)'가 사용된 문장을 찾아 읽어 보세요.

어휘 지식	
적당하다 [적땅하다]	기준, 조건, 정도에 알맞다. ㉠ 이 정도 밝기의 조명은 독서에 딱 적당했다.

   ㉤ 익힘책 40쪽 1번, 2번을 수행하도록 한다.

5) '부엉이 선생님'의 '수행 평가' 설명을 읽어 보고 수행 평가를 했던 경험에 대하여 발표하도록 한다.

   ㉠ 이번 주에 수행 평가를 본 사람은 손을 들어 보세요. 어떤 수행 평가를 봤어요?
   ㉠ 수행 평가는 우리가 배운 내용을 잘 할 수 있는지 확인하는 거예요. 국어, 수학 등 모든 과목에서 수행 평가를 봐

2. 저밍의 발표를 듣고 칭찬해 봅시다. 🔊 1

1) 저밍의 발표를 듣고 아래 표에 ○표 해 보세요.

	매우 잘함	잘함	보통
① 목소리의 크기가 적당했어요?			
② 목소리의 빠르기가 적당했어요?			
③ 또박또박 말했어요?			

2) 저밍에게 칭찬하는 말을 해 보세요.

🦉 어려운 말이 있어요? 확인해 봐요.

적당해서(적당하다)

이렇게 사용해요 | 목소리의 크기가 적당한지 생각해 봅시다.
수영장의 물이 깊지 않아 아이들이 놀기에 적당하다.

요. 글쓰기, 발표하기, 시험지 풀기 등 다양한 방법의 평가가 있어요. 주로 선생님이 평가하지만, 친구나 자기 스스로 평가하기도 해요.

㉨ '부엉이 선생님'에 제시된 내용이 다소 어렵거나 추상적일 수 있기 때문에, 실제 학교 현장에서 많이 하는 수행 평가의 예시 등을 가지고 설명해 주는 것이 좋다.

㉨ 익힘책 41쪽 5번을 수행하도록 한다.

③ 주요 활동 II – 10분

1) 77쪽의 그림을 살펴본다.

㉠ 저밍이 어디에 있어요?

㉠ 무엇을 하고 있어요?

2) 저밍의 발표를 듣고 평가표에 각자 표시해 보도록 한다.

듣기 자료 🔊

내 꿈은 요리사입니다. 나는 요리가 재미있고, 음식을 먹는 것이 좋습니다. 세계 여러 나라의 음식을 먹어 보고 만들고 싶습니다. 많은 사람들에게 맛있는 음식을 만들어 줄 것입니다.

3) 완성한 평가표를 보고 저밍에게 칭찬하는 말을 발표하게 한다.

㉠ 저밍의 발표를 듣고 칭찬할 점을 찾아 칭찬해 보세요.

④ 정리 – 5분

1) 200ml 우유 팩(학교에서 먹는 우유), 우유 상자, 실내화 주머니를 이용해 '어려운 말이 있어요? 확인해 봐요.' 속 어휘를 다시 한번 살펴보도록 한다.

㉠ 이 우유 팩은 실내화를 넣기에 크기가 어때요?

㉠ 이 우유 상자는 실내화를 넣기에 크기가 어때요?

㉠ 그렇다면 이 실내화 주머니는 어때요? 실내화 주머니는 실내화를 넣기에 적당한 크기예요. 이렇게 어떤 상황에 알맞은 것을 '적당하다'라고 말해요.

2) 차시 예고를 한다.

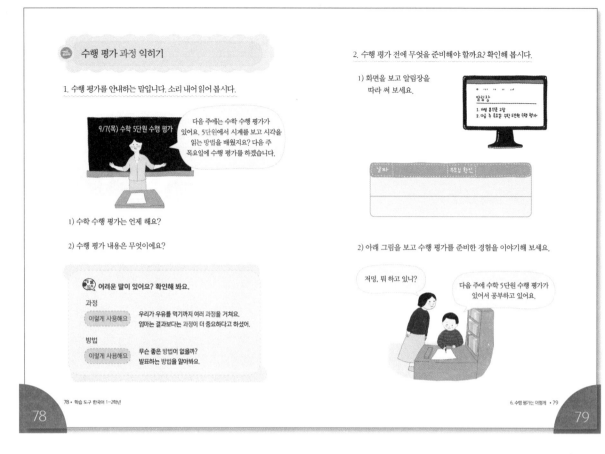

2차시

주제

수행 평가 과정 익히기

주요 활동

1. 수행 평가를 안내하는 말입니다. 소리 내어 읽어 봅시다.
2. 수행 평가 전에 무엇을 준비해야 할까요? 확인해 봅시다.
3. 수행 평가 시간입니다. 내용을 살펴봅시다.
4. 수행 평가가 끝날 때는 어떻게 할까요? 다음을 읽고 물음에 답해 봅시다.

학습 도구 어휘

과정, 단원, 방법, 고르다, 다시, 번호

1 도입 - 5분

1) 1차시에 배운 내용을 복습해 보도록 한다.

🛑 지난 시간에 우리는 수행 평가에 대해 배웠어요. 수행 평가는 우리가 배운 내용을 잘 할 수 있는지 확인하는 것이었지요? 그리고 어떤 낱말을 배웠나요?

🛑 '적당하다'가 들어간 문장을 만들 수 있어요?

🟡 한국어 어휘와 표현에 초점을 두도록 유도한다.

2) 오늘 배울 내용을 안내한다.

🛑 오늘은 수행 평가의 안내, 준비, 수행 평가를 볼 때 주의할 점 등 수행 평가의 과정을 알아보도록 하겠습니다.

2 주요 활동 I - 10분

1) 78쪽 그림을 살펴보며 수행 평가를 안내하는 선생님의 말을 소리 내어 읽어 보도록 한다.

🛑 박혜연 선생님이 수행 평가를 안내하고 계세요. 선생님이 먼저 읽어 보겠습니다. 선생님을 따라 큰 소리로 읽어 보세요.

어휘 지식

단원 [다눤]	서로 관련이 있는 주제나 내용을 중심으로 묶은 학습 단위. 예 영어 시간에 한 단원이 끝날 때마다 쪽지 시험을 본다. 수학 교과서의 단원마다 맨 뒤에 연습 문제가 실려 있다.

2) 본문에 제시된 주요한 활동을 함께 수행한다.

🛑 1)번과 2)번 문항을 읽고 답해 보세요.

🛑 수학 수행 평가는 언제 해요?

🛑 수행 평가 내용은 무엇이에요? 어떤 내용을 평가하나요?

3) 수행 평가 안내에 대하여 부가 설명한다.

🛑 수행 평가를 하기 전에는 이렇게 선생님이 미리 안내를 해 주세요. 학기 초에는 가정 통신문으로 한 학기 동안 이루어질 수행 평가가 안내되고, 평가하기 전에 선생님 말씀이나 알림장 등을 통해 한 번 더 안내해 주십니다.

4) 본문에 제시된 어휘들 중 빨간색으로 표시된 어휘를 '어려운 말이 있어요? 확인해 봐요.'에서 설명한다.

🛑 (칠판에 낱말을 쓰거나 낱말 카드를 붙여 놓는다. '과정'을 가리키며) 함께 읽어 볼까요?

🛑 이 낱말을 들어 본 적이 있는 사람은 손을 들어 보세요. ('방법'도 같은 방법으로 확인한다.)

어휘 지식

과정	어떤 일이나 현상이 계속 진행되는 동안 혹은 그 사이에 일어난 일. 예 결과보다는 과정을 중요하게 생각해야 한다.
방법	어떤 일을 해 나가기 위한 수단이나 방식. 예 아이들에게 사과를 깎는 방법을 가르쳤다.

🟡 익힘책 43쪽 3번 ①, ②를 쓰게 한다. 교재 80쪽의 '고르다', '다시' 어휘까지 모두 배운 후 익힘책 42~43쪽의 1번, 2번을 이어서 수행하도록 한다.

3. 수행 평가 시간입니다. 내용을 살펴봅시다.

[3~4] 시각을 써 보세요.
3. 시 4. 시 분
5. 다음 중 시각을 잘 읽은 친구를 고르세요.
① 철수: 8시
② 미나: 5시 30분
③ 준우: 9시 30분
④ 선희: 8시 30분

어렵네. 이 문제는 조금 있다가 다시 풀어 봐야지.

어려운 말이 있어요? 확인해 봐요.

고르세요(고르다)
이렇게 사용해요 다음 중 알맞은 것을 고르세요.
좋아하는 색깔을 골라 색칠을 하세요.

다시
이렇게 사용해요 힘들어도 다시 한 번 해 보자.
다시 생각해 보니 네 말이 맞는 것 같아.

80 • 학습 도구 한국어 1~2학년

4. 수행 평가가 끝날 때는 어떻게 할까요? 다음을 읽고 물음에 답해 봅시다.

수학 수행 평가: 시계 보고 시각 읽기

자, 이제 시간이 다 되었어요. 번호와 이름을 잘 썼나요? 풀지 않은 문제는 없는지 다시 한 번 살펴보세요. 모두 다 풀었나요? 맨 뒤에 있는 친구가 시험지를 모아서 가져오세요.

1) 선생님의 설명을 소리 내어 따라 읽어 보세요. 밑줄 그은 말은 무슨 뜻이에요?

2) 시험지를 내기 전에 살펴볼 것은 무엇이에요?

3) 누가 시험지를 모아서 가져와요?

6. 수행 평가는 이렇게 • 81

---

③ 주요 활동 II – 5분

1) 앞서 배운 수행 평가 안내의 내용을 알림장 양식에 맞추어 따라 써 보게 한다.

　유 그대로 따라 쓰기 활동은 1~2학년군 학습자 수준을 고려한 언어 활동이다. 특히 알림장 쓰기는 교실에서 꼭 필요한 활동으로 학생들이 익숙해질 수 있도록 지도한다.

2) 2)번의 그림을 보며 수행 평가를 준비한 경험을 함께 이야기해 본다.

　선 저밍이 무엇을 하고 있어요?
　선 저밍이 다음 주에 있을 수행 평가를 준비하고 있네요. 이렇게 시험을 준비할 때는 공부를 하기도 하고, 조사 수행 평가를 할 때는 미리 조사를 하기도 해요.

④ 주요 활동 III – 15분

1) 80쪽 그림의 내용을 살펴보도록 한다.

　선 저밍이 무엇을 하고 있어요?
　선 저밍에게 어려운 문제가 있는 것 같아요. 잘 모르는 문제가 있을 때는 어떻게 해요?

2) 시험지의 내용을 살펴보도록 한다.

　선 시험지를 받으면 가장 먼저 번호와 이름을 써요.
　선 3번과 4번 문제는 답을 직접 쓰는 문제예요. 5번 문제는 여러 개의 답 중 정답을 고르는 문제예요. 문제를 풀 때는 빠뜨린 문제가 없는지 잘 확인해야 합니다.

어휘 지식	
번호 [버노]	차례를 나타내거나 서로 다른 것과 구별하기 위해 붙이는 숫자. 예 문제를 듣고 보기 중에서 맞는 것의 번호를 골라 쓰세요. 시험지에 번호를 꼭 적어야 한다.

　유 교재 78쪽의 '단원' 어휘 내용을 다시 한번 확인하고 익힘책

34쪽의 4번, 5번을 이어서 수행하도록 한다.

3) 본문에 제시된 어휘들 중 빨간색으로 표시된 어휘를 '어려운 말이 있어요? 확인해 봐요.'에서 설명한다.

　선 '고르세요(고르다)', '다시'가 나오는 문장을 찾아 읽어 보세요.

어휘 지식	
고르다	여럿 중에서 어떤 것을 가려내거나 뽑다. 예 2개 중에서 답을 고르기가 어려웠다.
다시	같은 말이나 행동을 반복해서 또. 예 노래 가사를 외울 때까지 몇 번이고 노래를 다시 불렀다.

　유 익힘책 43쪽 3번 ③, ④를 쓰게 한다. 교재 78쪽의 '과정', '방법' 어휘를 다시 한번 확인하며 익힘책 42~43쪽의 1번, 2번을 이어서 수행하도록 한다.

4) 81쪽 그림의 선생님 설명을 소리 내어 따라 읽어 보고 문제의 답을 확인한다.

　선 선생님이 읽는 것을 듣고 한 문장씩 따라 읽어 보세요.
　선 밑줄 친 말 '모아서 가져오세요.'는 무슨 뜻일까요?
　선 누가 시험지를 모아서 가져오나요?
　선 주로 맨 뒤에 있는 친구가 시험지를 모아서 가져와요. 선생님께서 '시험지를 걷어 오세요.'라고 말씀하실 수도 있어요. 시험지를 모아 가져갈 때는 번호 순서대로 차례차례 모아요.
　선 시험지를 내기 전에 무엇을 살펴봐야 해요?

⑤ 정리 – 5분

1) 수행 평가의 과정을 다시 한번 살펴본다.

2) 차시 예고를 한다.

6단원 수행 평가는 이렇게 • 61

3차시

① 도입 - 5분

1) 수행 평가의 과정을 배운 2차시 내용을 되짚어 본다.

  🔵 지난 시간에 우리는 수행 평가의 과정을 배웠어요. 제일 먼저 선생님께서 수행 평가에 대해 미리 안내해 주신다고 했지요? 선생님 안내를 받고 나면 무엇을 해야 할까요?

  🔵 배운 낱말 중에 기억나는 낱말을 발표해 보세요.

  🟢 놀이 활동을 시작하기 전 학생들의 어휘 수준을 확인하고, 잘 모르는 어휘를 설명해 준다.

2) 오늘 배울 내용을 안내한다.

  🔵 수행 평가 중 시험지를 풀 때 주의할 점은 무엇이에요?

  🔵 오늘은 시험지의 내용을 직접 채워 보고, 친구의 시험지를 보며 칭찬해 보겠습니다.

② 활동하기 - 20분

1) 〈부록〉의 시험지 양식을 나누어 준다. 실제 수행 평가를 보는 것처럼 시간의 제한(5~10분)을 두고 한다.

  🔵 지금부터 평가를 시작하겠습니다. 진짜 수행 평가는 아니지만 진짜 시험 보는 것처럼 진지하게 시험지를 풀어 주세요.

2) 시험 시간이 끝나면 짝과 시험지를 바꾸어 내용을 확인하고, 채점을 하도록 한다.

  🔵 짝과 시험지를 바꾸었나요? 82쪽의 표를 보고 짝의 시험지를 평가해 볼까요? 부족한 부분이 있으면 짝에게 알려 줍니다.

3) 짝의 시험지를 보고 83쪽과 같이 칭찬의 말을 해 보도록 한다.

  🔵 83쪽의 저밍과 하미의 대화를 읽어 보세요. 친구의 시험지를 보고 칭찬의 말을 해 봅시다.

  🟢 이힘책 45쪽 1번을 수행하도록 하게ㅏ 과제로 제시할 수 있다.

③ 심화 활동하기 - 10분

1) 시험지를 뒤에서 모아 올 수 있도록 한다.

  🟢 시험지를 모아서 가져올 때는 앞, 뒤, 위, 아래를 생각하며 모을 수 있도록 지도한다.

2) 시간의 여유가 있을 경우 3번의 선택 놀이 활동을 하게 한다.

> **선택 놀이-시험지를 빨리 모아라!**
>
> 1. 완성한 시험지를 엎어 놓고 자리에 앉는다.
> 2. 선생님께서 "시험지를 가져오세요!"라고 말하면 맨 뒷사람이 일어나 시험지의 앞면이 위로 가게 걷어 온다.
> 3. 가장 빨리, 앞, 뒤, 위, 아래가 맞게 시험지를 걷어 온 줄이 승리.

  🟢 언어 학습 활동은 아니지만, 학생들이 평가지를 걷어오는 연습을 해볼 수 있다. 시험지나 통신문 등을 걷는 것은 교실 현장에서 자주 볼 수 있는 장면이므로 연습이 필요한 부분이다.

  🟢 선택 놀이 활동 대신 익힘책 45쪽 2번으로 대체할 수 있다.

④ 정리 - 5분

1) 내가 부족했던 부분은 없는지 생각해 볼 수 있도록 한다.

  🔵 시험지를 풀 때 빠뜨린 것은 없었어요?

2) 친구에게 칭찬 받은 내용을 발표하게 한다.

  🔵 여러분, 친구가 나의 시험지를 보고 어떤 점을 칭찬했어요? 발표해 보세요.

1. 아래 글자판에서 보기 의 낱말을 찾아 색칠해 봅시다.

보기

과정   다시   방법   평가   칭찬   적당하다   고르다

사	과	자	르	다	로	부	고
순	피	정	시	어	감	히	르
정	차	물	조	힘	칭	장	다
다	시	래	요	구	찬	어	칠
시	물	구	간	금	바	들	이
임	정	해	적	당	하	다	용
확	방	평	재	답	평	포	골
음	법	요	기	자	차	가	라

2. 위의 낱말을 76~81쪽에서 찾아 ○표 해 봅시다.

3. 그림에 알맞은 설명을 찾아 연결해 봅시다.

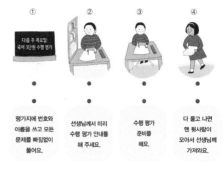

① 평가지에 번호와 이름을 쓰고 모든 문제를 빠짐없이 풀어요.

② 선생님께서 미리 수행 평가 안내를 해 주세요.

③ 수행 평가 준비를 해요.

④ 다 풀고 나면 맨 뒷사람이 모아서 선생님께 가져와요.

4. 친구의 발표를 듣고 칭찬해 봅시다. 🔊 2

4차시

1 도입 – 5분

1) 단원의 1~2차시의 내용을 다시 살펴보며 배운 낱말을 떠올리도록 한다.

  🔵 이번 단원에서 수행 평가에 대해 공부해 보았어요. 배운 낱말에는 무엇이 있었어요?

2) 단원의 1~2차시의 내용을 다시 살펴보며 84쪽 글자판 〈보기〉의 낱말을 함께 소리 내어 읽어 본다.

2 되돌아보기 I – 20분

1) 글자판에서 낱말을 찾아 표시하도록 한다.

  🔵 글자판에서 〈보기〉의 낱말 7개를 찾아 표시하세요.

  🔵 가로, 세로, 대각선에서 모두 찾을 수 있어요.

2) 글자판의 정답을 확인한다.

3) 위의 낱말을 78~81쪽에서 찾아보고, 동그라미 해 보게 한다.

3 되돌아보기 II – 5분

1) 3번의 그림을 살펴보고, 각자 문제를 풀어 보도록 한다.

  🔵 그림을 보고 알맞은 내용을 찾아 연결해 보세요.

2) 정답을 확인하고 수행 평가의 과정을 다시 한번 살펴보도록 한다.

  🔵 수행 평가의 과정을 순서대로 읽어 볼까요? 큰 소리로 또박또박 읽어 봅시다.

4 되돌아보기 III – 5분

1) 4번의 그림을 살펴보고 듣기 자료를 들려준다.

  🔵 리암이 무엇을 하고 있어요?

  🔵 리암의 발표를 들어 보세요.

  듣기 자료 🔊

  나는 태권도를 잘합니다. 다섯 살 때 태권도를 시작해서 지금까지 열심히 하고 있습니다. 지금은 검은 띠를 매고 있습니다. 태권도를 잘하려면 매일매일 꾸준히 연습해야 합니다. 여러분도 태권도를 잘하고 싶으면 열심히 연습하세요.

2) 친구의 발표를 다시 한번 듣고 칭찬해 보게 한다.

  🔵 리암의 발표를 다시 한번 듣고 잘한 점을 찾아 칭찬해 보세요.

5 정리 – 5분

1) 다음 주에 볼 수행 평가는 무엇이 있는지 함께 이야기해 본다.

2) 단원을 공부하며 든 느낌이나 생각을 이야기하며 마무리한다.

나래초등학교 1학년 2학기 수 행 평 가	**5. 시계 보기와 규칙 찾기**	번호 : 이름 :

1. 규칙에 따라 빈칸에 알맞은 그림을 그려 보세요.

1)

2)

2. 규칙에 따라 빈칸에 알맞은 숫자를 써 보세요.

1)

2)

3. 시각을 써 보세요.

1)

□ 시

2)

□ 시

3)

□ 시 □ 분

4. 그림을 보고 □ 안에 알맞은 수를 써 넣으세요.

□ 시에 점심을 먹고   □ 시 □ 분에 수영장에 갔습니다.

7단원 ● 책 속으로 풍덩

● 단원의 개관

'책 속으로 풍덩' 단원은 초등학교 1학년이나 2학년 학생들이 교과 학습에 바탕이 되는 '창의적 사고하기'를 중심으로 한국어 어휘와 표현을 배울 수 있도록 구성했다. 이 단원은 '창의적 사고하기'에서도 초등학교에서 많이 사용하는 '독서 기록장'을 연계한 특화 단원으로 구상했다. 이를 위해 '주인공이 되어 말하기', '독서 기록장 쓰기'를 단원의 주제로 설정했고 '등장인물 바꾸어 쓰기'를 놀이 학습으로서 제시했다. 단원 주제는 1~2학년군의 국어, 수학, 통합(슬기로운 생활) 교과 학습과 관련된 사고 활동, 읽거나 쓰는 문식 활동의 주제가 된다. 주제별 학습은 1차시와 2차시에 주로 이루어지며 개념과 지식을 다루거나 용례를 제시하는 어휘 내용을 포함하고 있다. 이러한 어휘 내용은 '한국어 교육과정'의 1~2학년군 어휘 목록에서 선별된 것이다. 단원마다 주제와 관련된 놀이/협동 학습을 3차시에 제시했으며 4차시는 배운 내용을 복습하는 활동으로 마무리하도록 했다.

이 단원은 생활 한국어 능력 중급(3급)의 학습자가 선택할 수 있는 활동과 어휘 내용으로 구성되었다. 따라서 〈의사소통 한국어〉 교재 3권 7단원('경찰이 되었으면 좋겠어요') 필수 차시를 모두 배운 학생을 대상으로 하는 선택 차시로 운영될 수 있다. 학습자의 숙달도에 맞는 어휘 및 쓰기 연습 활동은 익힘책 활동을 병행하여 수행할 수 있도록 했다.

● 단원의 목표와 내용

1) 단원의 목표

◆ 주인공의 기분을 생각하며 말할 수 있다.
◆ 책을 읽고 여러 가지 독서 기록장을 쓸 수 있다.

2) 단원의 주요 내용

주제	1. 주인공이 되어 말하기 2. 독서 기록장 쓰기		
	교재 활동	**어휘 내용**	**교수·학습 특성**
학습 도구 어휘	✏️ 꼬마 수업	독서 기록장	개념 이해 (교과 연계 및 익힘책 활용)
	🗨️ 어려운 말이 있어요? 확인해 봐요.	기분, 실감 나다, 등장, 상상	용례 학습 어휘 연습 (익힘책 활용)
	선택 어휘 (파란색 표시)	활동, 그림, 완성, 바꾸다	어휘 연습 (익힘책 활용)

● 차시 전개 과정

1) 차시의 흐름

차시	주제	학습 내용	교재 쪽수	익힘책 쪽수
1	주인공이 되어 말하기	1. 주인공의 마음을 생각하며 다음 이야기를 소리 내어 읽어 봅시다. 2. 황새가 되어 아이다의 질문에 대답해 봅시다. 3. 아이다와 황새의 대화를 실감 나게 읽어 봅시다.	88~89	46~47
2	독서 기록장 쓰기	1. 선생님과 함께 책을 읽어 봅시다. 2. 책을 읽으며 할 수 있는 활동을 살펴봅시다. 3. 독서 기록장을 써 봅시다.	90~93	48~50
3	놀이/협동 학습	1. 《팥죽 할머니와 호랑이》 속 등장인물을 바꾸어 써 봅시다. 2. 내가 바꾼 등장인물과 내용을 써 봅시다.	94~95	51
4	정리 학습	1. 길을 따라가며 어울리는 낱말끼리 연결해 봅시다. 2. 재미있게 읽은 책이 있어요? 아래 내용을 써 봅시다. 3. 그림을 보고 그림책에 이어질 내용을 상상해서 써 봅시다.	96~97	

2) 차시별 교수·학습 활동

◆ 1차시 및 2차시: 단원의 주제에 맞는 읽기(특히 소리 내어 읽기)나 쓰기 활동을 제시했다. 또한 생각을 주고받는 말하기나 발표하기 등의 수업 활동을 경험할 수 있도록 과제를 제시했다. 익힘책 활동이 연계된다.

◆ 3차시: 단원의 주제와 관련된 놀이나 협동 활동을 제시했다. 놀이나 협동 과정에서 사용한 어휘, 문장을 활용하는 쓰기와 말하기 활동이 함께 제시되었다. 익힘책 활동이 연계된다.

◆ 4차시: 단원의 어휘 및 주제별 학습 내용을 정리, 복습하는 활동을 제시했다. 복습 활동 위주의 차시로서 익힘책 활동은 따로 연계되지 않는다.

● 단원 지도상의 유의점

◆ 학습에 필요한 어휘 학습과 문식력 강화 활동이 이루어지도록 운영한다.

◆ 독서 기록장 특화 단원으로 1~2학년군 학생들이 주로 하는 독서 기록장 활동 중 창의적 사고를 할 수 있는 다양한 독후 활동을 안내하도록 한다.

◆ 수업 시간에 실제로 독서를 하고 독서 기록장을 써 보는 경험을 하며 독서 기록장 작성을 좀 더 가까이 할 수 있도록 흥미를 유발한다.

◆ 교실 속 물건들로 등장인물을 바꿀 경우, 학생들이 이야기 내용처럼 교실 속 물건으로 친구들에게 장난을 치지 않도록 교사가 안전 교육 내용을 함께 지도한다.

◆ 학습 도구 어휘의 경우 추상성이 강하므로 명시적으로 설명하기보다는 활동 과정에서 경험을 통해 익힐 수 있도록 한다.

주제
주인공이 되어 말하기

주요 활동
1. 주인공의 마음을 생각하며 다음 이야기를 소리 내어 읽어
  봅시다.
2. 황새가 되어 아이다의 질문에 대답해 봅시다.
3. 아이다와 황새의 대화를 실감 나게 읽어 봅시다.

학습 도구 어휘
기분, 실감 나다

1 도입 – 5분

1) 단원 도입 모듈에 제시된 〈의사소통 한국어〉 연계 단
  원 이름을 본다. 〈의사소통 한국어〉 교재에서 배웠던
  내용을 간략히 정리해 주거나, 〈의사소통 한국어〉 주
  제를 활용하여 생활 한국어 이해 수준을 간략히 확인
  한다.
   - 🔵선 여러분, 여기 예쁜 집이 있어요.
     여러분이 배워야 할 한국어들이 잘 모이면 이렇게 예쁜
     집이 돼요.
   - 🔵선 여러분이 알고 있는 일과 직업에는 어떤 것이 있나요? 누
     가 말해 볼까요?
   - 🟡유 도입 모듈에 대한 설명이나 활동은 최대한 간략하게 하며,
     경우에 따라 생략할 수 있다.

2) 단원 도입 그림을 보면서 〈의사소통 한국어〉 연계 주
  제(직업)를 환기시킨다.
   - 🔵선 사람들이 무대 위에서 무엇을 하고 있어요?
   - 🔵선 연극을 하는 사람들의 직업은 무엇일까요?

3) 아이다와 요우타의 대화 내용을 읽고, 책을 읽어 본 경
  험을 떠올릴 수 있도록 한다.
   - 🔵선 아이다는 커서 무엇이 되고 싶어요? 아이다의 말을 읽어
     보세요.
   - 🔵선 요우타의 말을 읽어 보세요. 요우타는 지난주에 어떤 책
     을 읽었어요?
   - 🔵신 이번 달에 어떤 책을 읽었는지 이야기해 볼까요?

2 주요 활동 I – 15분

1) 《황새와 여우》 속 장면을 보며 내용을 각자 소리 내어
  읽어 보도록 한다.

2) 주인공이 누구인지 생각하고 주인공의 마음을 생각하
  며 다시 한번 읽어 보도록 한다.
   - 🔵선 주인공이 누구예요?
   - 🔵선 주인공의 마음이 어떨지 생각하며 이야기를 다시 한번 읽
     어 보세요.
   - 🟡유 두 번째 읽을 때에는 소리 내지 않고 읽도록 지도한다.

3) 본문에 제시된 주요한 활동을 함께 수행한다.
   - 🔵선 여러분, 1)번을 해 볼까요? 황새는 왜 국을 먹을 수 없
     을까요?

🔵 주인공이 되어 말하기

1. 주인공의 마음을 생각하며 다음 이야기를 소리 내어 읽어 봅시다.

여우가 황새를 집에 초대했어요.
"황새야, 많이 먹어."

여우는 황새에게 납작한 접시에 국을 주었어요.
황새는 부리가 뾰족해서 국을 먹을 수가
없었어요.

"황새야, 넌 국을 별로 안 좋아하는구나."
여우는 황새의 국까지 다 먹어 버렸어요.

1) 황새는 왜 국을 먹을 수 없었을까요?

2) 황새의 기분은 어땠을까요?

   - 🔵선 여러분이 황새였다면 기분이 어땠을까요?

4) 빨간색으로 표시된 어휘 중 '기분'의 뜻을 먼저 확인한다.
   - 🔵선 '기분'이라는 낱말을 들어 본 적 있어요? 손을 들어 보세요.

어휘 지식	
기분	불쾌, 유쾌, 우울, 분노 등의 감정 상태. 예 날씨가 좋아서 기분이 상쾌하다.

   - 🟡유 '기분'은 평소 교실에서 자주 사용할 수 있는 어휘이며 국어
     과에서 자주 등장하는 어휘이므로 학생 수준에 따라 다양한
     예시를 제시하여 지도할 수 있다. (기분이 좋다, 기분이 나쁘다,
     행복하다, 설레다, 화가 나다, 속상하다 등.)
   - 🟡유 익힘책 46쪽 1번 ①과 47쪽 2번을 쓰게 한다.

3 주요 활동 II – 15분

1) 아이다와 황새의 인터뷰 내용을 선생님이 소리 내어
  읽어 준다.

2) 학생들이 88쪽의 내용과 아이다의 질문 내용을 모두
  이해했는지 확인한다.
   - 🔵선 누가 누구를 초대했어요?

2. 황새가 되어 아이다의 질문에 대답해 봅시다.

 여우에게 초대받았을 때 기분이 어땠어요?

 친구의 집에 가게 돼서 좋았어요.

 여우가 국을 다 먹어 버렸을 때 기분이 어땠어요?

 처음에는 배가 너무 고팠어요. 그리고 _____ .

3. 아이다와 황새의 대화를 실감 나게 읽어 봅시다.

 어려운 말이 있어요? 확인해 봐요.

기분

이렇게 사용해요   선생님께 칭찬을 받아 기분이 좋았어.
친구의 말을 듣고 섭섭한 기분이 들었어요.

실감 나게(실감 나다)

이렇게 사용해요   실감 나게 역할 놀이를 해 봅시다.
하미가 정말 실감 나게 사과를 그렸어.

말해요. 그렇다면 실감 나게 역할놀이를 하는 것은 어떻게 하는 것일까요?

어휘 지식	
실감 나다	실제로 겪고 있다는 느낌이 나다. 예 그 화가는 실감 나게 그림을 그린다.

유 익힘책 46쪽 1번 ②와 47쪽 3번을 쓰게 한다.

4 정리 – 5분

1) 짝과 함께 아이다와 황새의 대화를 실감 나게 읽어 보도록 한다.

2) 차시 예고를 한다.

신 여우에게 초대 받았을 때 황새의 기분은 어땠어요?

3) 학생들이 각자 주인공(황새)이 되어 아이다의 질문에 대답할 수 있도록 한다.

신 여우가 국을 다 먹어 버렸을 때 황새의 기분은 어땠을까요? 황새의 말풍선을 채워 발표해 보겠습니다.

유 대답하는 것을 어려워하는 학생들에게는 88쪽 2)번 문항의 답을 이용할 수 있음을 안내한다.

4) 선생님이 학생 한 명과 아이다와 황새의 인터뷰를 실감 나게 읽어 본다.

유 교사가 시범을 보일 때는 약간 과장을 하듯 실감 나게 표현해 준다. 예를 들어 아이다가 기자처럼 마이크를 드는 시늉을 하고 기자의 말투를 따라 한다. 마이크나 아이다/황새 가면 등을 준비하면 더욱 학생들의 흥미를 유발할 수 있다.

5) 빨간색으로 표시된 어휘들 중 '실감 나다'를 확인한다. 이때 교사는 필요한 경우 뜻을 설명한다.

신 '어려운 말이 있어요? 확인해 봐요.'에 있는 문장을 함께 읽어 볼까요?

신 실감 나게 사과를 그린다는 것은 그림을 진짜 사과와 비슷하게 그려서 그림이 진짜 사과 같은 느낌을 주는 것을

독서 기록장 쓰기

1. 선생님과 함께 책을 읽어 봅시다.

팥죽 할머니와
호랑이

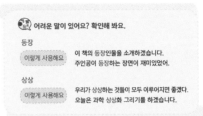

2. 책을 읽으며 할 수 있는 활동을 살펴봅시다.

1) 등장인물에는 누가 있었는지 그림으로 그리거나 낱말로 써 보세요.

2) 등장인물들이 호랑이를 어떻게 물리칠까요? 이어질 내용을 상상하며 책을 읽어 보세요.

어려운 말이 있어요? 확인해 봐요.

등장

| 이렇게 사용해요 | 이 책의 등장인물을 소개하겠습니다. 주인공이 등장하는 장면이 재미있었어. |

상상

| 이렇게 사용해요 | 우리가 상상하는 것들이 모두 이루어지면 좋겠다. 오늘은 과학 상상화 그리기를 하겠습니다. |

2차시

주제
독서 기록장 쓰기

주요 활동
1. 선생님과 함께 책을 읽어 봅시다.
2. 책을 읽으며 할 수 있는 활동을 살펴봅시다.
3. 독서 기록장을 써 봅시다.

학습 도구 어휘
활동, 등장, 그림, 상상, 완성, 바꾸다, 독서 기록장

1 도입 - 5분

1) 1차시에 배운 내용을 다시 살펴본다.
- 🔵 지난 시간에는 《황새와 여우》 이야기를 읽고 황새의 기분을 생각해 보았어요.
- 🔵 어떤 낱말을 배웠는지 말해 볼까요?

2) 오늘 배울 내용을 안내한다.
- 🔵 오늘은 책을 읽고, 독서 기록장을 써 보겠습니다.

2 주요 활동 I - 15분

1) 선생님과 함께 책을 읽어 보도록 한다. 중간까지만 읽을 수 있도록 미리 안내한다.
- 🔵 책 제목이 뭐예요?
- 🔵 지금부터 책을 읽어 볼까요? ○○쪽까지만 읽고 책을 덮으세요.

함께 책 읽기 방법

1. 학교 도서관의 복본 도서를 이용하여 미리 책을 학생 수만큼 준비하여 함께 읽는다.
2. 학교에 책이 충분하지 않을 경우, 교사가 직접 책을 읽어 준다. 바닥에 둥글게 앉아 그림책을 직접 펼쳐 보이며 읽어 주거나 실물 화상기를 이용하여 TV에 그림책을 띄워 읽어 줄 수 있다.

2) 읽은 내용을 생각하며 책 속에 나온 등장인물을 떠올려 써 보도록 한다.
- 🔵 《팥죽 할머니와 호랑이》를 읽어 보았어요. 어떤 등장인물이 있었는지 이야기해볼까요?
- 🔵 나온 등장인물들을 생각나는 대로 1)번의 빈칸에 써 보세요.

어휘 지식

| 활동 [활똥] | 어떤 일에서 좋은 결과를 거두기 위해 힘씀. 📙 불우 이웃을 돕기 위한 모금 활동이 활발해졌다. 특별히 하는 취미 활동이 있니? |
| 그림 | 선이나 색채로 사물의 모양이나 이미지 등을 평면 위에 나타낸 것. 📙 그 화가는 주로 꽃을 소재로 한 그림을 많이 그렸다. 저는 동물을 그린 그림이 좋아요. |

🟡 낱말을 쓰는 것에 어려움을 느끼는 학생들은 그림으로 그릴 수 있도록 지도한다.

3) 등장인물들이 호랑이를 어떻게 물리칠지 생각해 보도록 한다.
- 🔵 등장인물들이 많이 나왔는데요. 이 등장인물들이 호랑이를 어떻게 물리칠까요? 송곳은 어떻게 호랑이를 물리칠 수 있을까요?

4) 앞선 도입에서 읽은 방법으로 남은 책을 끝까지 읽도록 지도한다.

3. 독서 기록장을 써 봅시다.

1) 책의 표지를 완성해 보세요.

팥죽 할머니와
호랑이

✏ 꼬마 수업   독서 기록장

독서 기록장은 책을 읽고 나서 읽은 내용을 다양한 방법으로 정리하는 공책이에요. 독서 기록장을 쓰면 내가 읽은 책을 오래 기억할 수 있어요. 독서 기록장에는 읽은 책의 제목, 지은이, 읽은 날짜, 나의 생각이나 느낌 등을 쓰고 다음과 같은 활동을 해요.

줄거리 쓰기, 주인공에게 편지 쓰기, 주인공이 되어 말하기, 삼행시 짓기, 이어질 내용 상상하기, 등장인물 바꾸어 쓰기, 책 표지 꾸미기 등

2) 요우타와 지민이 《팥죽 할머니와 호랑이》 속 등장인물을 다른 인물로 바꾸어 쓰려고 해요. 대화를 읽고 《팥죽 할머니와 호랑이》 속 등장 인물을 어떻게 바꾸면 좋을지 생각해 보세요.

송곳 대신에 연필로 바꿔 보는 것은 어떨까?

바나나 껍질을 등장시키면 어떨까?

🔵 앞으로 이어질 내용을 상상하며 남은 책을 읽어 보겠습니다.

5) 본문에 제시된 어휘들 중 빨간색으로 표시된 어휘를 확인한다.

🔵 '등장'과 '상상'이 사용된 문장을 읽어 보세요.

🔵 '등장'은 나오는 것을 말해요. 주인공이 등장하는 장면은 주인공이 나오는 장면이에요. 등장인물은 나오는 인물을 말해요.

어휘 지식	
등장	소설, 연극, 영화 등에 어떤 인물이 나타남. 예 만화 영화에 갑자기 유명한 배우가 등장했다.
상상	실제로 없는 것이나 경험하지 않은 것을 머릿속으로 그려 봄. 예 민준이는 자신의 상상 속에서 하늘을 마음껏 날아다녔다.

🟡 익힘책 48쪽의 1번, 2번을 쓰게 한다.

3 주요 활동 II – 15분

1) 책을 다 읽고 간단히 내용을 되돌아보도록 질문을 한다.

🔵 책의 주인공은 누구일까요?

🔵 책에서 가장 재미있는 장면은 무엇이었나요? 발표해 봅시다.

2) 책표지를 어떻게 꾸미면 좋을지 생각해 보도록 한다.

🔵 내가 《팥죽 할머니와 호랑이》 책 표지를 만든다면 어떻게 꾸밀지 생각해 보세요. 책 표지는 책을 볼 때 가장 먼저 살펴보는 것입니다. 재미있는 장면이나 중요한 등장인물이 나오는 것이 좋겠지요?

어휘 지식	
완성	완전하게 다 이룸. 예 설명서에는 제품의 조립부터 완성까지의 모든 단계가 설명되어 있다. 이제 배경만 색칠하면 그림이 완성된다.

3) 직접 책의 표지를 꾸며 보도록 한다.

🟡 창의적으로 자유롭게 표지를 만드는 것이 중요함을 학생들에게 안내한다. 예쁘게 꾸미거나 색칠하는 것에 너무 많은 시간을 할애하지 않도록 지도한다.

4) 실물 화상기를 이용하여 친구들의 작품을 보여 준다.

5) '꼬마 수업'의 내용을 읽고 '독서 기록장'에 대해 함께 이야기한다.

🔵 독서 기록장은 무엇이에요?

🔵 독서 기록장에 쓸 수 있는 내용은 무엇이에요?

🔵 독서 기록장을 써 본 적이 있나요? 발표해 봅시다.

🟡 학교에서 사용하는 독서 기록장 양식이 있다면 직접 독서 기록장을 살펴보며 작성 방법을 안내하여 학생들의 이해를 돕는다.

🟡 독서 기록장의 예시로 익힘책 50쪽의 5번을 수행하도록 한다. 경우에 따라 과제로 제시할 수 있다.

4 정리 – 5분

1) 93쪽 2)번의 그림을 보며 요우타와 지민의 말풍선을 읽어 보도록 한다.

2) 다음 차시에 활동할 《팥죽 할머니와 호랑이》 속 등장 인물을 바꾸어 쓰기 활동을 안내한다. 어떻게 바꾸어 쓰면 좋을지 짝과 이야기해 보며 마무리한다.

어휘 지식	
바꾸다	원래 있던 내용이나 상태를 다르게 고치다. 예 목표를 이루기 위해서 나는 계획을 바꾸게 되었다. 동화책의 내용을 시로 바꾸어 써 보자.

🟡 90~93쪽의 파란색 어휘를 다시 한번 확인하며 익힘책 49쪽의 3번과 4번을 수행하도록 한다. 경우에 따라 과제로 제시할 수 있다.

함께 해 봐요

1. 《팥죽 할머니와 호랑이》 속 등장인물을 바꾸어 써 봅시다.

교실에 있는 물건들로 바꾸어 보자.

좋은 생각이야.

연필이 책상 위에 서 있다가 호랑이가 넘어질 때 쿡 찌르는 거야.

줄넘기, 교실 문 앞, 호랑이의 발이 걸리게 해서 호랑이를 넘어뜨린다.

2. 내가 바꾼 등장인물과 내용을 써 봅시다.

누가?	어디에?	호랑이를 어떻게 물리칠까?

3차시

1 도입 – 5분

1) 2차시에 읽었던 《팥죽 할머니와 호랑이》 책의 등장인물을 떠올려 보게 한다.

🔵 지난 시간에 읽었던 책이 무엇이었어요?

🔵 어떤 등장인물들이 나왔어요?

2) 93쪽 2)번 문항을 다시 한번 살펴보며 오늘 배울 내용을 안내한다.

🔵 93쪽의 2)번 그림 속 요우타와 지민은 무엇을 하고 있어요?

🔵 요우타는 등장인물을 어떻게 바꾸었어요?

🔵 지민은 새로운 인물을 등장시켰어요. 무엇이에요?

🔵 오늘은 우리가 직접 《팥죽 할머니와 호랑이》 속 등장인물을 바꾸어 써 보겠습니다.

2 놀이 설명 – 10분

1) 〈부록〉의 이야기판을 나누어 주고, 94쪽의 그림과 함께 내용을 살펴본다.

🔵 책상 위 종이에 무엇이라고 써 있어요?

🔵 이야기판에 친구들이 등장인물을 바꾸어 쓰고 있어요. [자료]의 이야기판을 떼어 모둠 친구들과 함께 살펴보세요.

🔵 이야기판에 어떤 것이 써 있어요?

2) 94~95쪽의 그림을 살펴보며 활동 방법을 안내한다.

🔵 94쪽에서 요우타의 모둠은 어떻게 등장인물을 바꾸어 쓰기로 했어요?

🔵 95쪽의 그림을 보세요. 리암은 어떤 물건을 등장시켰어요?

🔵 연필이 어디에서 어떻게 호랑이를 물리쳐요? (같은 방식으로 95쪽 아래 그림 내용 확인 질문을 한다.)

🔵 놀이의 이해를 돕기 위해 익힘책 51쪽 1번, 2번을 수행하도록 한다.

3 놀이하기(활동하기) – 20분

1) 모둠원들과 등장인물 바꾸어 쓰기 활동을 하도록 한다.

🔵 함께 아이디어를 낼 수 있으나 한 사람당 하나의 등장인물을 맡을 수 있도록 한다.

2) 내가 생각한 등장인물에 대하여 94쪽 2번 문항의 표를 채워 보도록 한다.

> ※등장인물 바꾸어 쓰기는 1~2학년 학습자들이 처음에 활동에 접근하기 어려울 수 있다. 이때 교사가 다음과 같은 방법으로 학생들의 창의적 활동을 유도할 수 있다.
>
> 1. 활동의 갈피를 못 잡고, 학생들이 창의적 활동에 소극적인 경우
> –주제의 제약이 있는 경우 오히려 창의적 활동을 쉽게 생각할 수 있다. 94쪽의 그림과 같이 주제를 정해서 '교실에 있는 물건'으로 바꾸어 보기, '마트에서 볼 수 있는 물건'으로 바꾸어 보기 등을 해 볼 수 있게 안내한다.
> 2. 모둠에 적극적인 학생이 있어서 활동을 주도할 수 있는 경우
> –아무런 제약 없이 자유롭게 등장인물을 등장시킬 수 있다. 이때 교사는 바나나 껍질이나 접시, 꿀벌 등 다양한 범주의 인물을 생각할 수 있도록 학생들을 독려한다.

4 정리 – 5분

1) 모둠의 이야기판을 교실에 전시하고 학생들이 자유롭게 감상할 수 있도록 한다.

2) 친구들이 바꾼 등장인물 중 재미있거나 인상 깊었던 것을 발표해 본다.

되돌아보기

1. 길을 따라가며 어울리는 낱말끼리 연결해 봅시다.

출발 / 등장 / 인물 / 등교 / 도착

출발 / 실감 나게 / 읽기 / 실수하게 / 도착

출발 / 이어질 내용을 / 수상해요. / 상상해요. / 도착

출발 / 기분이 / 무서운 / 기차가 / 들어요. / 도착

2. 재미있게 읽은 책이 있어요? 아래 내용을 써 봅시다.

제목

지은이

느낀 점

3. 그림을 보고 88쪽의 그림책에 이어질 내용을 상상해서 써 봅시다.

다음 날, 이번에는 황새가 여우를 집에 초대했어요.

4차시

1 도입 – 5분

1) 되돌아보기 차시의 성격을 설명하고 복습 활동의 대상이 되는 내용을 간략히 설명한다.

　🔵 지난 시간에는 《팥죽 할머니와 호랑이》 이야기의 등장인물을 바꾸어 써 보았어요. 기억에 남는 내용이 있어요? 누가 발표해 볼까요?

2) 단원의 1~2차시의 내용을 다시 살펴보며 배운 낱말을 떠올려 보도록 한다.

　🔵 이번 단원에서 우리는 책을 읽고 이어질 내용을 상상해 보고, 독서 기록장을 쓰는 방법을 알아보았어요. 공부하는 동안 배운 낱말에는 무엇이 있었어요?

2 되돌아보기 I – 10분

1) 길을 따라가며 알맞은 낱말을 찾아 연결하도록 한다.

　🔵 다람쥐가 도토리를 찾을 수 있도록 알맞은 낱말을 골라 길을 연결해 보세요. 배운 낱말을 떠올리며 해 보세요.

2) 연결한 문장이나 어구를 소리 내어 읽어 보도록 한다.

　🔵 모르는 낱말은 책 앞쪽에서 뜻을 찾아보세요.

> **어휘 복습 추가 활동 예시**
>
> 1. 낱말 카드: 교사가 낱말 카드를 칠판에 제시하며 어려운 어휘를 복습한다.
> 2. 아는 낱말, 모르는 낱말: 앞선 88~93쪽에서 색칠된 낱말에 동그라미 표시하며 그 뜻을 알고 있는지 다시 한번 확인한다. 모르는 낱말은 손을 들고 물어보게 한다.
> 3. 초성 퀴즈: 교사가 낱말의 초성을 칠판에 제시하며 어휘를 복습한다.

3 되돌아보기 II – 10분

1) 이번 달에 재미있게 읽은 책이 있는지 떠올리도록 한다.

　🔵 이번 달에 읽은 책은 어떤 것이 있는지 발표해 볼까요? 재미있게 읽은 책이 있다면 친구들에게 이야기해 보세요.

　🟢 꼭 이번 달이 아니어도 최근에 읽은 책을 떠올릴 수 있도록 한다.

2) 읽은 책을 바탕으로 2번 문항의 독서 기록장을 작성해 보도록 한다.

　🟢 지은이, 읽은 날짜 등을 기억하기 어려우므로 미리 학생들에게 이번 달에 읽은 책을 준비할 수 있도록 지도한다.

4 되돌아보기 III – 10분

1) 3번 그림을 살펴보기 전에 88쪽의 《황새와 여우》를 다시 한번 읽어 보도록 한다.

2) 3번 그림을 살펴보며 내용을 확인하도록 한다.

　🔵 3번 그림을 살펴보세요. 여우가 어디에 갔어요?

　🔵 황새가 여우를 집에 초대했어요. 무슨 일이 생길까요? 이어질 내용을 상상해 보세요.

3) 이어질 내용을 상상해서 써 보도록 한다.

　🟢 《황새와 여우》 이야기를 이미 알고 있는 학생들은 새로운 내용을 상상하여 창의적으로 쓸 수 있도록 지도한다. 이를 어려워한다면 알고 있는 내용으로 쓸 수 있음을 안내한다.

5 정리 – 5분

1) 3번의 상상한 내용을 발표하도록 한다.

2) 단원을 공부하며 든 느낌이나 생각을 이야기하며 마무리한다.

등장인물 바꿔 쓰기

누가?	어디에?	호랑이를 어떻게 물리칠까?

등장인물 바꿔 쓰기

누가?	어디에?	호랑이를 어떻게 물리칠까?

8단원 • 나누어 보고 묶어 보고

단원의 개관

'나누어 보고 묶어 보고' 단원은 초등학교 1학년이나 2학년 학생들이 교과 학습에 바탕이 되는 '분류하기'를 중심으로 한국어 어휘와 표현을 배울 수 있도록 구성했다. 이를 위해 '같은 모양끼리 묶기', '동물을 여러 가지 방법으로 분류하기'를 단원의 주제로 설정했고 '모양 찾기' 카드놀이를 놀이 학습으로서 제시했다. 단원 주제는 1~2학년군의 국어, 수학, 통합(슬기로운 생활) 교과 학습과 관련된 사고 활동, 읽거나 쓰는 문식 활동의 주제가 된다. 주제별 학습은 1차시와 2차시에 주로 이루어지며 개념과 지식을 다루거나 용례를 제시하는 어휘 내용을 포함하고 있다. 이러한 어휘 내용은 '한국어 교육과정'의 1~2학년군 어휘 목록에서 선별된 것이다. 단원마다 주제와 관련된 놀이/협동 학습을 3차시에 제시했으며 4차시는 배운 내용을 복습하는 활동으로 마무리하도록 했다.

이 단원은 생활 한국어 능력 중급(3급)의 학습자가 선택할 수 있는 활동과 어휘 내용으로 구성되었다. 따라서 〈의사소통 한국어〉 교재 3권 8단원('방학에 할머니 댁에 갈 것 같아요') 필수 차시를 모두 배운 학생을 대상으로 하는 선택 차시로 운영될 수 있다. 학습자의 숙달도에 맞는 어휘 및 쓰기 연습 활동은 익힘책 활동을 병행하여 수행할 수 있도록 했다.

단원의 목표와 내용

1) 단원의 목표
◆ 모양이 같은 것끼리 묶을 수 있다.
◆ 동물을 여러 가지 방법으로 분류할 수 있다.

2) 단원의 주요 내용

주제	1. 같은 모양끼리 묶기 2. 동물을 여러 가지 방법으로 분류하기		
	교재 활동	어휘 내용	교수·학습 특성
학습 도구 어휘	어려운 말이 있어요? 확인해 봐요.	묶다, 나누다, 분류	용례 학습 어휘 연습 (익힘책 활용)
	선택 어휘 (파란색 표시)	사물, 모양	어휘 연습 (익힘책 활용)

● 차시 전개 과정

1) 차시의 흐름

차시	주제	학습 내용	교재 쪽수	익힘책 쪽수
1	같은 모양끼리 묶기	1. 아래 사물을 같은 모양끼리 묶어 봅시다. 2. 그림을 보고 다음 질문에 답해 봅시다.	100~101	52~54
2	동물을 여러 가지 방법으로 분류하기	1. 요우타와 하미가 분류 활동을 하고 있어요. 새들을 어떻게 분류를 했 는지 살펴봅시다. 2. 분류한 내용을 보고 질문에 답해 봅시다. 3. 동물을 여러 가지 방법으로 분류해 봅시다	102~105	55~56
3	놀이/협동 학습	1. '모양 찾기' 카드놀이를 해 봅시다. 2. '모양 찾기' 카드놀이를 하며 내가 말한 문장을 써 봅시다	106~107	57
4	정리 학습	1. 그림에 어울리는 낱말을 연결하고, 따라 써 봅시다. 2. ◇ 모양의 칸을 색칠해 봅시다. 어떤 낱말이 나타나는지 따라 읽어 봅시다. 3. 다음 과일들을 색깔에 따라 분류해 봅시다. 4. 다음 분류한 내용을 보고 친구와 이야기해 봅시다.	108~109	

2) 차시별 교수·학습 활동

◆ 1차시 및 2차시: 단원의 주제에 맞는 읽기(특히 소리 내어 읽기)나 쓰기 활동을 제시했다. 또한 생각을 주고받는 말하기나 발표하기 등의 수업 활동을 경험할 수 있도록 과제를 제시했다. 익힘책 활동이 연계된다.

◆ 3차시: 단원의 주제와 관련된 놀이나 협동 활동을 제시했다. 놀이나 협동 과정에서 사용한 어휘, 문장을 활용하는 쓰기와 말하기 활동이 함께 제시되었다. 익힘책 활동이 연계된다.

◆ 4차시: 단원의 어휘 및 주제별 학습 내용을 정리, 복습하는 활동을 제시했다. 복습 활동 위주의 차시로서 익힘책 활동은 따로 연계되지 않는다.

● 단원 지도상의 유의점

◆ 학습에 필요한 어휘 학습과 문식력 강화 활동이 이루어지도록 운영한다.

◆ 평면 도형과 입체 도형이 한 차시에 등장하고 있으므로 학생들이 인지적인 어려움을 겪지 않도록 실생활에서 볼 수 있는 다양한 사물을 직접 보여주며 지도한다.

◆ 다양한 기준으로 분류해 볼 수 있도록 여러 분류 기준의 예시를 제공한다.

◆ 놀이의 승패보다는 분류 관련 표현을 익히고 연습하는 것에 중점을 두어 지도한다.

◆ 학습 도구 어휘의 경우 추상성이 강하므로 명시적으로 설명하기보다는 활동 과정에서 경험을 통해 익힐 수 있도록 한다.

주제

같은 모양끼리 묶기

주요 활동

1. 사물을 같은 모양끼리 묶어 봅시다.
2. 그림을 보고 다음 질문에 답해 봅시다.

학습 도구 어휘

사물, 모양, 묶다, 나누다

1 도입 - 5분

1) 단원 도입 모듈에 제시된 〈의사소통 한국어〉 연계 단원 이름을 본다. 〈의사소통 한국어〉 교재에서 배웠던 내용을 간략히 정리해 주거나, 〈의사소통 한국어〉 주제를 활용하여 생활 한국어 이해 수준을 간략히 확인한다.

🔵 여러분, 여기 예쁜 집이 있어요.

여러분이 배워야 할 한국어들이 잘 모이면 이렇게 예쁜 집이 돼요.

🔵 여러분은 계획을 세워 본 적 있어요? 어떤 계획을 세워 본 적 있나요?

🟡 도입 모듈에 대한 설명이나 활동은 최대한 간략하게 하며, 경우에 따라 생략할 수 있다.

2) 단원 도입 그림을 보면서 요우타와 아비가일이 어떤 분류 계획(〈의사소통 한국어〉 연계 주제)을 갖고 있는지 함께 이야기한다.

🔵 요우타와 아비가일이 어디에 있어요?

🔵 요우타와 아비가일은 여러 가지 도형을 나누어 보려고 해요. 요우타는 무엇에 따라 분류하려고 하나요?

🔵 아비가일은 무엇에 따라 분류하려고 해요?

🟡 '분류'라는 어휘는 2차시에 배우게 되지만, 말풍선에 제시되므로 자연스럽게 노출하며 학생들도 따라 읽어 볼 수 있도록 한다. 학생 수준에 따라 발문을 '분류하다' 대신 '나누다'로 바꾸어 할 수 있다.

2 주요 활동 I - 15분

1) 100쪽에 어떤 물건들이 있는지 살펴보도록 한다.

2) 주인공이 누구인지 생각하고 주인공의 마음을 생각하며 다시 한번 읽어 보도록 한다.

🔵 100쪽의 그림 상자에 어떤 물건들이 있는지 발표해 볼까요?

🔵 이름을 모르는 물건이 있어요? 손들고 물어보세요.

2) 여러 가지 물건을 붙임 딱지를 이용해 같은 모양끼리 묶어 보도록 한다.

🔵 동그라미 모양에는 어떤 물건을 붙였어요?

🔵 세모 모양에는 어떤 물건이 있어요?

🔵 네모 모양에 있는 물건들을 발표해 볼까요?

🟡 같은 내용이지만 동그라미, 세모, 네모마다 발문의 형태에 변화를 주어 학생들에게 다양한 발문을 경험시켜 주도록 한다.

⚫ **같은 모양끼리 묶기**

1. 아래 사물을 같은 모양끼리 묶어 봅시다. [붙임 딱지]

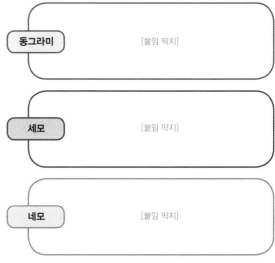

동그라미	[붙임 딱지]
세모	[붙임 딱지]
네모	[붙임 딱지]

100

어휘 지식	
사물	직접 보거나 만질 수 있는 세상의 온갖 물건. 예 우리 주위의 사물을 둘러보세요. 선생님이 준비한 여러 가지 사물을 보고 똑같이 그려 보세요.
모양	겉으로 나타나는 생김새나 모습. 예 선생님이 네모 모양의 안경을 쓰고 왔어요. 하미의 티셔츠가 줄무늬 모양이에요.

🟡 사물은 그 뜻이 어렵지 않지만 단어가 다소 어렵게 느껴질 수 있으므로 여러 학용품이나 교실 속 물건들로 이해시키도록 한다.

🟡 익힘책 53쪽 3번과 54쪽 4번을 수행하도록 한다.

3 주요 활동 II - 15분

1) 101쪽의 그림을 보고 어떤 물건들이 있는지 살펴보도록 한다.

🔵 101쪽에는 3개의 그림 상자가 있어요. 각각 어떤 물건들이 있는지 살펴보고 문제를 풀어 보세요.

2) 1)번과 2)번 문항의 답을 확인한다.

🔵 무엇에 따라 물건을 나누었어요?

2. 그림을 보고 다음 질문에 답해 봅시다.

1) 무엇에 따라 물건을 나누었어요?

2) 색 구슬과 같이 묶인 물건은 무엇이에요?

3) 상자와 함께 묶을 수 있는 물건을 더 찾아보세요.

🗨️ **어려운 말이 있어요? 확인해 봐요.**

묶어(묶다)

| 이렇게 사용해요 | 하늘에 사는 동물끼리 묶어 보세요.
축구공은 구슬과 같이 묶을 수 있어요. |

나누었어요(나누다)

| 이렇게 사용해요 | 동물들을 사는 곳에 따라 나누다.
물건을 동그라미 모양과 세모 모양으로
나누어 볼까요? |

🔵 실제로 묶어 보는 활동을 통해 '묶다'의 뜻을 직관적으로 이해할 수 있도록 한다. 필요한 경우 끈이나 줄을 묶는 것과 혼동하지 않도록 안내한다.

🔵 '묶다'와 '나누다'는 반대되는 표현임에도 불구하고 분류하기 기능에 사용되므로 학생들이 혼동하지 않도록 여러 용례를 통해 설명한다.

🔵 익힘책 52쪽 1번과 53쪽 2번을 수행하도록 한다.

④ 정리 – 5분

1) 배운 낱말을 사용하여 단원 내용을 정리하며 마무리한다.

🟢 오늘은 여러 가지 사물을 모양에 따라 나누어 보고, 같은 모양끼리 묶어 보았어요. 다음 시간에는 동물을 나누어 보고 묶어 보도록 하겠습니다.

🔵 정리 활동으로 익힘책 54쪽의 5번을 쓰게 한다. 경우에 따라 과제로 제시할 수 있다.

2) 차시 예고를 한다.

🟢 색 구슬과 같이 묶인 물건은 무엇이에요?

🟢 음료수 캔은 어떤 물건과 같이 묶었어요?

🟢 각 티슈와 함께 묶은 물건은 무엇이에요?

3) 각 주머니에 넣을 수 있는 물건을 더 발표해 보도록 한다.

🔵 학생들의 자유로운 브레인스토밍을 유도하고, 어려워할 경우 교사가 다양한 예시를 말해 줄 수 있다.

4) '어려운 말이 있어요? 확인해 봐요.' 속 어휘를 확인한다.

🟢 '어려운 말이 있어요? 확인해 봐요.'에 있는 문장을 함께 읽어 볼까요?

🟢 동그라미 모양을 동그라미 모양끼리 한데 모으는 것을 묶는다고 해요. 위에서 축구공은 색 구슬과 함께 묶여 있지요. 이렇게 모양이 비슷한 것끼리 묶어 보는 것을 '모양에 따라 나눈다'라고 말할 수 있어요.

어휘 지식	
묶다 [묵따]	여럿을 한곳으로 모으거나 합하다. 🔹 모양에 따라 묶었는지 확인해 볼까요?
나누다	여러 가지가 섞인 것을 어떤 기준에 따라 둘 이상의 부류가 되게 구분하거나 분류하다. 🔹 동물들을 먹이에 따라 둘로 나누어 보세요. 안경을 쓴 친구와 쓰지 않은 친구로 나누었어요.

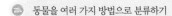

동물을 여러 가지 방법으로 분류하기

1. 요우타와 하미가 분류 활동을 하고 있어요. 새들을 어떻게 분류를 했는지 살펴봅시다.

여름에 볼 수 있는 새와 겨울에 볼 수 있는 새로 분류해 볼까? 청동오리는 겨울에 볼 수 있는 새야.

겨울새는 겨울새끼리 모으자. 고니도 청동오리와 같이 묶을 수 있어.

1) 요우타와 하미는 새들을 어떻게 분류하고 있어요?

2) 청동오리와 같이 묶을 수 있는 새는 무엇이에요?

3) 요우타와 하미가 분류한 내용을 소리 내어 읽고 그대로 따라 써 보세요.

요우타

하미

😀 어려운 말이 있어요? 확인해 봐요.

분류

이렇게 사용해요 | 물건을 색깔에 따라 분류해요. 과일을 여름 과일과 겨울 과일로 분류하고 발표해 봅시다.

2차시

주제
동물을 여러 가지 방법으로 분류하기

주요 활동
1. 요우타와 하미가 새들을 어떻게 분류했는지 살펴봅시다.
2. 분류한 내용을 보고 질문에 답해 봅시다.
3. 동물을 여러 가지 방법으로 분류해 봅시다.

학습 도구 어휘
분류

1 도입 - 5분

1) 1차시에 배운 내용을 다시 한번 확인하도록 한다.
- 🔵 지난 시간에 배운 낱말이 무엇이었어요?
- 🔵 101쪽의 그림을 보며 '나누다'와 '묶다'를 활용해 문장을 만들어 보세요.
- 🟠 한국어 어휘와 표현에 초점을 두도록 유도한다.

2) 오늘 배울 내용을 안내한다.
- 🔵 오늘은 동물을 여러 가지 방법으로 분류해 보겠습니다.

2 주요 활동 l - 15분

1) 1번 그림을 살펴보도록 한다.
- 🔵 요우타와 하미가 교과서를 보며 이야기 나누고 있어요. 어떤 동물들에 대해 이야기하고 있나요?

실제 교과 내용 연계 활동

1. 연계 교과: 2학년 2학기 통합교과 '겨울'
2. 연계 차시: 28차시 어떤 새를 만날 수 있을까?
3. 활용 방법: 해당 교과서를 펼쳐 놓고 함께 이야기해 보면 더욱 다양한 분류 내용을 살펴볼 수 있다. 또한 한국어 능력이 어느 정도 향상된 학생들로 구성된 학급이라면 3)번 문항 대신 교과서 내용을 한 번 짚어볼 수 있다.

2) 본문에 제시된 주요한 활동을 수행하도록 한다.
- 🔵 요우타와 하미는 새들을 어떻게 분류하고 있어요?
- 🔵 하미는 청동오리와 같이 묶을 수 있는 새가 무엇이라고 했나요?

3) 요우타와 하미의 말풍선을 큰 소리로 읽어 보고 문장을 따라 써 보도록 한다.
- 🔵 선생님을 따라 요우타의 말풍선을 읽어 보세요.
- 🟠 교사가 천천히 큰 소리로 한 문장씩 읽고, 학생들이 따라 읽을 수 있도록 한다.
- 🔵 하미의 말풍선을 천천히 큰 소리로 읽어 보세요.
- 🔵 요우타와 하미의 말풍선 속 내용을 그대로 따라 써 보세요.
- 🟠 학급의 수준에 따라 교사 따라 읽기와 각자 큰 소리로 입 맞추어 읽기를 선택하여 활동할 수 있다.

4) 본문에 제시된 어휘들 중 빨간색으로 표시된 어휘를 확인하도록 한다.
- 🔵 102~103쪽에서 '분류' 낱말을 찾아 모두 동그라미 해 보세요.

2. 분류한 내용을 보고 질문에 답해 봅시다.

1) 무엇에 따라 분류했어요?

2) 오징어는 어디에 사는 동물이에요?

3) 사자는 어떤 동물과 함께 묶여 있어요?

104

3. 동물을 여러 가지 방법으로 분류해 봅시다.

1) 다음 그림을 보고 어떤 동물들이 있는지 살펴보세요.

2) 보기 에서 분류 방법을 골라 ○표를 하고 동물을 분류해 보세요.

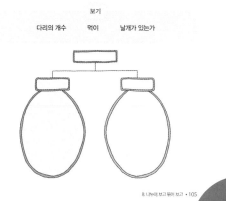

105

어휘 지식

분류	여럿을 종류에 따라서 나눔.
[불류]	예 책을 주제별로 분류해 정리하고 있어요.

유 익힘책 55쪽의 1번, 2번을 쓰게 한다. 경우에 따라 과제로 제시할 수 있다.

3 주요 활동 II – 5분

1) 2번 그림을 살펴보도록 한다.

선 요우타가 동물들을 분류했어요. 어떤 동물들이 있는지 읽어 볼까요?

2) 본문에 제시된 1)번 문항의 답을 확인하도록 한다.

선 요우타는 동물들을 무엇에 따라 분류했어요?

선 맞아요. 요우타는 동물들을 땅에 사는 동물과 물에 사는 동물로 나누었어요.

유 '~에 따라 분류하다', '~과 ~으로 나누다' 등의 문장을 발문으로 제시하여 학생들에게 자연스럽게 노출할 수 있도록 한다.

3) 2)번과 3)번 문항의 답을 확인하도록 한다.

선 오징어는 어디에 사는 동물이에요?

선 물에 사는 동물에는 또 어떤 동물이 있어요?

선 사자는 어떤 동물과 묶여 있어요?

4 주요 활동 III – 10분

1) 105쪽 그림을 보고 어떤 동물들이 있는지 살펴보도록 한다.

2) 분류 방법을 골라 분류해 보도록 한다.

선 우리가 직접 동물을 분류해 볼까요? 무엇에 따라 분류하고 싶은지 〈보기〉에서 골라보세요.

선 고른 방법에 따라 분류해 보세요.

3) 분류한 내용을 발표하도록 한다.

유 발표를 어려워할 경우 학생들이 분류한 내용을 선생님이 실물 화상기 등으로 보여 주며 분류한 내용을 말해 준다.

5 정리 – 5분

1) 친구들이 분류한 내용과 내가 분류한 내용을 비교해 보게 한다.

유 분류에 대한 학습을 정리하며 익힘책 56쪽의 3번, 4번을 수행하도록 한다. 교재 내용의 복습 활동이므로 경우에 따라 과제로 제시하거나 3차시의 전시 학습 상기 활동으로 활용할 수 있다.

2) 차시 예고를 한다.

함께 해 봐요

1. '모양 찾기' 카드 놀이를 해 봅시다 [부록]

별 모양은
별 모양끼리 모아요.

동그라미 모양은
세모 모양과 같이 묶을 수 없어요.

분류 끝.

2. '모양 찾기' 카드 놀이를 하며 내가 말한 문장을 써 봅시다.

3차시

1 도입 – 5분

1) 칠판에 105쪽의 동물들을 다리의 개수에 따라 나누어 적어 놓고, 분류 내용을 설명해 볼 수 있도록 한다.

- 선 선생님이 동물들을 분류했어요. 무엇에 따라 분류했어요?
- 선 네, 선생님이 다리가 2개인 동물과 다리가 4개인 동물로 나누어 분류해 보았어요. 닭, 오리, 타조는 어떤 동물들인 가요?

2) 오늘 배울 내용을 안내한다.

- 선 오늘은 분류하기를 활용하여 '모양 찾기' 카드놀이를 해 보겠습니다.

2 놀이 설명 – 10분

1) 교실 형태를 모둠으로 구성하고, 106쪽의 그림을 살펴 보도록 한다.

- 선 요우타의 모둠 친구들이 무엇을 하고 있어요?
- 선 요우타의 말풍선을 소리 내어 읽어 볼까요? (같은 방법으로 아비가일과 성우의 말풍선을 소리 내어 읽는다.)

2) 놀이 방법을 설명한다. 익힘책 57쪽의 1번을 수행하며 놀이 방법을 익힐 수 있도록 한다.

- 선 지금 따라 읽은 문장이 게임을 할 때 아주 중요해요. 익힘책 57쪽의 1번을 읽으며 선생님의 설명을 잘 들어 보세요.

'모양 찾기' 카드놀이 설명

1. 모둠 친구들이 모양 카드(○□△☆) 1세트를 준비한다.
2. 각자 다른 모양 카드를 1장씩 갖는다. (4인 기준)
3. 12장의 나머지 카드를 보이지 않게 뒤집어서 펼쳐 놓는다.
4. 가위바위보로 이긴 사람부터 한 사람씩 카드를 골라 뒤집어 본다.
5. 고른 카드가 자신이 갖고 있는 카드의 모양과 같으면 그 위에 쌓으며 "○○모양은 ○○모양끼리 모아요."라고 말한다.
6. 고른 카드가 자신이 갖고 있는 카드의 모양과 다르면 "○○모양은 ○○모양과 같이 묶을 수 없어요."라고 말하며 있던 자리에 뒤집어 놓는다.
7. 4장의 모양 카드를 모두 모아 "분류 끝."이라고 말한 사람이 승리한다.

- 유 106쪽 그림처럼 카드를 한데 모아 뒤집어 놓고 하나씩 꺼내어 할 수도 있고, 나머지 12장의 카드를 설명처럼 펼쳐 놓고 놀이할 수도 있다.
- 유 익힘책 57쪽의 2번 문제를 수행하며 학생들이 놀이 방법을 이해했는지 확인한다.

3 놀이하기(활동하기) – 20분

1) 모둠원들과 '모양 찾기' 카드놀이를 하도록 지도한다.

- 유 놀이를 하며 분류 관련 문장을 큰 소리로 말할 수 있도록 교사가 돌아다니며 지도한다.

2) 일찍 끝난 모둠은 모양 대신 색깔로 바꾸어 놀이하거나 카드 2세트를 준비해 다시 한번 놀이하게 한다.

3) '모양 찾기' 카드놀이를 하며 내가 말한 문장을 써 볼 수 있도록 한다.

4 정리 – 5분

1) 놀이 중 재미있었던 점을 발표하도록 한다.

2) 차시 예고를 한다.

되돌아보기

1. 그림에 어울리는 낱말을 연결하고, 따라 써 봅시다.

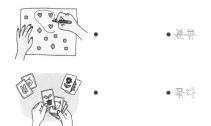

• 분류

• 묶다

2. ◇ 모양의 칸을 색칠해 봅시다. 어떤 낱말이 나타나는지 따라 읽어 봅시다.

3. 다음 과일들을 색깔에 따라 분류해 봅시다.

딸기 바나나 파인애플 토마토 사과

빨간색   노란색

4. 다음 분류한 내용을 보고 친구와 이야기해 봅시다.

동물을 (   )에 따라 분류했어.

토끼는 (   )와 같이 묶을 수 있어.

4차시

1 도입 – 5분

1) 지난 차시 내용을 살펴보도록 한다.

선 '모양 찾기' 카드놀이를 하며 쓴 문장을 다시 한번 읽어 보세요.

2) 단원의 1~2차시의 내용을 다시 살펴보며 배운 낱말을 떠올려보도록 한다.

선 이번 단원에서 우리는 나누고 묶어 보는 '분류하기'를 공부해 보았어요. 배운 낱말에는 무엇이 있었어요?

2 되돌아보기 I – 15분

1) 그림에 어울리는 낱말을 연결하고 따라 써 보도록 한다.

선 1번 그림을 잘 보고 어울리는 낱말을 찾아 연결해 보세요.

선 모두 연결했으면 오른쪽에 흐린 글씨를 따라 써 보세요.

2) 1번의 낱말들을 이용하여 짧은 문장을 만들어 보도록 한다.

선 '분류'와 '묶다'가 들어가는 짧은 문장을 만들어 발표해 볼까요?

3) 2번에 어떤 모양들이 있는지 살펴보고 ◇모양을 찾아 색칠해 보도록 한다.

선 이번 단원에서 우리는 모양에 따라 분류하기를 해 보았어요. 2번 표에는 어떤 모양들이 있어요?

선 표에 있는 여러 가지 모양 중 ◇ 모양을 찾아 모두 색칠해 보세요. 모두 색칠하고 어떤 낱말이 나타나는지 찾은 친구는 빨리 손을 들어 보세요.

유 앞서 배운 분류 활동과 연계하여 흥미를 유발할 수 있는 활동이다. 먼저 찾은 친구에게 교사가 다가가 귓속말로 정답을 확인하여 다른 친구들이 끝까지 할 수 있도록 기회를 제공한다.

3 되돌아보기 II – 5분

1) 3번에 제시된 여러 가지 과일들을 소리 내어 읽어 보도록 한다.

2) 과일들을 색깔에 따라 분류해 보도록 한다.

3) 분류한 내용을 발표해 보도록 한다.

4 되돌아보기 III – 10분

1) 4번의 분류한 내용을 살펴보도록 한다.

선 4번 그림을 살펴보세요. 첫 번째 동그라미에는 어떤 동물들이 있어요? (두 번째와 세 번째 동그라미 속 동물도 확인한다.)

2) 빈칸에 들어갈 말을 써 보고 확인한다.

선 동물을 어떻게 분류했어요?

선 토끼는 어떤 동물과 같이 묶을 수 있어요?

3) 분류 내용을 보고 더 이야기를 나누어 보도록 한다.

선 금붕어는 어떤 동물과 함께 묶여 있어요?

5 정리 – 5분

1) 배운 낱말들을 다시 한번 복습해 보도록 한다.

2) 단원을 공부하며 든 느낌이나 생각을 이야기하며 마무리한다.

9단원 • 하나하나 설명해요

단원의 개관

'하나하나 설명해요' 단원은 초등학교 1학년이나 2학년 학생들이 교과 학습에 바탕이 되는 '관찰하기'를 중심으로 한국어 어휘와 표현을 배울 수 있도록 구성했다. 이를 위해 '순서대로 관찰하고 말하기', '자연을 관찰하고 쓰기'를 단원의 주제로 설정하였고 '개구리 모양으로 종이 접기'를 놀이 활동으로서 제시했다. 단원 주제는 1~2학년군의 국어, 수학, 통합(슬기로운 생활) 교과 학습과 관련된 사고 활동 및 읽거나 쓰는 문식 활동의 주제가 된다. 주제별 학습은 1차시와 2차시에 주로 이루어지며 개념 및 지식을 다루거나 용례를 제시하는 어휘 내용을 포함하고 있다. 이러한 어휘 내용은 '한국어 교육과정'의 1~2학년군 어휘 목록에서 선별된 것이다. 단원마다 주제와 관련된 놀이/협동 학습을 3차시에 제시했으며 4차시는 배운 내용을 복습하는 활동으로 마무리하도록 했다.

이 단원은 생활 한국어 능력 중급(3급)의 학습자가 선택할 수 있는 활동과 어휘 내용으로 구성되었다. 따라서 〈의사소통 한국어〉 교재 4권 1단원('우산을 가지고 다니도록 해요') 필수 차시를 모두 배운 학생을 대상으로 하는 선택 차시로 운영될 수 있다. 학습자의 숙달도에 맞는 어휘 및 쓰기 연습 활동은 익힘책 활동을 병행하여 수행할 수 있도록 했다.

단원의 목표와 내용

1) 단원의 목표

◆ 일을 순서대로 관찰하고 말할 수 있다.
◆ 자연 대상을 관찰하고 글로 쓸 수 있다.

2) 단원의 주요 내용

주제	1. 순서대로 관찰하고 말하기 2. 자연을 관찰하고 쓰기		
	교재 활동	**어휘 내용**	**교수 · 학습 특성**
학습 도구 어휘	🦉 부엉이 선생님	관찰	개념 이해 (교과 연계 및 익힘책 활용)
	💬 어려운 말이 있어요? 확인해 봐요.	순서, 꾸미다, 설명	용례 학습 어휘 연습 (익힘책 활용)
	선택 어휘 (파란색 표시)	과정	어휘 연습 (익힘책 활용)

● 차시 전개 과정

1) 차시의 흐름

차시	주제	학습 내용	교재 쪽수	익힘책 쪽수
1	순서대로 관찰하고 말하기	1. 페트병으로 곡식 악기를 만들고 있습니다. 그림을 순서대로 자세히 살펴봅시다. 2. 1번의 빈칸에 그림 ①~③과 어울리는 붙임 딱지를 붙여 봅시다. 3. 친구에게 페트병 곡식 악기 만드는 방법을 순서대로 말해 봅시다.	112~113	58~59
2	자연을 관찰하고 쓰기	1. 눈의 모양을 관찰하는 모습을 살펴봅시다. 2. 빈센트가 관찰한 눈 모양을 그림으로 그리고 설명해 봅시다. 3. 올챙이가 개구리로 되는 과정입니다. 자세히 관찰해 봅시다. 4. 왼쪽 그림에서 올챙이가 개구리로 되는 과정을 관찰하고 글로 써 봅시다. 5. '올챙이와 개구리' 노래를 듣고 따라 불러 봅시다.	114~117	60~62
3	놀이/협동 학습	1. 아래 그림의 순서에 따라 색종이로 개구리를 접어 봅시다. 2. 개구리를 접는 과정을 친구에게 말해 봅시다.	118~119	63
4	정리 학습	1. ( ) 안에 들어갈 알맞은 낱말을 찾아 연결해 봅시다. 2. 다음 그림은 과일 화채를 만드는 순서입니다. 〈보기〉에서 그림에 알맞은 설명을 찾아 빈칸에 써 넣어 봅시다.	120~121	

2) 차시별 교수 · 학습 활동

◆ 1차시 및 2차시: 단원의 주제에 맞는 읽기(특히 소리 내어 읽기)나 쓰기 활동을 제시했다. 또한 생각을 주고받는 말하기나 발표하기 등의 수업 활동을 경험할 수 있도록 과제를 제시했다. 익힘책 활동이 연계된다.

◆ 3차시: 단원의 주제와 관련된 놀이나 협동 활동을 제시했다. 놀이나 협동 과정에서 사용한 어휘, 문장을 활용하는 쓰기와 말하기 활동이 함께 제시되었다. 익힘책 활동이 연계된다.

◆ 4차시: 단원의 어휘 및 주제별 학습 내용을 정리, 복습하는 활동을 제시했다. 복습 활동 위주의 차시로서 익힘책 활동은 따로 연계되지 않는다.

● 단원 지도상의 유의점

◆ 학습에 필요한 어휘 학습과 문식력 강화 활동이 이루어지도록 운영한다.

◆ 곡식 악기라는 흥미로운 주제를 가지고 순서를 관찰할 수 있도록 한다.

◆ 실제 자연을 관찰하는 활동을 간접적인 방법이나마 관찰로서 경험할 수 있도록 한다.

◆ '개구리 모양 종이접기'는 종이 접는 순서를 관찰하여 실제 만들어 봄으로써 관찰을 통해 실제적인 활동을 체험할 수 있도록 한다.

◆ 학습 도구 어휘의 경우 추상성이 강하므로 명시적으로 설명하기보다는 활동 과정에서 경험을 통해 익힐 수 있도록 한다.

주제
순서대로 관찰하고 말하기

주요 활동
1. 페트병으로 곡식 악기를 만들고 있습니다. 그림을 순서대로 자세히 살펴봅시다.
2. 1번의 빈칸에 그림 ①~③과 어울리는 붙임 딱지를 붙여 봅시다.
3. 친구에게 페트병 곡식 악기 만드는 방법을 순서대로 말해 봅시다.

학습 도구 어휘
순서, 꾸미다, 관찰

1 도입 – 5분

1) 단원 도입 모듈에 제시된 〈의사소통 한국어〉 연계 단원 이름을 본다. 〈의사소통 한국어〉 교재에서 배웠던 내용을 간략히 정리해 주거나, 〈의사소통 한국어〉 주제를 활용하여 생활 한국어 이해 수준을 간략히 확인한다.
   - 🔵 여러분, 여기 예쁜 집이 있어요.
     여러분이 배워야 할 한국어들이 잘 모이면 이렇게 예쁜 집이 돼요.
   - 🟠 도입 모듈에 대한 설명이나 활동은 최대한 간략하게 하며, 경우에 따라 생략할 수 있다.

2) 단원 도입 그림을 보면서 단원의 주제와 학습 목표, 대략적인 단원 학습 내용을 살펴본다.
   - 🔵 무슨 그림이에요?
   - 🔵 무슨 말을 하고 있어요?
   - 🔵 무엇을 배울 것 같아요?

3) 단원 학습 목표를 소개하고, 주요한 활동들을 간략히 소개한다.
   - 🔵 이번 단원에서는 순서대로 관찰하고 말하기와 자연을 관찰하고 글 쓰기를 할 거예요.
   - 🔵 곡식 악기 만드는 순서를 살펴보고 눈 결정도 관찰해 봅시다.
   - 🟠 도입 단계에서 학습자들의 수준을 판별하여 차시 활동이나 추후 익힘책 활동 등을 선택적으로 운영할 수 있도록 한다.

2 주요 활동 I – 7분

1) 1차시의 첫 번째 활동에 대하여 안내한다.
   - 🔵 1번 문제의 그림을 살펴보세요. 무슨 그림입니까?
   - 🔵 문제를 읽어 보세요.

2) 본문에 제시된 주요한 활동을 수행하게 한다.
   - 🔵 네 번째 그림 옆에는 무엇이라고 적혀 있어요?
   - 🔵 빈칸에 들어갈 말을 생각해서 말해 보세요.

3) 제시된 어휘들 중 빨간색으로 표시된 어휘를 먼저 확인한다.

🔵 **순서대로 관찰하고 말하기**

1. 페트병으로 곡식 악기를 만들고 있습니다. 그림을 순서대로 자세히 살펴봅시다.

① [붙임 딱지]

② [붙임 딱지]

③ [붙임 딱지]

④ **여러 가지 재료로 페트병 꾸미기**

112 • 학습 도구 한국어 1~2학년

112

어휘 지식

순서 [순:서]	무슨 일을 행하거나 무슨 일이 이루어지는 차례. 예 회의 순서에 따라 회의를 진행했다. 순서를 지켜서 줄을 섰다.
꾸미다	모양이 나게 매만져 차리거나 손질하다. 예 교실을 예쁘게 꾸몄다. 반짝이로 꾸미는 그림을 그렸다.

🟠 익힘책 58쪽의 1번, 2번을 쓰게 한다. 경우에 따라 과제로 부여할 수 있다. 1번의 듣고 쓰는 낱말은 교사가 읽어 주거나 짝 활동 등을 통해 서로 읽어 줄 수 있도록 한다.

3 주요 활동 II – 10분

1) 1번 문제의 그림에 맞는 붙임 딱지 붙이기 활동에 대해 안내한다.
   - 🔵 2번 문제를 읽어 보세요.
   - 🔵 1번 문제의 빈칸에 알맞은 답을 붙임 딱지로 붙여 보세요.

2) 교사가 교재의 내용을 읽어 주고, 이해를 확인한다.
   - 🔵 붙임 딱지의 내용을 읽어 보세요.
   - 🔵 알맞은 붙임 딱지를 찾아서 붙여 보세요.

2. 1번의 빈칸에 그림 ①~③과 어울리는 붙임 딱지를 붙여 봅시다.

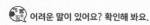

3. 친구에게 페트병 곡식 악기 만드는 방법을 순서대로 말해 봅시다.

🗣️ 어려운 말이 있어요? 확인해 봐요.

순서

이렇게 사용해요   발표하는 순서는 번호 순서와 같아요.
손 씻는 순서를 지켜 손을 씻었습니다.

꾸미기(꾸미다)

이렇게 사용해요   색종이로 인형을 예쁘게 꾸며 보세요.
색연필과 사인펜으로 상자 꾸미기를 해 보세요.

관찰

관찰은 물건이나 어떤 일을 자세히 살펴보는 거예요. 어항의 물고기를 관찰할 수도 있고, 하늘의 구름을 관찰할 수도 있어요. 그리고 친구가 공부하는 모습을 관찰할 수도 있어요. 관찰을 잘하려면 관찰하는 대상을 자세히 살펴봐야 해요.

9. 하나하나 설명해요 • 113

113

---

3) 본문에 제시된 주요한 활동을 수행하게 한다.

- 🔵 그림에 맞게 붙인 붙임 딱지를 읽어 보세요.
- 🔵 ①~④번 그림과 붙임 딱지 내용이 맞는지 확인해 보세요.

④ 주요 활동 Ⅲ – 13분

1) 곡식 악기 만드는 순서 말하기 활동에 대해 안내한다.

- 🔵 앞에서 살펴본 곡식 악기 만드는 순서를 말로 표현해 보세요.
- 🔵 곡식 악기 만드는 순서를 발표해 보세요.

2) 교사가 교재의 내용을 읽어 주고, 이해를 확인한다.

- 🔵 붙임 딱지의 내용을 읽어 보세요.
- 🔵 알맞은 붙임 딱지를 찾아서 붙여 보세요.

3) '부엉이 선생님' 활동을 수행한다.

- 🔵 '부엉이 선생님'을 보세요.
- 🟠 '부엉이 선생님' 내용을 충분히 설명한 후에 익힘책 59쪽의 3번, 4번을 수행하도록 한다. 과제로 부여할 수 있다.

---

⑤ 정리 – 5분

1) 이번 시간에 배운 것을 정리한다.

- 🔵 이번 시간에는 곡식 악기 만드는 순서를 관찰하고 그 순서를 발표해 보았어요.

2) 다음 차시를 안내한다.

- 🔵 다음 시간에는 자연을 관찰하는 활동을 해 볼 거예요.

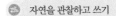

자연을 관찰하고 쓰기

1. 눈의 모양을 관찰하는 모습을 살펴봅시다.

별 모양도 있고 뾰족뾰족한 모양도 있어. 와, 신기해!

눈을 돋보기로 보면 눈의 결정이 보여요.

1) 아이들이 보고 있는 것이 무엇인지 말해 보세요.

2) 밑줄 그은 부분을 소리 내어 읽어 보세요.

2. 빈센트가 관찰한 눈 모양을 그림으로 그리고 설명해 봅시다.

어려운 말이 있어요? 확인해 봐요.

설명

이렇게 사용해요 공부한 것을 자세히 설명해요.
친구에게 공기놀이 방법을 설명해 주었어요.

2차시

주제
자연을 관찰하고 쓰기

주요 활동
1. 눈의 모양을 관찰하는 모습을 살펴봅시다.
2. 빈센트가 관찰한 눈 모양을 그림으로 그리고 설명해 봅시다.
3. 올챙이가 개구리로 되는 과정입니다. 자세히 관찰해 봅시다.
4. 왼쪽 그림에서 올챙이가 개구리로 되는 과정을 관찰하고 글로 써 봅시다.
5. '올챙이와 개구리' 노래를 듣고 따라 불러 봅시다.

학습 도구 어휘
과정, 설명

1 도입 – 5분

1) 1차시와 달라지는 2차시 활동이나 내용에 대하여 간략히 안내한다.

🔵 이번 시간에는 눈 결정의 모양과 올챙이가 개구리로 되는 과정을 관찰할 거예요. 그리고 관찰한 것을 쓰는 활동을 해 볼 거예요.

2) 1차시 내용에 대한 이해 정도를 확인하며 2차시 내용에 대하여 안내한다.

🔵 지난 시간에는 곡식 악기 만드는 활동을 관찰하고 그 순서를 알아봤어요.

🔵 이번 시간에는 실제 자연을 관찰하고 이에 대해 써 보기로 할 거예요.

2 주요 활동 I – 5분

1) 2차시의 첫 번째 활동에 대하여 안내한다.

🔵 무슨 그림입니까?

🔵 선생님과 학생들이 눈 결정을 관찰하고 있는 모습을 살펴보세요.

2) 교사가 교재의 내용을 읽어 주고, 이해를 확인한다.

🔵 1번 문제를 읽어 보세요.

🔵 자르갈(여학생)과 선생님의 말을 읽어 보세요.

3) 제시된 어휘들 중 빨간색으로 표시된 어휘를 먼저 확인한다.

어휘 지식

설명	어떤 일이나 대상의 내용을 상대편이 잘 알 수 있도록 밝혀 말함. 또는 그런 말. 예 그림을 그리는 방법에 대한 설명을 들었다. 친구의 설명 덕분에 문제를 쉽게 풀었다.

🟢 익힘책 60쪽의 1번, 2번을 쓰게 한다. 경우에 따라 과제로 부여할 수 있다.

4) 익힘책 64쪽의 5번, 6번을 쓰게 한다.

3 주요 활동 II – 5분

1) 그림을 자세히 살펴보고 눈 모양을 그린다.

🔵 빈센트가 관찰하고 있는 눈 모양을 빈칸에 그려 보세요.

2) 그림으로 그린 눈 모양을 설명하게 한다.

🔵 눈 모양을 말로 설명해 보세요.

🔵 순서대로 눈 모양에 대한 설명을 발표해 보세요.

3. 올챙이가 개구리로 되는 과정입니다. 자세히 관찰해 봅시다.

 ❶
올챙이입니다. 머리가 있고 꼬리가
깁니다.

 ❷
뒷다리가 나왔습니다. 꼬리 부분이
조금 짧아졌습니다.

 ❸
앞다리도 나왔습니다. 꼬리 부분이
더 짧아졌습니다.

 ❹
개구리가 되었습니다. 뒷다리가
튼튼해지고 앞다리도 길어졌습니다.
눈이 크고 뛰어 나와 있습니다.

4. 왼쪽 그림에서 올챙이가 개구리로 되는 과정을 관찰하고 글로 써
봅시다.

먼저 ①번 그림을 보면 올챙이가 있습니다. 올챙이는 머리가
있고 꼬리가 깁니다. 다음으로 ②번 그림을 보면

_____

_____

_____

_____

5. '올챙이와 개구리' 노래를 듣고 따라 불러 봅시다.

개울가에 올챙이 한 마리 꼬물꼬물 헤엄치다
뒷다리가 쑥 앞다리가 쑥 팔딱팔딱 개구리 됐네.

꼬물꼬물 꼬물꼬물 꼬물꼬물 올챙이가
뒷다리가 쑥 앞다리가 쑥 팔딱팔딱 개구리 됐네.

– 윤현진 작사/작곡

4 주요 활동 Ⅲ – 5분

1) 2차시의 두 번째 활동에 대하여 안내한다.

　🔵 무슨 그림입니까?

　🔵 올챙이가 개구리로 되는 과정을 관찰해 보세요.

2) 제시된 어휘들 중 파란색으로 표시된 어휘를 먼저 확인한다.

어휘 지식	
과정	일이 되어 가는 경로. 🔵 결과만큼 과정도 중요하다. 놀이를 통해 공부하는 과정은 즐겁다.

　🔵 파란색으로 표시된 어휘는 모든 경우에 따로 배우기보다는 경우에 따라 선택하여 배우도록 한다. 먼저 학습자들에게 파란색 표시 어휘에 집중하도록 유도하고 이해를 확인한 후 익힘책 61쪽의 3번, 4번을 쓰게 한다. 익힘책 활동은 과제로 부여할 수 있다.

　🔵 학습 도구 어휘들 중에는 '활동', '이용' 등과 같이 '활동하다', '이용하다'의 파생어 형태로도 많이 사용되는 어휘들이 있다. 이 경우 "활동, 이 말은 '활동하다'로도 많이 사용돼요.", "이용하다, 이렇게 사용하는 것을 더 많이 들어 봤지요?", "이용하다, 이렇게 사용할 때가 더 많아요." 등과 같이 사용의 방법으로 설명을 더해 줄 필요가 있다.

3) 교사가 교재의 내용을 읽어 주고, 이해를 확인한다.

　🔵 올챙이가 개구리로 되는 과정에 대한 설명을 순서대로 (따라) 읽어 보세요.

5 주요 활동 Ⅳ – 10분

1) 올챙이가 개구리로 되는 과정을 글로 써 보게 한다.

　🔵 빈칸에 올챙이가 개구리로 되는 과정을 글로 써 보세요.

　🔵 3번 문제의 그림 옆의 글을 따라 쓰더라도 관찰하는 과정을 글로 써 보도록 안내한다. 관찰한 것을 글로 표현하는 것이 어려울 수 있기 때문에 관찰 내용을 그림 옆에 제시했다.

6 주요 활동 Ⅴ – 5분

1) '올챙이와 개구리' 노래를 배우고 불러 보게 한다.

　🔵 '올챙이와 개구리' 노래를 들어 보세요.

　🔵 '올챙이와 개구리' 노래를 다 같이 불러 보세요.

7 정리 – 5분

1) 이번 시간에 배운 것을 정리한다.

　🔵 이번 시간에는 눈 결정과 올챙이가 개구리가 되는 과정을 관찰해 보았어요.

2) 다음 차시를 안내한다.

　🔵 다음 시간에는 종이접기 활동을 해 볼 거예요.

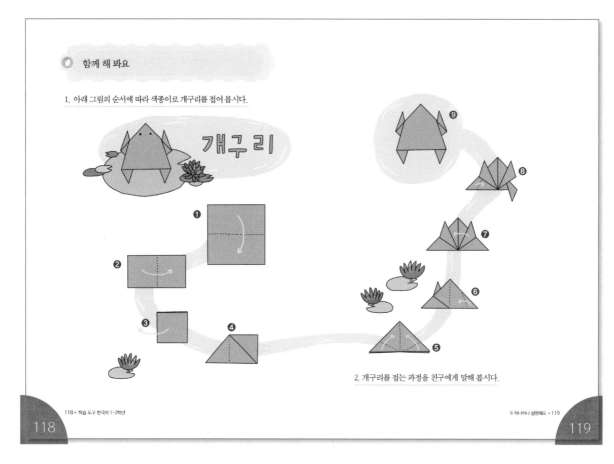

함께 해 봐요

1. 아래 그림의 순서에 따라 색종이로 개구리를 접어 봅시다.

개구리

2. 개구리를 접는 과정을 친구에게 말해 봅시다.

3차시

1 도입 - 5분

1) 이번 시간에 할 활동을 그림을 미리 보고 생각해 보게 한다.

선 이번 시간에는 무엇을 할까요?

2) 이번 시간 활동을 안내한다.

선 이번 시간에는 색종이로 개구리 모양을 접어 볼 거예요.

2 놀이 설명 - 5분

1) 활동 방법을 확인한다.

선 그림의 순서에 따라 개구리를 접어 볼 거예요.

선 혼자서도 접어 보고 짝과 함께 접어 보기도 할 거예요.

3 놀이하기(활동하기) - 25분

1) 종이접기 시범을 보여 준다.

선 그림 순서에 따라 선생님이 색종이로 개구리를 먼저 접어 볼 거예요. 잘 보세요.

2) 학생들이 개구리를 색종이로 접어 보게 한다.

선 나눠 준 색종이로 개구리를 접어 보세요.

유 ①번부터 ④번까지의 개구리 접기 과정 그림이 익힘책 63쪽 1번, 2번에 자세히 나와 있다. 학생들의 이해를 돕기 위해 익힘책 63쪽을 이용할 수 있다.

3) 개구리를 접는 순서를 짝에게 말로 설명하며 접어 보게 한다.

선 개구리를 접으며 짝에게 말로 설명해 보세요.

유 학생들은 개구리 모양 접기를 단순히 접는 활동 자체만 하게 될 경향이 크다. 그렇지만 언어 학습이 필요하기 때문에 말로 설명하는 활동을 안내하도록 한다. 색종이를 접는 전 단계를 모두 말로 설명할 필요는 없기 때문에 몇 단계만이라도 말로 설명해 볼 수 있도록 유도한다. 색종이를 접고도 시간이 남을 경우 색종이로 접은 개구리로 개구리 멀리 뛰기 경기도 해 볼 수 있다. 접은 개구리 꽁지 부분을 엄지로 눌렀다가 튕기듯이 떼면 개구리가 앞으로 나간다.

유 정리 활동으로서 익힘책 63쪽의 1번, 2번 활동을 이어서 수행하도록 하거나 과제로 부여할 수 있다.

4 정리 - 5분

1) 색종이로 접은 개구리를 학급에 전시하게 한다.

선 개구리를 교실 뒤(앞)에 전시해 보세요.

2) 색종이로 개구리 접기를 하며 재미있었던 점을 발표하게 한다.

선 개구리를 접으며 재미있었던 점을 발표해 보세요.

되돌아보기

1. ( ) 안에 들어갈 알맞은 낱말을 찾아 연결해 봅시다.

선생님께서 수학 문제를
자세히 ( )해 주셨어요.   ●   ●   곡식

쌀, 팥, 콩 같은 것을 페트병에
넣어 ( ) 악기를 만들었어요.   ●   ●   관찰했어요

동화책의 번호를 보고
( )에 맞게 정리했다.   ●   ●   설명

미술 시간에 카드에 색종이를
붙여 ( )를 했어요.   ●   ●   순서

화분에서 기어 다니는 개미를
자세히 ( ).   ●   ●   꾸미기

2. 다음 그림은 과일 화채를 만드는 순서입니다. 보기 에서 그림에 알맞은 설명을 찾아 빈칸에 써 넣어 봅시다.

> **보기**
> * 과일이 담긴 그릇에 음료수 붓기
> * 여러 가지 과일을 먹기 좋게 자르기
> * 자른 과일을 큰 그릇에 담기

❶

❷

❸

120 • 학습 도구 한국어 1~2학년

9. 하나하나 설명해요 • 121

4차시

1 도입 – 5분

1) 되돌아보기 차시의 성격을 설명한다.

  선 되돌아보기는 이번 단원에서 배운 것을 다시 확인해 보는 활동이에요.

2) 3차시까지 배운 내용을 확인한다.

  선 이번 단원에서 우리는 여러 가지 관찰을 해 보았어요.

2 되돌아보기 I – 15분

1) 각 낱말들과 그에 맞는 설명을 이어 보는 활동을 설명한다.

  선 여기 있는 낱말들에 맞는 설명을 찾아 줄로 이어 보세요.

2) 한 문제 정도는 함께 풀거나 교사가 답을 찾는 과정을 보여 준 후 활동을 수행하게 한다.

  선 선생님이 어떻게 하는지 보여 줄게요.

3 되돌아보기 II – 15분

1) 과일 화채 만드는 방법을 그림으로 보고 〈보기〉에서 그림에 맞는 내용을 찾게 한다.

  선 그림을 잘 살펴보세요. 무엇을 만들지요?

  선 과일 화채 만드는 순서를 잘 생각해 보세요.

2) 과일 화채 만드는 방법을 말로 설명해 본다.

  선 보기에서 그림에 맞게 찾아 쓴 과일 화채 만드는 방법을 말로 설명해 보세요.

4 정리 – 5분

1) 단원을 공부하며 든 생각이나 느낌을 이야기하도록 한다.

  선 이번 단원을 공부하며 알게 된 점이나 느낀 점을 발표해 보세요.

2) 단원에서 공부한 것을 교사가 간단히 정리한다.

  선 이번 단원에서는 곡식 악기 만드는 순서를 살펴보았고 눈 결정과 올챙이가 개구리로 되는 과정도 살펴보았어요.

9단원 하나하나 설명해요 • 91

10단원 • 다음에는 무슨 일이

● 단원의 개관

　'다음에는 무슨 일이' 단원은 초등학교 1학년이나 2학년 학생들이 교과 학습에 바탕이 되는 '추론하기'를 중심으로 한국어 어휘와 표현을 배울 수 있도록 구성했다. 이를 위해 '일의 차례 생각하기', '숨은 내용 찾아보기'를 단원의 주제로 설정했고 '열 고개' 놀이를 놀이 활동으로서 제시했다. 단원 주제는 1~2학년군의 국어, 수학, 통합(슬기로운 생활) 교과의 교과 학습과 관련된 사고 활동 및 읽거나 쓰는 문식 활동의 주제가 된다. 주제별 학습은 1차시와 2차시에 주로 이루어지며 개념 및 지식을 다루거나 용례를 제시하는 어휘 내용을 포함하고 있다. 이러한 어휘 내용은 '한국어 교육과정'의 1~2학년군 어휘 목록에서 선별된 것이다. 단원마다 주제와 관련된 놀이/협동 학습을 3차시에 제시했으며 4차시는 배운 내용을 복습하는 활동으로 마무리하도록 했다.

　이 단원은 생활 한국어 능력 중급(3급)의 학습자가 선택할 수 있는 활동과 어휘 내용으로 구성되었다. 따라서 〈의사소통 한국어〉 교재 4권 2단원('열심히 달렸더니 다리가 아파요.') 필수 차시를 모두 배운 학생을 대상으로 하는 선택 차시로 운영될 수 있다. 학습자의 숙달도에 맞는 어휘 및 쓰기 연습 활동은 익힘책 활동을 병행하여 수행할 수 있도록 했다.

● 단원의 목표와 내용

1) 단원의 목표
◆ 일의 차례를 생각하고 그 순서를 바르게 할 수 있다.
◆ 숨은 내용을 추측하고 그 내용을 말이나 글로 표현할 수 있다.

2) 단원의 주요 내용

주제	1. 일의 차례 생각하기 2. 숨은 내용 찾아보기		
	교재 활동	어휘 내용	교수·학습 특성
학습 도구 어휘	🖊 꼬마 수업	이야기	개념 이해 (교과 연계 및 익힘책 활용)
	💬 어려운 말이 있어요? 확인해 봐요.	차례, 바르다	용례 학습 어휘 연습 (익힘책 활용)
	선택 어휘 (파란색 표시)	나타내다, 부분	어휘 연습 (익힘책 활용)

● 차시 전개 과정

1) 차시의 흐름

차시	주제	학습 내용	교재 쪽수	익힘책 쪽수
1	일의 차례 생각하기	1. 그림의 내용을 살펴봅시다. 2. 그림 ①~그림 ④는 무엇을 나타내는지 말해 봅시다. 3. 그림 ①~그림 ④의 차례를 바르게 하여 붙임 딱지를 붙여 봅시다. 4. 붙임 딱지 그림을 차례에 맞게 말로 설명해 봅시다.	124~125	64~65
2	숨은 내용 찾아보기	1. 이야기를 듣고 물음에 답해 봅시다. 2. 이야기가 적힌 종이의 한 부분이 찢어졌습니다. 찢어진 부분에 어떤 내용이 있었을지 생각해 봅시다.	126~129	66~68
3	놀이/협동 학습	1. '열 고개' 놀이를 해 봅시다. 2. 나는 어떤 질문들을 했는지 써 봅시다.	130~131	69
4	정리 학습	1. 〈보기〉의 낱말을 소리 내어 읽어 봅시다. 2. 일의 차례를 생각하며 그림의 번호를 써 넣어 봅시다.	132~133	

2) 차시별 교수·학습 활동

◆ 1차시 및 2차시: 단원의 주제에 맞는 읽기(특히 소리 내어 읽기)나 쓰기 활동을 제시했다. 또한 생각을 주고받는 말하기나 발표하기 등의 수업 활동을 경험할 수 있도록 과제를 제시했다. 익힘책 활동이 연계된다.

◆ 3차시: 단원의 주제와 관련된 놀이나 협동 활동을 제시했다. 놀이나 협동 과정에서 사용한 어휘, 문장을 활용하는 쓰기와 말하기 활동이 함께 제시되었다. 익힘책 활동이 연계된다.

◆ 4차시: 단원의 어휘 및 주제별 학습 내용을 정리, 복습하는 활동을 제시했다. 복습 활동 위주의 차시로서 익힘책 활동은 따로 연계되지 않는다.

● 단원 지도상의 유의점

◆ 학습에 필요한 어휘 학습과 문식력 강화 활동이 이루어지도록 운영한다.

◆ 순서가 뒤바뀐 그림을 살펴보고 순서에 맞도록 배치하는 활동을 한다. 붙임 딱지를 이용하여 저학년 학생들에게 학습 부담을 덜도록 구성하였으나 어려워하는 학생을 위해서 교사는 한두 개의 답을 제시하고 답을 맞히게 할 수 있다.

◆ 전래 동화를 제재로 사용하여 저학년 학생들에게 흥미를 유발하도록 구성했다. 다문화 가정 학생에게는 전래 동화라는 제재가 다소 생소할 수 있다. 교재에 제시된 듣기(녹음) 자료나 글의 내용이 어려울 경우 교사는 해당 전래 동화를 여러 번 들려주며 부가적인 설명을 하거나 더 상세한 이야기로 된 비슷한 내용의 전래 동화를 활용할 수 있다.

◆ '열 고개' 놀이(스무 고개 놀이를 축소)에서 맞히는 활동을 통해 추측과 추론을 해 보는 경험을 할 수 있다.

◆ 학습 도구 어휘는 추상성이 강하므로 명시적으로 설명하기보다는 활동 과정에서 경험을 통해 익힐 수 있도록 한다.

1차시

주제
일의 차례 생각하기

주요 활동
1. 그림의 내용을 살펴봅시다.
2. 그림 ①~그림 ④는 무엇을 나타내는지 말해 봅시다.
3. 그림 ①~그림 ④의 차례를 바르게 하여 붙임 딱지를 붙여 봅시다.
4. 붙임 딱지 그림을 차례에 맞게 말로 설명해 봅시다.

학습 도구 어휘
나타내다, 차례, 바르다

① 도입 - 5분

1) 단원 도입 모듈에 제시된 〈의사소통 한국어〉 연계 단원 이름을 본다. 〈의사소통 한국어〉 교재에서 배웠던 내용을 간략히 정리해 주거나, 〈의사소통 한국어〉 주제를 활용하여 생활 한국어 이해 수준을 간략히 확인한다.

- 🔵 여러분, 그림의 집 옆에 무엇이 적혀 있어요? 다 같이 읽어 보세요.
- 🔵 여러분은 한국의 전래 동화를 들어 본 적이 있어요?
- 🟢 도입 모듈에 대한 설명이나 활동은 최대한 간략하게 하며, 경우에 따라 생략할 수 있다.

2) 단원 도입 그림을 보면서 단원의 주제와 학습 목표, 대략적인 단원 학습 내용을 살펴본다.

- 🔵 무슨 그림이에요?
- 🔵 물놀이를 하기 전에 준비 운동을 하지 않으면 어떤 일이 생길 수 있을까요?
- 🔵 이번 단원에서는 무엇을 배울 것 같아요?

3) 단원 학습 목표를 소개하고, 주요한 활동들을 간략히 소개한다.

- 🔵 이번 단원에서는 먼저 일의 차례에 대해 생각해 볼 거예요. 그리고 전래 동화를 듣고 그림에서 숨겨진 부분의 내용을 생각해 보고 전래 동화를 읽어 보기도 하면서 글에서 안 보이는 부분의 내용도 생각해 볼 거예요.
- 🟢 도입 단계에서 학습자들의 수준을 판별하여 차시 활동이나 추후 익힘책 활동 등을 선택적으로 운영할 수 있도록 한다.

② 주요 활동 I - 3분

1) 그림의 내용 살펴보기 활동에 대하여 안내한다.

- 🔵 다음 네 개의 그림을 보세요.
- 🔵 각 그림을 보고 그 내용에 대해 알아볼 거예요.

③ 주요 활동 II - 7분

1) 그림의 내용을 하나하나 살펴보는 활동을 수행하게 한다.

- 🔵 ①(②, ③, ④)번 그림은 무슨 그림이에요?
- 🔵 그림의 내용을 발표해 보세요.

⚫ 일의 차례 생각하기

1. 그림의 내용을 살펴봅시다.

2. 그림 ① ~ 그림 ④는 무엇을 나타내는지 말해 봅시다.

2) 지시문에 제시된 어휘들 중 파란색으로 표시된 어휘를 확인한다.

- 🔵 문제 2번을 다시 읽어 보세요.
- 🔵 '나타내는지'에 대해 살펴볼까요?

어휘 지식	
나타내다	생각이나 느낌을 글, 그림, 음악 따위로 드러내다. 예 그림으로 내 마음을 나타내었다. 글에 나타난 인물의 성격을 알아보았다.

- 🟢 파란색으로 표시된 어휘는 모든 경우에 따로 배우기보다는 경우에 따라 선택하여 배우도록 한다. 먼저 학습자들에게 파란색 표시 어휘에 집중하도록 유도하고 이해를 확인한 후 익힘책 66쪽의 5번, 6번을 쓰게 한다. 익힘책 활동은 과제로 부여할 수 있다.

- 🟢 학습 도구 어휘들 중에는 '활동', '이용' 등과 같이 '활동하다', '이용하다'의 파생어 형태로도 많이 사용되는 어휘들이 있다. 이 경우 "활동, 이 말은 '활동하다'로도 많이 사용돼요.", "이용하다, 이렇게 사용하는 것을 더 많이 들어 봤지요?", "이용하다, 이렇게 사용할 때가 더 많아요." 등과 같이 사용의 방법으로 설명을 더해 줄 필요가 있다.

3. 그림 ①~그림 ④의 차례를 바르게 하여 붙임 딱지를 붙여 봅시다.

[붙임 딱지]

[붙임 딱지] ➡ [붙임 딱지] ➡ [붙임 딱지] ➡ [붙임 딱지]

4. 붙임 딱지 그림을 차례에 맞게 말로 설명해 봅시다.

_____

_____

_____

어려운 말이 있어요? 확인해 봐요.

차례

| 이렇게 사용해요 | 키 순서에 따라 차례를 정했어요.
차례를 맞추어서 그림을 늘어놓아 보세요. |

바르게(바르다)

| 이렇게 사용해요 | 줄을 바르게 그어 봅시다.
바른 자세로 앉아서 책을 읽어 봅시다. |

어휘 지식

| 차례 | 순서 있게 구분하여 벌여 나가는 관계. 또는 그 구분에 따라 각각에게 돌아오는 기회.
⑩ 제가 할 차례입니다.
　차례를 지켜서 차를 탔다. |
| 바르다 | 겉으로 보기에 비뚤어지거나 굽은 데가 없다.
⑩ 선을 바르게 그어 보세요.
　의자에 바르게 앉습니다. |

🔆 익힘책 64쪽의 1번, 2번과 65쪽의 3번을 쓰게 한다. 경우에 따라 과제로 부여할 수 있다.

3) 익힘책 65쪽의 4번을 쓰게 한다.

❻ 정리 – 5분

1) 이번 시간에 배운 것을 정리한다.

　❸ 이번 시간에는 그림을 보고 그 순서를 바르게 만들어 보았어요.

2) 다음 차시를 안내한다.

　❸ 다음 시간에는 전래 동화를 들어 보기도 하고 읽어 보기도 하며 숨겨진 내용을 생각해 볼 거예요.

❹ 주요 활동 Ⅲ – 5분

1) 그림을 순서에 맞게 늘어놓는 활동에 대해 안내하고 붙임 딱지를 붙이는 활동을 수행하게 한다.

　❸ 그림을 순서에 맞게 늘어놓아 볼 거예요.

　❸ 부록의 붙임 딱지를 떼어서 순서에 맞게 빈칸에 붙여 보세요.

❺ 주요 활동 Ⅳ – 15분

1) 그림에 나타난 일의 순서에 맞게 설명하는 활동을 수행한다.

　❸ 늘어놓은 그림의 순서를 생각하며 말로 설명해 보세요.

2) 지시문에 제시된 어휘들 중 빨간색으로 표시된 어휘를 확인한다.

　❸ 문제 3번을 다시 읽어 보세요.

　❸ '차례'와 '바르게'에 대해 살펴볼까요?

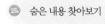 숨은 내용 찾아보기

1. 이야기를 듣고 물음에 답해 봅시다. 🔊 3

❶
❷
❸
❹

1) 그림 ① ~ 그림 ④의 내용을 말해 보세요.

2) 그림 ④의 아기는 누구일까요?

3) 찢어진 부분의 그림에는 어떤 내용이 있었을지 말해 보세요.

찢어진 부분에는 _____

_____

_____

_____ 내용이 있었을 것 같습니다.

> ✏️ 꼬마 수업   이야기
>
> 이야기는 어떤 사실, 일, 겪은 것, 생각한 것 같은 것에 대해 누군가에게 해 주는 말이나 글을 말해요. 재미있는 이야기, 무서운 이야기, 전래 동화 같은 것들이 있어요.

2차시

주제
숨은 내용 찾아보기
주요 활동
1. 이야기를 듣고 물음에 답해 봅시다.
2. 이야기가 적힌 종이의 한 부분이 찢어졌습니다. 찢어진 부분에 어떤 내용이 있었을지 생각해 봅시다.
학습 도구 어휘
부분, 이야기

1 도입 - 5분

1) 1차시와 달라지는 2차시 활동이나 내용에 대하여 간략히 안내한다.

🟢 이번 시간에는 재미있는 이야기를 들어 볼 거예요.

2) 1차시 내용에 대한 이해 정도를 확인하며 2차시 내용에 대하여 안내한다.

🟢 지난 시간에는 일의 차례를 알아보았어요. 이야기를 듣기도 하고 읽기도 하면서 이야기에서 빠져 있는 부분에 대해 생각해 보기로 해요.

2 주요 활동 I - 15분

1) 이야기를 듣기 전에 이야기의 내용을 추측할 수 있는 그림을 살펴보게 한다.

🟢 무슨 그림이에요?

🟢 어떤 이야기를 듣게 될까요?

2) 이야기를 듣고 숨겨진 부분의 내용을 추론하는 활동에 대해 안내한다.

🟢 먼저 이야기를 잘 들어 보세요.

🟢 잘 들었지요? 이야기에 누가 나오지요? 무슨 이야기였는지 이야기해 보세요.

3) 이야기를 들은 후 활동을 수행하게 한다.

🟢 그림의 내용을 다시 살펴보세요.

🟢 그림 ④에서 울고 있는 아이는 누구일까요?

🟢 찢어진 부분의 그림에는 어떤 내용이 있었을까요?

4) 지시문에 제시된 어휘들 중 파란색으로 표시된 어휘를 확인한다.

🟢 문제 3)번을 다시 읽어 보세요.

🟢 낱말 '부분'에 대해 배워볼까요?

어휘 지식	
부분	전체를 이루는 작은 범위. 또는 전체를 몇 개로 나눈 것의 하나. 예 그림에서 이상한 부분을 찾았다. 책 내용 중에 이해가 잘 안 되는 부분이 있었다.

🟠 익힘책 67쪽의 1번, 2번을 쓰게 한다. 익힘책 활동은 과제로 부여할 수 있다.

5) 익힘책 68쪽의 3번을 쓰게 한다.

6) '꼬마 수업'의 어휘 '이야기'를 학습한다.

🟢 '이야기'가 무엇인지 우리 좀 더 자세히 알아봐요.

2. 이야기가 적힌 종이의 한 부분이 찢어졌습니다. 찢어진 부분에 어떤 내용이 있었을지 생각해 봅시다.

혹부리 영감

옛날 어느 마을에 얼굴에 혹을 달고 있는 혹부리 영감(할아버지)이 살았어요. 이 할아버지는 노래를 잘 부르는 재주를 가지고 있었어요. 그러던 어느 날 산에 나무를 하러 갔다가 길을 잃고 말았어요. 날이 어두워지자 주인이 없는 산속 오두막에 들어가 노래를 불렀어요. 한참 노래를 부르고 있는데 시끄러운 소리가 들리는 것이었어요. 바로 도깨비가 나타난 것이었지요. 도깨비들이 서서 혹부리 할아버지를 보며 물었어요. "너는 어떻게 이렇게 노래를 잘 부르지?" 하고 말이에

......어요. 혹도 없앤 할아버지는 그 후로 행복하게 살았어요.

1) 할아버지는 무엇 때문에 노래를 잘 부른다고 말했을까요?

2) 할아버지의 혹은 어떻게 되었을까요?

3) 찢어진 부분에 어떤 이야기가 있을지 생각해서 써 보세요.

> 찢어진 부분에는
> _____
> _____
> _____
> _____
> _____
> _____
> 내용이 있었을 것 같습니다.

③ 주요 활동 II – 15분

1) 그림을 자세히 살펴보고 이야기를 읽어 본다.
- 🔴 선생님이 먼저 이야기를 읽어 줄게요. 들어 보세요.
- 🔴 다 같이 이야기를 읽어 보세요. 이야기가 적힌 종이가 찢어져 있기 때문에 찢어진 부분 전까지만 읽으세요.

2) 이야기의 내용을 하위 질문을 보며 살펴보게 한다.
- 🔴 1)(2), 3)번 문제를 읽어 보세요.
- 🔴 찢어진 부분에는 어떤 이야기가 있을지 생각해 보고 빈칸에 써 보세요.
- 🔴 쓴 것을 발표해 보세요.

④ 정리 – 5분

1) 이번 시간에 배운 것을 정리한다.
- 🔴 이번 시간에는 전래 동화들을 듣고 읽으면서 숨겨진 내용을 찾아보았어요.

2) 다음 차시를 안내한다.
- 🔴 다음 시간에는 재미있는 놀이를 해 볼 거예요.

● 메모

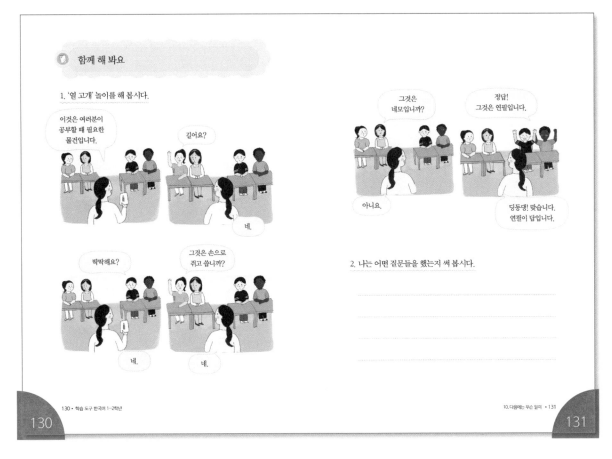

3차시

1 도입 – 5분

1) 이번 시간에 할 활동을 그림을 미리 보고 생각해 보게 한다.
   - 🔵 이번 시간에는 무엇을 할까요?
2) 이번 시간 활동을 안내한다.
   - 🔵 이번 시간에는 '열 고개' 놀이를 할 거예요.

2 놀이 설명 – 5분

1) 활동 방법을 확인한다.
   - 🔵 선생님이 어떤 물건을 생각할 거예요. 여러분은 선생님이 "예"나 "아니요"라고 답할 수 있는 질문만 할 수 있어요. 질문의 기회는 10번 있어요. 질문을 10번 한 후에는 답을 맞혀야 해요.

3 놀이하기(활동하기) – 25분

1) 연습 놀이를 해 본다.
   - 🔵 자, 연습으로 먼저 놀이를 해 볼게요. 선생님이 지금 선생님의 책상 위에 있는 어떤 물건을 생각했어요. 손을 들어 질문해 보세요.
2) 선생님과 전체 학생들이 '열 고개' 놀이를 해 본다.
   - 🔵 자, 이제 진짜 놀이를 시작해 볼게요.

3) 모둠을 나누어 학생들끼리 '열 고개' 놀이를 해 보도록 한다.
   - 🔵 모둠끼리 순서를 정해 놀이를 해 볼게요.
   - 🟡 학생들이 맞힐 대상의 상위 범주를 제시(예를 들면, "학용품 (과일, 동물) 중에 하나를 맞히면 돼요." 등)하고 학생들에게 답을 맞히게 하면 조금 더 쉽게 놀이를 진행할 수 있다.

4 정리 – 5분

1) 학생들이 질문한 것을 정리해서 쓰게 한다.
   - 🔵 여러분이 질문한 것을 빈칸에 써 보세요.
2) '열 고개' 놀이를 하며 생각한 것을 발표하게 한다.
   - 🔵 놀이를 하면서 재미있었던 점을 발표해 보세요.
   - 🟡 정리 활동으로서 익힘책 69쪽의 1번, 2번 활동을 이어서 수행하도록 하거나 과제로 부여할 수 있다.

되돌아보기

1. 보기 의 낱말을 소리 내어 읽어 봅시다.

보기

차례	바르다	늘어놓다
이야기	부분	나타내다

1) 뜻을 아는 낱말에는 파란색으로, 뜻을 잘 모르는 낱말에는 노란색으로 색칠해 보세요.

2) 뜻을 잘 모르는 낱말이 들어간 문장을 10단원에서 찾아 써 보세요.

2. 일의 차례를 생각하며 그림의 번호를 써 넣어 봅시다.

❷ ➡ ⬜ ➡ ⬜ ➡ ⬜

4차시

① 도입 – 5분

1) 되돌아보기 차시의 성격을 설명한다.

선 되돌아보기는 이번 단원에서 배운 것을 다시 확인해 보는 활동이에요.

2) 3차시까지 배운 내용을 확인한다.

선 이번 단원에서 우리는 일의 순서를 바르게 정해서 늘어놓아 보았고 숨겨진 부분의 이야기도 생각해 보았어요.

② 되돌아보기 I – 15분

1) 보기의 낱말을 살펴보고 아는 낱말과 모르는 낱말을 찾아 색연필로 표시해 보도록 한다.

선 낱말들을 잘 살펴보세요. 아는 낱말과 모르는 낱말에 서로 다른 색으로 색칠해 보세요.

2) 잘 모르는 낱말이 들어간 문장을 찾아 쓰게 한다.

선 잘 모르는 낱말이 들어간 문장을 이번 단원에서 배운 내용에서 찾아서 써 보세요.

③ 되돌아보기 II – 15분

1) 그림을 보고 그림에 맞는 내용을 찾게 한다.

선 그림을 잘 살펴보세요. 무슨 그림이지요?

선 그림의 순서를 생각해 보세요.

2) 사건의 순서에 맞게 그림의 번호를 빈칸에 쓰게 한다.

선 맨 먼저 일어난 일은 두 번째 그림이에요. 그다음에 일어날 일들을 빈칸에 번호로 써 보세요.

④ 정리 – 5분

1) 단원을 공부하며 든 생각이나 느낌을 이야기한다.

선 이번 단원을 공부하며 알게 된 점이나 느낀 점을 발표해 보세요.

2) 단원에서 공부한 것을 교사가 간단히 정리한다.

선 이번 단원에서는 일의 순서를 바르게 찾아보았고 전래 동화 이야기에서 숨겨진 부분에 대해 생각해서 이야기도 나누어 보았어요.

11단원 • 알고 싶어요

● 단원의 개관

　'알고 싶어요' 단원은 초등학교 1학년이나 2학년 학생들이 교과 학습에 바탕이 되는 '조사하기'를 중심으로 한국어 어휘와 표현을 배울 수 있도록 구성했다. 이를 위해 '조사하는 활동 살펴보기', '이야기 속 인물 소개하기'를 단원의 주제로 설정했고 '친구 명함 만들기'를 놀이 활동으로서 제시했다. 단원 주제는 1~2학년군의 국어, 수학, 통합(슬기로운 생활) 교과 학습과 관련된 사고 활동 및 읽거나 쓰는 문식 활동의 주제가 된다. 주제별 학습은 1차시와 2차시에 주로 이루어지며 개념 및 지식을 다루거나 용례를 제시하는 어휘 내용을 포함하고 있다. 이러한 어휘 내용은 '한국어 교육 과정'의 1~2학년군 학습 도구 어휘 목록에서 단원에 맞게 선별된 것이다. 단원마다 주제와 관련된 놀이/협동 학습을 3차시에 제시했으며 4차시는 배운 내용을 복습하는 활동으로 마무리하도록 했다.

　이 단원은 생활 한국어 능력 중급(3급)의 학습자가 선택할 수 있는 활동과 어휘 내용으로 구성되었다. 따라서 〈의사소통 한국어〉 교재 4권 3단원('한복이 참 예쁘더라') 필수 차시를 모두 배운 학생을 대상으로 하는 선택 차시로 운영될 수 있다. 학습자의 숙달도에 맞는 어휘 및 쓰기 연습 활동은 익힘책 활동을 병행하여 수행할 수 있도록 했다.

● 단원의 목표와 내용

1) 단원의 목표
◆ 조사하는 활동이 무엇인지 알 수 있다.
◆ 이야기를 듣고 이야기 속 인물을 소개할 수 있다.

2) 단원의 주요 내용

주제	1. 조사하는 활동 살펴보기 2. 이야기 속 인물 소개하기		
	교재 활동	**어휘 내용**	**교수·학습 특성**
학습 도구 어휘	🦉 부엉이 선생님	조사	개념 이해 (교과 연계 및 익힘책 활용)
	💬 어려운 말이 있어요? 확인해 봐요.	다양하다, 인물, 소개	용례 학습 어휘 연습 (익힘책 활용)
	선택 어휘 (파란색 표시)	방법, 완성	어휘 연습 (익힘책 활용)

● 차시 전개 과정

1) 차시의 흐름

차시	주제	학습 내용	교재 쪽수	익힘책 쪽수
1	조사하는 활동 살펴보기	1. 조사하는 활동을 알아봅시다. 2. 요우타는 무엇에 대해 알고 싶어 하는지 발표해 봅시다. 3. 요우타가 알고 싶은 것을 조사하는 방법에는 무엇이 있는지 발표해 봅시다.	136~137	70~72
2	이야기 속 인물 소개하기	1. 이야기를 듣고 물음에 답해 봅시다. 2. 친구들이 이야기 속 인물을 조사하여 소개한 것을 살펴봅시다. 3. 성우와 다니엘이 조사한 내용을 읽어 봅시다.	138~141	73~74
3	놀이/협동 학습	1. '친구 명함 만들기' 놀이를 해 봅시다. 2. 내가 조사한 내용을 친구 명함으로 만들어 봅시다.	142~143	75
4	정리 학습	1. 다음 낱말들이 들어가는 문장을 11단원에서 찾아 써 봅시다. 2. '한글날'에 대해 백과사전에서 찾아 조사한 것을 잘 살펴보고 중요한 내용을 찾아 간단히 써 봅시다.	144~145	

2) 차시별 교수·학습 활동

◆ 1차시 및 2차시: 단원의 주제에 맞는 읽기(특히 소리 내어 읽기)나 쓰기 활동을 제시했다. 또한 생각을 주고받는 말하기나 발표하기 등의 수업 활동을 경험할 수 있도록 과제를 제시했다. 익힘책 활동이 연계된다.

◆ 3차시: 단원의 주제와 관련된 놀이나 협동 활동을 제시했다. 놀이나 협동 과정에서 사용한 어휘, 문장을 활용하는 쓰기와 말하기 활동이 함께 제시되었다. 익힘책 활동이 연계된다.

◆ 4차시: 단원의 어휘 및 주제별 학습 내용을 정리, 복습하는 활동을 제시했다. 복습 활동 위주의 차시로서 익힘책 활동은 따로 연계되지 않는다.

● 단원 지도상의 유의점

◆ 학습에 필요한 어휘 학습과 문식력 강화 활동이 이루어지도록 운영한다.

◆ 조사하는 활동이 무엇인지 탐색해 보게 한다. 추석을 소재로 하여 책에서 찾기, 인터넷에서 찾기, 직접 물어보기의 방법 등이 있다는 것을 알게 한다. 초등 저학년의 경우 실제적인 조사하기 활동을 수행하기에는 어려움이 있으므로 조사하기 방법을 직접 제시한다.

◆ 직접적인 조사하기 활동에 한계가 있는 초등 저학년 학생들을 위해 이야기를 미리 제시하고 이야기에서 인물을 찾아 소개하는 것으로 초보적인 조사 활동을 경험하도록 한다.

◆ '친구 명함 만들기'는 친구에 대해 조사해 보는 활동을 통해 조사하기 활동에 필요한 여러 가지 의사소통 과정과 언어 활동을 경험할 수 있도록 한다.

◆ 학습 도구 어휘의 경우 추상성이 강하므로 명시적으로 설명하기보다는 활동 과정에서 경험을 통해 익힐 수 있도록 한다.

주제

조사하는 활동 살펴보기

주요 활동

1. 조사하는 활동을 알아봅시다.
2. 요우타는 무엇에 대해 알고 싶어 하는지 발표해 봅시다.
3. 요우타가 알고 싶은 것을 조사하는 방법에는 무엇이 있는지 발표해 봅시다.

학습 도구 어휘

조사, 방법, 다양하다

1 도입 - 5분

1) 단원 도입 모듈에 제시된 〈의사소통 한국어〉 연계 단원 이름을 본다. 〈의사소통 한국어〉 교재에서 배웠던 내용을 간략히 정리해 주거나, 〈의사소통 한국어〉 주제를 활용하여 생활 한국어 이해 수준을 간략히 확인한다.

🔵 여러분, 여러분이 배우고 있는 것을 이 집으로 표현했어요.

🔵 여러분은 무엇인가에 대해 조사해서 알아본 적이 있어요?

🟡 도입 모듈에 대한 설명이나 활동은 최대한 간략하게 하며, 경우에 따라 생략할 수 있다.

2) 단원 도입 그림을 보면서 단원의 주제와 학습 목표, 대략적인 단원 학습 내용을 살펴본다.

🔵 위의 그림은 무슨 그림이에요? 위의 그림에서 서로 어떤 말을 하고 있어요?

🔵 아래의 그림은 무슨 그림이에요?

🔵 요우타는 무엇을 알고 싶어요?

🔵 이번 단원에서 무엇을 배울 것 같아요?

3) 단원 학습 목표를 소개하고, 주요한 활동들을 간략히 소개한다.

🔵 이번 단원에서는 조사하기 활동이 무엇인지에 대해 알아보고 이야기 속에 나오는 인물도 소개해 볼 거예요.

🟡 도입 단계에서 학습자들의 수준을 판별하여 차시 활동이나 추후 익힘책 활동 등을 선택적으로 운영할 수 있도록 한다.

2 주요 활동 I - 15분

1) 조사하는 활동에 대하여 안내한다.

🔵 조사하는 활동이란 무엇인지 알아볼 거예요.

🔵 조사하는 활동이 무엇인지 알아보기 위해 그림을 살펴보세요.

🟡 조사하는 활동에 대한 뜻이나 의미를 아는 것보다는 조사하는 활동이 무엇인지 대략적으로라도 방법적인 측면에서 접근하도록 한다. 조사하기가 무엇을 하는 것인지, 조사하기를 할 때는 어떤 방법으로 할 수 있는지 등을 학생들이 알 수 있도록 하는 데 초점을 맞추도록 한다.

2) 교사가 교재의 내용을 읽어 주고, 이해를 확인한다.

🔵 그림에서 선생님은 무엇이라고 말하고 있어요?

🔵 그림에서 아이다는 무슨 생각을 하고 있어요?

⚫ 조사하는 활동 살펴보기

1. 조사하는 활동을 알아봅시다.

추석에 대해 조사해 봅시다.

추석에 대해 조사하려면 어떻게 해야 할까?

조사

조사는 내가 알고 싶은 것에 대해 자세히 알아보는 거예요. 조사할 때는 책을 찾아보기도 하고 조사하는 것에 대해 잘 아는 사람에게 물어보기도 해요. 그리고 다양한 정보를 쉽게 찾을 수 있는 인터넷에서 찾아보기도 해요.

3) '부엉이 선생님'의 내용을 확인하고 설명한다. 예시를 통해 접근한다.

🔵 '부엉이 선생님'에 있는 '조사'에 대해 알아보아요.

🔵 조사는 무엇을 하는 거예요?

🔵 어떻게 조사할 수 있어요?

🟡 '부엉이 선생님' 활동에서는 차시 주제와 관련된 주요한 언어 기능이나 개념을 소개한다. 부엉이 선생님에 제시된 내용은 다소 어렵거나 추상적일 수 있기 때문에, 되도록 쉽게 설명해 주고, 실제 교과에서 사용되는 이미지나 예시 등을 가지고 설명해 주는 것이 좋다.

🟡 '부엉이 선생님' 내용을 충분히 설명한 후에 익힘책 72쪽의 5번을 수행하도록 한다. 과제로 부여할 수 있다.

3 주요 활동 II - 10분

1) 그림을 살펴보고 조사하는 활동에는 어떤 것이 있는지 알아본다.

🔵 각각의 그림은 무슨 그림이에요?

🔵 조사하는 활동에는 무엇이 있어요?

2) 교사가 교재의 내용을 읽어 주고, 이해를 확인한다.

책에서 찾은 내용

할머니 추석에는 무엇을 하나요?

추석에는 농사가 잘된 것을 감사하며 차례를 지낸단다.

인터넷에서 찾은 내용

추석에 하는 일

1. 벌초를 하고 성묘를 갑니다.
2. 보름달을 보고 소원을 빕니다.

할머니께서 말씀하신 내용

2. 위의 그림을 보고 요우타는 무엇에 대해 알고 싶어 하는지 발표해 봅시다.

3. 위의 그림에서 요우타가 알고 싶은 것을 조사하는 방법에는 무엇이 있는지 발표해 봅시다.

🌐 **어려운 말이 있어요? 확인해 봐요.**

다양한(다양하다)

| 이렇게 사용해요 | 교실 책장에 있는 책들이 다양해요.
교실 사물함 위에 다양한 작품들이 있어요. |

11. 알고 싶어요 • 137

137

🔵 첫 번째 그림에는 책에서 찾은 내용이 있어요. 다 같이 읽어 보세요.

🔵 두 번째 그림에는 인터넷에서 찾은 내용이 보여요. 다 같이 읽어 보세요.

🔵 세 번째 그림에는 요우타가 할머니에게 직접 물어보는 모습이 있어요. 할머니와 요우타의 대화를 소리 내어 읽어 보세요. 요우타의 말을 먼저 읽어 보세요. 할머니의 말은 그다음으로 읽어 보세요.

4 주요 활동 Ⅲ - 5분

1) 본문에 제시된 주요한 활동을 수행한다.

🔵 요우타는 무엇에 대해 알고 싶어 했어요?

🔵 요우타가 알고 싶은 것을 조사하는 방법에는 무엇이 있어요?

2) 교재에 제시된 어휘들 중 파란색으로 표시된 어휘를 확인한다.

🔵 3번 문제를 다시 읽어 보세요.

🔵 낱말 '방법'에 대해 더 공부해 볼까요?

어휘 지식

| 방법 | 어떤 일을 해 나가거나 목적을 이루기 위하여 취하는 수단이나 방식.
⑩ 수학 문제를 쉽게 푸는 방법을 알아보았다.
교실을 깨끗하게 만드는 좋은 방법이 머릿속에 떠올랐다. |

🟡 파란색으로 표시된 어휘는 모든 경우에 따라 배우기보다는 경우에 따라 선택하여 배우도록 한다. 먼저 학습자들에게 파란색 표시 어휘에 집중하도록 유도하고 이해를 확인한 후 익힘책 71쪽 3번, 4번을 쓰게 한다. 익힘책 활동은 과제로 부여할 수 있다

3) '어려운 말이 있어요? 확인해 봐요.' 항목을 확인하고 어휘 학습이 되도록 유도한다.

🔵 어려운 말이에요. 어떻게 사용하는지 볼까요? 읽어 보세요. 낱말의 뜻을 알아요?

어휘 지식

| 다양하다 | 색깔, 모양, 종류, 내용 등이 여러 가지로 많다.
⑩ 다양한 방법으로 조사했어요. |

🟡 익힘책 70쪽 1번, 71쪽 2번을 쓰게 한다. 경우에 따라 과제로 부여할 수 있다.

5 정리 - 5분

1) 이번 시간에 배운 것을 정리한다.

🔵 이번 시간에는 조사하는 활동이 무엇인지에 대해 알아보았어요.

2) 다음 차시를 안내한다.

🔵 다음 시간에는 옛날이야기를 들으며 이야기 속에 나오는 인물에 대해 소개하는 활동을 해 볼 거예요.

이야기 속 인물 소개하기

1. 이야기를 듣고 물음에 답해 봅시다. 🎧 4

1) 이야기에 나오는 사람은 누구인가요?

2) 이야기에 나오는 인물 중 한 사람을 소개하는 아래의 문장을 읽어 보세요.

> 이 이야기에 나오는 콩이는 힘든 일을 많이 합니다.

🔍 어려운 말이 있어요? 확인해 봐요.

인물		
	이렇게 사용해요	옛날이야기에는 어떤 인물이 있을까? 콩이는 이야기에 나오는 중요한 인물이다.

소개		
	이렇게 사용해요	친구들이 우리 마을을 소개해 주었어요. 친구 소개로 장난감 가게를 알게 되었다.

2. 친구들이 이야기 속 인물을 조사하여 소개한 것을 살펴봅시다.

 이 이야기에는 원님이 나옵니다.
원님은 꽃신의 주인을 찾았습니다.

 이 이야기에는 선녀가 나옵니다.
선녀는 콩이를 도와주었습니다.

2차시

주제
이야기 속 인물 소개하기

주요 활동
1. 이야기를 듣고 물음에 답해 봅시다.
2. 친구들이 이야기 속 인물을 조사하여 소개한 것을 살펴봅시다.
3. 성우와 다니엘이 조사한 내용을 읽어 봅시다.

학습 도구 어휘
인물, 소개, 완성

1 도입 – 5분

1) 1차시와 달라지는 2차시 활동이나 내용에 대하여 간략히 안내한다.

🔵 이번 시간에는 옛날이야기를 들으며 이야기 속에 나오는 인물에 대해 소개하는 활동을 해 볼 거예요.

2) 1차시 내용에 대한 이해 정도를 확인하며 2차시 내용에 대하여 안내한다.

🔵 알고 싶은 것을 조사하는 방법에는 무엇이 있나요?

2 주요 활동 I – 10분

1) 이야기를 듣는 활동에 대해 안내한다.

🔵 잠시 후 이야기를 듣고 물음에 답해 볼 거예요.
🔵 이야기를 듣기 전에 그림을 먼저 살펴볼까요?

2) 이야기를 들은 후 이해를 확인한다.

🔵 이제 이야기를 잘 들어 보세요.
🔵 이야기에는 누가 나오나요?
🔵 이야기에 나오는 인물 중 한 사람을 소개하는 문장을 같이 읽어 볼까요?

3) '어려운 말이 있어요? 확인해 봐요.' 항목을 확인하고 어휘 학습이 되도록 유도한다.

🔵 어려운 말이에요. 어떻게 사용하는지 볼까요? 읽어 보세요. 낱말의 뜻을 알아요?

어휘 지식	
인물	일정한 상황에서 어떤 역할을 하는 사람. 例 이야기에 등장하는 인물에 대해 알아보았다. 두 인물을 비교해 보는 활동을 했다.
소개	잘 알려지지 아니하였거나, 모르는 사실이나 내용을 잘 알도록 하여 주는 설명. 例 작가 소개의 시간을 가졌다. 입학식에서 학교 소개가 시작되었다.

🟡 익힘책 73쪽 1번, 2번을 수행하도록 한다. 경우에 따라 과제로 부여할 수 있다.

3 주요 활동 II – 5분

1) 인물 소개하기 활동에 대해 알아본다.

🔵 2번 문제를 함께 살펴보아요. 먼저 다 같이 소리 내어 읽어 보세요.
🔵 이야기에 나오는 인물들을 다니엘과 성우는 어떻게 소개하고 있어요?

2) 인물 소개하기 발표를 해 본다.

🔵 다니엘과 성우가 소개한 것을 보고 인물 소개하기를 해 보세요.

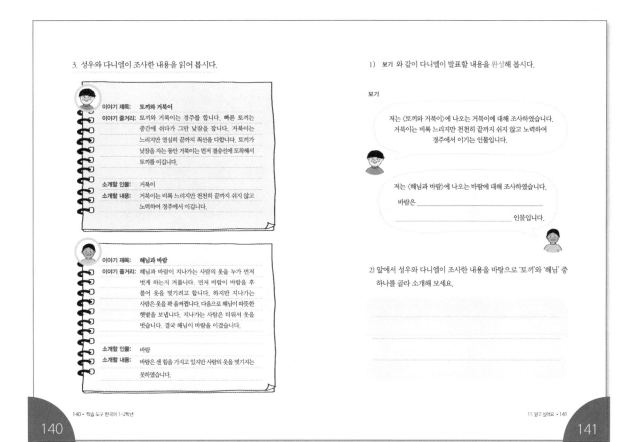

4 주요 활동 Ⅲ - 15분

1) 성우와 다니엘이 조사한 내용을 읽어 보게 한다.

　선 먼저 성우가 조사한 내용을 소리 내어 읽어 보세요.

　선 다음으로 다니엘이 조사한 내용도 소리 내어 읽어 보세요.

2) 다니엘이 발표할 내용을 완성하게 한다.

　선 성우의 발표를 참고해서 다니엘이 발표할 내용을 완성해
　　보세요.

　선 내가 다니엘이라고 생각하고 조사한 내용을 발표해 볼까요?

3) 지시문에 제시된 어휘들 중 파란색으로 표시된 어휘를
　확인한다.

　선 1)번 문제를 다시 읽어 보세요.

　선 낱말 '완성'에 대해 좀 더 알아볼까요?

어휘 지식	
완성	완전히 다 이룸. 예 완성(된) 글을 선생님께 보여 드렸다. 작품 완성의 기쁨으로 소리를 질렀다.

　유 파란색으로 표시된 어휘는 모든 경우에 따로 배우기보다는
　　경우에 따라 선택하여 배우도록 한다. 먼저 학습자들에게 파
　　란색 표시 어휘에 집중하도록 유도하고 이해를 확인한 후 익
　　힘책 74쪽의 3번, 4번을 쓰게 한다. 익힘책 활동은 과제로
　　부여할 수 있다.

4) 이야기의 다른 인물에 대해 소개하는 활동을 한다.

　선 성우와 다니엘이 쓴 글을 다시 읽어 보고 '토끼'와 '해님'
　　중 하나를 골라 소개해 보세요.

　유 인물 소개하기 활동이 어려운 학생들은 성우와 다니엘이 쓴
　　'이야기 줄거리' 부분에서 '토끼'나 '해님'에 대한 내용을 찾
　　아 쓰도록 안내한다. 중요한 내용을 찾고 자신에게 필요한
　　부분의 내용을 간추리는 것이 조사하기 활동의 기본이 되기
　　때문에 이 정도의 성취 기준을 가지고 접근하는 것도 '조사
　　하기' 기능을 학습하는 데 도움이 될 수 있다.

5 정리 - 5분

1) 이번 시간에 배운 것을 정리한다.

　선 이번 시간에는 이야기 속의 인물을 조사해서 소개해 보았
　　어요.

2) 다음 차시를 안내한다.

　선 다음 시간에는 재미있는 놀이를 해 볼 거예요.

3차시

1 도입 – 5분

1) 이번 시간에 할 활동을 그림을 미리 보고 생각해 보게 한다.

　선 이번 시간에는 무엇을 할까요?

　유 놀이 활동을 시작하기 전 학생들의 어휘 수준을 확인하고, 잘 모르는 어휘를 설명해 준다.

2) 이번 시간 활동을 안내한다.

　선 이번 시간에는 '친구 명함 만들기'를 할 거예요.

　유 놀이 활동과 단원의 주제인 '조사하기'를 연결시켜 설명하되, 학습자의 수준에 따라 추상적인 설명은 생략할 수 있다. 놀이에 흥미를 지니고 관련된 한국어 어휘와 표현을 익히고 사용해 보는 것을 우선 강조하여 지도한다.

　유 A4 용지를 8등분하여 나눠 주고 명함 만들기에 활용할 수 있도록 한다.

2 놀이 설명 – 5분

1) 그림을 보며 어떤 놀이를 할지 생각해 보도록 한다.

　선 학생들이 서로에게 어떤 질문을 하지요?

　선 어떤 놀이를 할 것 같아요?

2) 놀이 방법을 확인하도록 한다.

　선 여러분은 친구 명함 만들기를 할 거예요. 이 명함에는 친구 이름, 생일, 좋아하는 음식, 앞으로 하고 싶은 일에 대해 조사하여 적을 거예요. 친구들에게 이름, 생일, 좋아하

는 음식, 앞으로 하고 싶은 일에 대해 물어봐요. 대답을 잘 듣고 2번의 명함에 적으세요. 그러면 그것을 들고 친구들에 대해 조사하는 거예요. 자리에 앉아서 하는 것이 아니고 교실을 이리저리 돌아다닐 수 있어요. 시작해 볼게요.

　유 친구 명함 만들기를 더 많이 한 학생이나 친구 명함을 예쁘게 잘 만든 학생에게 포인트를 주는 게임 활동으로 변경할 수 있다.

　유 익힘책 75쪽의 1번, 2번을 수행하도록 하거나 과제로 부여할 수 있다.

3 놀이하기(활동하기) – 20분

1) 친구 명함 만들기 활동을 한다.

2) 조사해서 만든 친구 명함을 자기 자리에 가서 꾸며 볼 수 있도록 한다.

4 정리 – 10분

1) 만든 친구의 명함을 발표하도록 한다.

　선 완성한 친구들의 명함에 대해 발표해 보세요.

2) 친구들이 만든 명함을 살펴본다.

　선 첫 번째 모둠부터 다른 친구들의 명함을 살펴보겠어요.

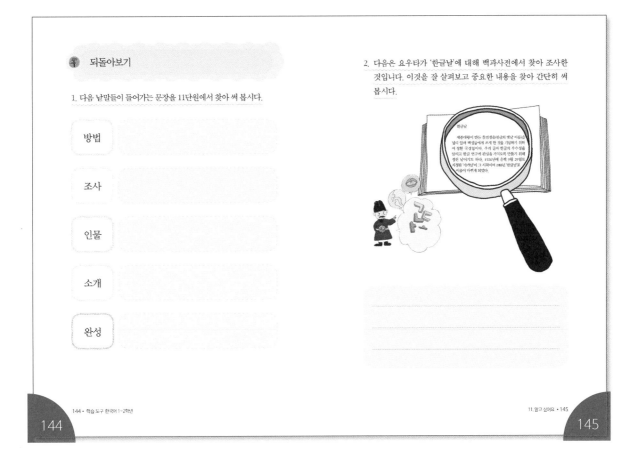

되돌아보기

1. 다음 낱말들이 들어가는 문장을 11단원에서 찾아 써 봅시다.

방법

조사

인물

소개

완성

2. 다음은 요우타가 '한글날'에 대해 백과사전에서 찾아 조사한 것입니다. 이것을 잘 살펴보고 중요한 내용을 찾아 간단히 써 봅시다.

4차시

1 도입 – 5분

1) 되돌아보기 차시의 성격을 설명한다.

- 선 되돌아보기는 이번 단원에서 배운 것을 다시 확인해 보는 활동이에요.

2) 3차시까지 배운 내용을 확인한다.

- 선 이 단원에서는 조사하는 활동이 무엇인지 알아보고 이야기 속의 인물을 조사해서 소개해 보았어요.

2 되돌아보기 I – 15분

1) 제시된 낱말을 살펴보고 낱말이 들어가 있는 문장을 찾아 쓰게 한다.

- 선 낱말들을 잘 살펴보세요. 11단원에서 제시된 낱말이 들어가는 문장을 찾아서 써 보세요.
- 유 배운 내용에서 찾아 쓰기 어려워하는 학생을 위해서는 교사가 직접 시범을 보여 줄 수 있다. 개별적으로 지도해 줄 상황이 된다면 개별적으로 지도한다.

2) 찾아 쓴 문장을 소리 내어 읽어 보게 한다.

- 선 찾아 쓴 문장을 소리 내어 읽어 보세요.

3 되돌아보기 II – 15분

1) 한글날에 대한 설명을 읽고 내용을 이해하게 한다.

- 선 그림을 잘 살펴보세요. 무슨 그림이지요?

- 선 한글날에 대해 어떻게 조사했어요?
- 선 사전에 적혀 있는 글을 다 같이 읽어 보세요.

2) 사전의 내용에서 중요한 내용을 골라 쓰게 한다.

- 선 한글날에 대한 내용을 읽고 중요한 내용을 골라 빈칸에 써 보세요.
- 유 사전의 내용에서 중요한 내용을 찾는 활동은 초등 저학년에게 어려울 수 있다. 중요한 내용을 찾기보다는 조사의 과정을 경험하는 데 초점을 두어 지도한다.

4 정리 – 5분

1) 단원을 공부하며 든 생각이나 느낌을 이야기한다.

- 선 이번 단원을 공부하며 알게 된 점이나 느낀 점을 발표해 보세요.

2) 단원에서 공부한 것을 교사가 간단히 정리한다.

- 선 이번 단원에서는 조사하는 활동과 그 방법에 대해 알아보았어요. 그리고 옛날이야기를 듣고 그 이야기에 나오는 인물에 대해 알아보기도 했어요. 또 이야기 속의 인물을 조사하고 그것을 바탕으로 소개하는 발표도 해 보았어요.

12단원 • 어떤 점이 다를까요

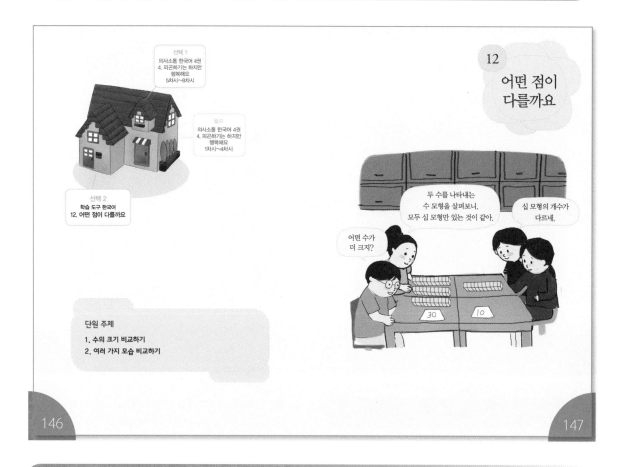

단원의 개관

'어떤 점이 다를까요' 단원은 초등학교 1학년이나 2학년 학생들이 교과 학습에 바탕이 되는 '비교하기'를 중심으로 한국어 어휘와 표현을 배울 수 있도록 구성했다. 이를 위해 '수의 크기 비교하기', '여러 가지 모습 비교하기'를 단원의 주제로 설정했고 '물건 찾기 놀이'를 놀이 학습으로서 제시했다. 단원 주제는 1~2학년군의 국어, 수학, 통합(슬기로운 생활) 교과 학습과 관련된 사고 활동 및 읽거나 쓰는 문식 활동의 주제가 된다. 주제별 학습은 1차시와 2차시에 주로 이루어지며 개념과 지식을 다루거나 용례를 제시하는 어휘 내용을 포함하고 있다. 이러한 어휘 내용은 '한국어 교육과정'의 1~2학년군 학습 도구 어휘 목록에서 단원의 주제에 맞게 선별된 것이다. 단원마다 주제와 관련된 놀이/협동 학습을 3차시에 제시하도록 했으며 4차시는 배운 내용을 복습하는 활동으로 마무리하도록 했다.

이 단원은 생활 한국어 능력 중급(3급)의 학습자가 선택할 수 있는 활동과 어휘 내용으로 구성되었다. 따라서 〈의사소통 한국어〉 교재 4권 4단원('피곤하기는 하지만 행복해요') 필수 차시를 모두 배운 학생을 대상으로 하는 선택 차시로 운영될 수 있다. 학습자의 숙달도에 맞는 어휘 및 쓰기 연습 활동은 익힘책 활동을 병행하여 수행할 수 있도록 하였다.

단원의 목표와 내용

1) 단원의 목표

◆ 수의 크기를 비교할 수 있다.
◆ 여러 가지 사물의 모습을 비교하여 공통점과 차이점을 찾을 수 있다.

2) 단원의 주요 내용

주제	1. 수의 크기 비교하기 2. 여러 가지 모습 비교하기		
	교재 활동	어휘 내용	교수·학습 특성
학습 도구 어휘	🦉 부엉이 선생님	비교	개념 이해 (교과 연계 및 익힘책 활용)
	✏️ 꼬마 수업	수 모형	개념 이해 (교과 연계)
	💬 어려운 말이 있어요? 확인해 봐요.	사용, 세다, 공통적, 차이	용례 학습 어휘 연습 (익힘책 활용)
	선택 어휘 (파란색 표시)	크기, 크다, 작다, 모두, 대상	어휘 연습 (익힘책 활용)

● 차시 전개 과정

1) 차시의 흐름

차시	주제	학습 내용	교재 쪽수	익힘책 쪽수
1	수의 크기 비교하기	1. 수 모형을 사용해 수의 크기를 비교하고 있습니다. 다음을 읽고 물음에 　답해 봅시다. 2. 두 수의 크기를 비교해서 써 봅시다.	148~149	76~77
2	여러 가지 모습 비교하기	1. 겨울과 봄의 모습을 비교하고 있습니다. 다음을 읽고 물음에 답해 봅시 　다. 2. 겨울과 봄의 모습을 살펴보고 비교해 봅시다. 3. 과일의 모습을 비교해 봅시다.	150~153	78~80
3	놀이/협동 학습	1. '물건 찾기' 놀이를 해 봅시다. 2. 놀이를 하면서 친구들이 말한 내용을 써 봅시다.	154~155	81
4	정리 학습	1. 같은 모양을 연결하여 낱말을 만들어 써 봅시다. 2. 농구공과 야구공을 비교해 봅시다.	156~157	

2) 차시별 교수·학습 활동

◆ 1차시 및 2차시: 단원의 주제에 맞는 읽기(특히 소리 내어 읽기)나 쓰기 활동을 제시했다. 또한 생각을 주고받는 말
하기나 발표하기 등의 수업 활동을 경험할 수 있도록 과제를 제시했다. 익힘책 활동이 연계된다.

◆ 3차시: 단원의 주제와 관련된 놀이나 협동 활동을 제시했다. 놀이나 협동 과정에서 사용한 어휘, 문장을 활용하는 쓰
기와 말하기 활동이 함께 제시되었다. 익힘책 활동이 연계된다.

◆ 4차시: 단원의 어휘 및 주제별 학습 내용을 정리, 복습하는 활동을 제시했다. 복습 활동 위주의 차시로서 익힘책 활
동은 따로 연계되지 않는다.

● 단원 지도상의 유의점

◆ 학습에 필요한 어휘 학습과 문식력 강화 활동이 이루어지도록 운영한다.

◆ 수 모형으로 수를 비교하는 기능을 익히는 것보다는 수의 크기를 비교하는 표현과 어휘를 연습하는 데 중점을 두어
지도한다.

◆ 주변에서 자주 접하는 익숙한 두 대상을 비교하며 비교 표현을 연습할 수 있도록 한다.

◆ 놀이의 승패보다는 비교하는 표현을 바르게 사용하며 놀이하는지에 중점을 두어 지도한다.

◆ 학습 도구 어휘의 경우 추상성이 강하므로 명시적으로 설명하기보다는 활동 과정에서 경험을 통해 익힐 수 있도록
한다.

주제

수의 크기 비교하기

주요 활동

1. 수 모형을 사용해 수의 크기를 비교하고 있습니다. 다음을 읽고 물음에 답해 봅시다.
2. 두 수의 크기를 비교해서 써 봅시다.

학습 도구 어휘

사용, 크기, 크다, 작다, 세다, 수 모형

1 도입 – 5분

1) 단원 도입 모듈에 제시된 〈의사소통 한국어〉 연계 단원 이름을 본다. 〈의사소통 한국어〉 교재에서 배웠던 내용을 간략히 정리해 주거나, 〈의사소통 한국어〉 주제를 활용하여 생활 한국어 이해 수준을 간략히 확인한다.

- 🔵 여러분, 여러분이 배우고 있는 것을 이 집으로 표현했어요.
- 🔵 여러분은 어떤 모임 활동을 해 봤어요? 누가 말해 볼까요?
- 🟢 도입 모듈에 대한 설명이나 활동은 최대한 간략하게 하며, 경우에 따라 생략할 수 있다.

2) 단원 도입 그림을 보면서 단원의 주제와 학습 목표, 대략적인 단원 학습 내용을 살펴본다.

- 🔵 성우네 모둠이 무엇을 하고 있어요?
- 🔵 책상 위에 무엇이 있어요?
- 🔵 무엇을 배울 것 같아요?
- 🟢 도입 단계에서 학습자들의 수준을 판별하여 차시 활동이나 추후 익힘책 활동 등을 선택적으로 운영할 수 있도록 한다.

2 주요 활동 I – 20분

1) 1차시의 첫 번째 활동에 대하여 안내한다.

- 🔵 그림을 살펴보세요? 무엇이 있어요?
- 🔵 친구들이 무엇에 대해 말하고 있어요?
- 🔵 수 모형을 사용해서 두 수의 크기를 비교해 볼 거예요.

2) 그림을 살펴보고 수의 크기를 비교한다.

- 🔵 124와 243 중에 큰 수는 무엇이에요?
- 🔵 124와 243 중에 작은 수는 무엇이에요?

3) 본문에 제시된 주요한 활동을 수행한다.

- 🔵 124와 243의 수 모형의 개수를 세어 보세요. ( ) 안에 알맞은 말을 써 보세요.
- 🔵 124와 243 중 백 모형이 더 많은 수는 무엇이에요?
- 🔵 수 모형을 보고 성우와 아이다가 한 말을 따라 써 보세요.

4) '어려운 말이 있어요? 확인해 봐요.' 항목을 확인하고 어휘 학습이 되도록 유도한다.

- 🔵 어려운 말이에요. 어떻게 사용하는지 볼까요? 낱말의 뜻을 알아요?

수의 크기 비교하기

1. 수 모형을 사용해 수의 크기를 비교하고 있습니다. 다음을 읽고 물음에 답해 봅시다.

백 모형	십 모형	일 모형

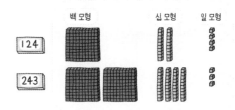

243은 124보다 크다.   124는 243보다 작다.

1) 수 모형의 개수를 세어 ( ) 안에 써 보세요.

① 124는 백 모형이 ( )개, 십 모형이 ( ), 일 모형이 ( )개이다.
② 243은 백 모형이 ( )개, 십 모형이 ( ), 일 모형이 ( )개이다.
③ 124와 243 중 백 모형이 더 많은 수는 ( )이다.

2) 수 모형을 보고 성우와 아이다가 한 말을 따라 써 보세요.

_____

_____

148 • 학습 도구 한국어 1~2학년

어휘 지식	
사용 [사:용]	무엇을 필요한 일이나 기능에 맞게 씀. 📙 자를 사용해 길이를 쟀다.
세다 [세:다]	수를 헤아리다. 📙 통에 남은 찰흙의 개수를 세어 보았다.

- 🟢 익힘책 76쪽의 1번, 2번을 쓰게 한다. 경우에 따라 과제로 부여할 수 있다.
- 🟢 '사용'은 '사용하다'의 파생어 형태로 많이 사용된다. "사용은 '사용하다'로도 많이 써요."와 같이 사용의 방법으로 설명을 더해 줄 필요가 있다.

5) 교재에서 파란색으로 표시된 어휘를 확인한다.

- 🔵 파란색 어휘가 있어요. 무엇이에요?

어휘 지식	
크기	사물의 부피, 넓이, 양 등이 큰 정도. 📙 인형의 크기가 나보다 크다. 엄마가 나누어 준 떡의 크기가 똑같다.
크다	길이, 넓이, 높이, 부피 등이 보통 정도를 넘다. 📙 친구는 나보다 키가 크다. 큰 나무를 봤다.
작다 [작:따]	길이, 넓이, 부피 등이 다른 것이나 보통보다 덜하다. 📙 아기의 가방은 내 가방보다 작다. 내 방은 우리 교실보다 작다.

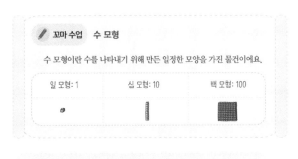

2) 수 모형을 살펴보고 두 수의 크기를 비교한다.
- 📗 두 수를 나타내는 백 모형, 십 모형, 일 모형의 개수를 세어 보세요.
- 📗 154와 317의 크기를 비교할 때 먼저 살펴보아야 할 모형은 무엇이에요?

3) 두 수의 크기를 비교하여 문장으로 써 본다.
- 📗 수의 크기를 비교할 때 사용할 수 있는 표현은 무엇이 있어요?
- 📗 154와 317의 크기를 비교하여 문장으로 써 보세요.

4 정리 - 5분

1) 1번과 2번 활동으로 돌아가서 주요한 표현을 반복적으로 사용해 보도록 한다.
- 📗 124와 243을 비교해서 말해 보세요.
- 📗 154와 317을 비교해서 말해 보세요.

2) 다음 차시를 안내한다.
- 📗 다음 시간에는 겨울과 봄의 모습을 비교해 볼 거예요.

꼬마 수업   수 모형

수 모형이란 수를 나타내기 위해 만든 일정한 모양을 가진 물건이에요.

일 모형: 1	십 모형: 10	백 모형: 100

🌐 어려운 말이 있어요? 확인해 봐요.

사용
이렇게 사용해요 ／ 스마트폰의 사용 방법을 배웠다.
날씨가 추워져 전기의 사용이 늘었다.

세어(세다)
이렇게 사용해요 ／ 술래가 열을 세는 동안 친구들이 숨었다.
필통에 든 연필의 개수를 세어 보니 3자루였다.

2. 두 수의 크기를 비교해서 써 봅시다.

- 🔵 파란색으로 표시된 어휘는 모든 경우에 따라 배우기보다는 경우에 따라 선택하여 배우도록 한다. 먼저 학습자들에게 파란색 표시 어휘에 집중하도록 유도하고 이해를 확인한 후 익힘책 77쪽의 3번, 4번을 수행하도록 한다. 익힘책 활동은 과제로 부여할 수 있다.

6) '꼬마 수업'의 내용을 설명한다.
- 📗 '꼬마 수업'을 읽어 볼까요?
- 📗 수 모형은 무엇이에요?
- 📗 수 모형에는 어떤 종류가 있어요?
- 🔵 '꼬마 수업' 활동에서는 차시 내용에서 다룬 특정 주요 교과의 학습 개념을 소개한다. 그 교과의 수업 시간(예: 수학 시간)을 그대로 재현하며 지도하는 것이 좋다. 되도록 그 교과의 수업 장면을 경험해 볼 수 있도록 실제 교과에서 사용되는 이미지나 예시 등을 가지고 설명해 주는 것이 좋다. 학생의 수준에 따라 진행한다.

3 주요 활동 II - 10분

1) 1차시의 두 번째 활동에 대하여 안내한다.
- 📗 그림을 살펴보세요. 무엇이 있어요?
- 📗 두 수의 크기를 비교하여 써 볼 거예요.

여러 가지 모습 비교하기

1. 겨울과 봄의 모습을 비교하고 있습니다. 다음을 읽고 물음에 답해 봅시다.

두 그림에
공통적으로
있는 것은 뭘까?

두 그림에
모두 나무가 있어.

두 그림의 차이는 뭘까?

겨울 그림에는 눈이 있는데
봄 그림에는 눈이 없어.

1) 두 그림의 공통점은 무엇이에요? 지민이의 말을 소리 내어 읽어 보세요.

2) 두 그림의 차이는 무엇이에요? 요우타의 말을 소리 내어 읽어 보세요.

2. 겨울과 봄의 모습을 살펴보고 비교해 봅시다.

1) 두 그림에 공통적으로 있는 것을 써 보세요.

• 두 그림에 모두 구름이 있어요.

•

•

2) 두 그림의 차이를 말해 보세요.

2차시

주제
여러 가지 모습 비교하기

주요 활동
1. 겨울과 봄의 모습을 비교하고 있습니다. 다음을 읽고 물음에 답해 봅시다.
2. 겨울과 봄의 모습을 살펴보고 비교해 봅시다.
3. 과일의 모습을 비교해 봅시다.

학습 도구 어휘
공통적, 모두, 차이, 비교, 대상

1 도입 – 5분

1) 단원의 학습 주제를 다시 설명하고, 1차시에서 배운 내용을 떠올리게 한다.

🔵 124와 243을 비교해서 말해 보세요.

😀 한국어 어휘와 표현에 초점을 두도록 유도한다.

2) 2차시의 주요한 내용을 소개한다.

🔵 수가 아닌 것은 어떻게 비교해서 말해요?

😀 저학년 학습자들의 학습 경험을 확인하고, 한국어 이해 수준과 표현 수준을 확인하여 차시 내용을 운영하도록 한다.

2 주요 활동 I – 10분

1) 2차시의 첫 번째 활동에 대하여 안내한다.

🔵 그림을 자세히 살펴보세요. 친구들이 무엇을 하고 있어요?

🔵 계절에 따른 주변 모습을 비교해 볼 거예요.

2) 그림을 살펴보고 계절에 따른 주변 모습을 비교하여 말하는 방법을 알아본다.

🔵 무엇에 대해 말하고 있어요?

🔵 두 그림에 공통적으로 있는 것이 무엇인지 지민이의 말을 소리 내어 읽어 보세요.

🔵 두 그림의 차이는 무엇인지 요우타의 말을 소리 내어 읽어 보세요.

3) '어려운 말이 있어요? 확인해 봐요.' 항목을 확인하고 어휘 학습이 되도록 유도한다.

🔵 어려운 말이에요. 어떻게 사용하는지 볼까요? 읽어 보세요. 낱말의 뜻을 알아요?

어휘 지식

공통적 [공ː통적]	여럿 사이에 서로 같거나 관계되는 것. 예 연필과 색연필의 공통적인 특징은 무엇일까?
차이	서로 같지 않고 다름. 또는 서로 다른 정도. 예 나와 동생의 나이는 두 살 차이가 난다.

😀 익힘책 78쪽의 1번, 2번을 수행하도록 한다. 경우에 따라 과제로 부여할 수 있다.

4) 교재에서 파란색으로 표시된 어휘를 확인한다.

🔵 파란색 어휘가 있어요. 무엇이에요?

어휘 지식

모두	빠짐없이 다. 예 우리 모두 함께 노래를 부릅시다. 병에 담긴 물이 모두 쏟아졌다.

😀 익힘책 79쪽의 3번 ①, 4번을 수행하도록 한다.

😀 경우에 따라서는 교재 152쪽의 '대상' 어휘까지 모두 배운 후 익힘책 79쪽의 3번, 4번을 이어서 하도록 할 수 있다.

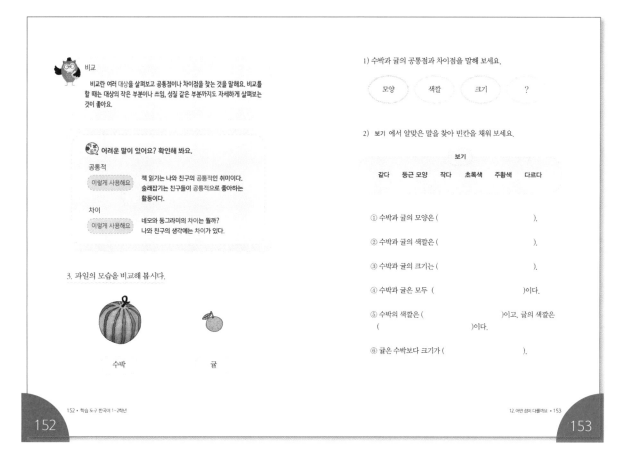

비교

비교란 여러 대상을 살펴보고 공통점이나 차이점을 찾는 것을 말해요. 비교를 할 때는 대상의 작은 부분이나 쓰임, 성질 같은 부분까지도 자세하게 살펴보는 것이 좋아요.

어려운 말이 있어요? 확인해 봐요.

공통적

이렇게 사용해요

책 읽기는 나와 친구의 공통적인 취미이다.
술래잡기는 친구들이 공통적으로 좋아하는 활동이다.

차이

이렇게 사용해요

네모와 동그라미의 차이는 뭘까?
나와 친구의 생각에는 차이가 있다.

3. 과일의 모습을 비교해 봅시다.

수박   귤

1) 수박과 귤의 공통점과 차이점을 말해 보세요.

모양   색깔   크기   ?

2) 보기 에서 알맞은 말을 찾아 빈칸을 채워 보세요.

보기

갈다   둥근 모양   작다   초록색   주황색   다르다

① 수박과 귤의 모양은 (   ).

② 수박과 귤의 색깔은 (   ).

③ 수박과 귤의 크기는 (   ).

④ 수박과 귤은 모두 (   )이다.

⑤ 수박의 색깔은 (   )이고, 귤의 색깔은
   (   )이다.

⑥ 귤은 수박보다 크기가 (   ).

③ 주요 활동 II – 10분

1) 그림을 자세히 살펴보고 겨울과 봄의 모습을 말해 보게 한다.

- 겨울과 봄을 나타낸 그림을 자세히 살펴보세요.
- 겨울과 봄의 모습을 설명해 보세요.

2) 그림을 자세히 살펴보고 겨울과 봄의 모습을 비교하여 공통점을 문장으로 써 보게 한다.

- 두 그림에 공통적으로 있는 것은 무엇이에요?
- 공통적으로 있는 것을 어떻게 쓰면 좋을지 제시된 예를 소리 내어 읽어 보세요.
- 찾은 내용을 문장으로 써 보세요.

3) 겨울과 봄의 모습을 비교하여 차이점을 말해 보게 한다.

- 겨울과 봄의 모습에 어떤 차이가 있는지 말해 보세요.

4) '부엉이 선생님'의 내용을 읽고 '비교'에 대해 알아본다.

- '부엉이 선생님'의 내용을 확인하고 설명한다. 예시를 통해 접근한다.
- 비교란 무엇이에요? 비교를 할 때 어떻게 하면 되나요?
- '부엉이 선생님' 활동에서는 차시 주제와 관련된 주요한 언어 기능이나 개념을 소개한다. 부엉이 선생님에 제시된 내용은 다소 어렵거나 추상적일 수 있기 때문에, 되도록 쉽게 설명해 주고, 실제 교과에서 사용되는 이미지나 예시 등을 가지고 설명해 주는 것이 좋다.
- '부엉이 선생님' 내용을 충분히 설명한 후에 익힘책 80쪽의 5번, 6번을 수행하도록 한다. 과제로 부여할 수 있다
- 경우에 따라서는 익힘책 80쪽 6번은 2차시 학습을 모두 마친 후 풀 수 있다.

5) 교재에서 파란색으로 표시된 어휘를 확인하게 한다.

- '대상'이 사용된 문장을 읽어 보세요.

어휘 지식	
대상 [대:상]	어떤 일이나 행동의 상대나 목표가 되는 사람이나 물건. 예 이 동화책은 어린이를 대상으로 쓴 이야기입니다. 인기 연예인은 청소년들의 관심의 대상이 되기도 합니다.

- 익힘책 79쪽 3번의 ②를 쓰게 한다.
- 경우에 따라서는 익힘책 79쪽의 3번, 4번을 이어서 하도록 할 수 있다.

④ 주요 활동 III – 10분

1) 과일의 모습을 살펴보고 공통점과 차이점을 찾아본다.

- 수박과 귤을 살펴보고 모양과 색깔, 크기에 대해 말해 보세요.
- 제시된 모양, 색깔, 크기 이외에도 더 찾을 수 있는 특징을 학생들이 자유롭게 찾아보도록 한다.
- 수박과 귤의 공통점(차이점)은 무엇이에요?

2) 〈보기〉에서 알맞은 말을 골라 문장을 완성하게 한다.

- 〈보기〉의 내용을 소리 내어 읽어 보세요.
- ( ) 안에 알맞은 말을 넣어 수박과 귤을 비교한 내용을 문장으로 완성해 보세요.

⑤ 정리 – 5분

1) 1번 활동으로 돌아가서 주요한 표현을 반복적으로 사용해 본다.

- 겨울과 봄의 모습을 비교해서 말해 보세요.

2) 차시 예고를 한다.

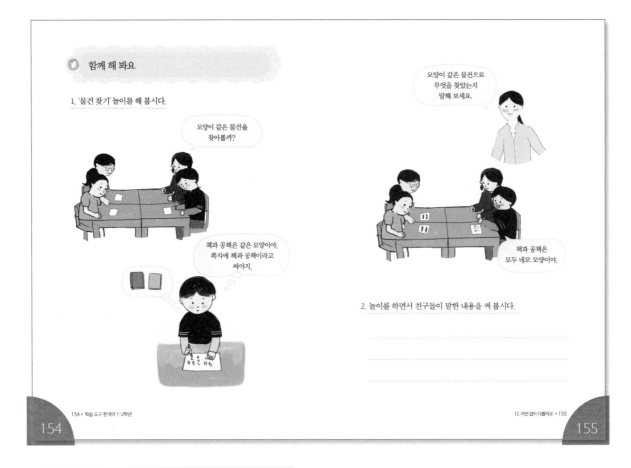

3차시

1 도입 – 5분

1) 3차시는 놀이 활동임을 환기시킨다. 또한 놀이에 알맞은 자리 배치나 학생 현황을 파악한다.

- 🔵 모둠 자리로 앉아 볼까요?
- 🟠 놀이 활동을 시작하기 전 학생들의 어휘 수준을 확인하고, 잘 모르는 어휘를 설명해 준다.

2) 놀이 활동과 단원의 주제가 가진 연관성을 설명한다.

- 🔵 무엇을 비교해 보았어요?
- 🔵 비교하는 말을 사용하며 놀이를 해 볼까요?
- 🟠 놀이 활동과 단원의 주제인 '비교하기'를 연결시켜 설명하되, 학습자의 수준에 따라 추상적인 설명은 생략할 수 있다. 놀이에 흥미를 지니고 관련된 한국어 어휘와 표현을 익히고 사용해 보는 것을 우선 강조하여 지도한다.

2 놀이 설명 – 10분

1) 그림을 보며 어떤 놀이를 할지 생각해 보게 한다.

- 🔵 친구들이 무엇을 하고 있는지 그림을 살펴보세요.
- 🔵 친구들이 어떤 놀이를 하는 것 같아요?
- 🔵 놀이를 하기 위해 필요한 것은 무엇이에요?

2) 놀이 방법을 확인하도록 한다.

- 🔵 '물건 찾기'놀이를 하는 방법을 잘 들어 보세요.

놀이 방법

1. 가위바위보를 하여 문제를 낼 순서를 정한다.
2. 한 명씩 돌아가며 친구들이 찾아야 할 물건의 같은 점이나 다른 점을 말한다.
3. 친구가 말한 조건에 맞는 물건 2가지를 생각해 종이에 적는다.
4. 선생님의 신호에 맞추어 순서대로 친구들에게 자신이 종이에 적은 물건을 말한다.
5. 문제에 맞는 답을 말하면 1점을 얻는다.
6. 놀이가 끝났을 때 점수가 높은 사람이 이긴다.

🟠 학생들이 문제를 만들기 힘들어할 경우 교사와 함께 문제가 될 수 있는 내용들을 미리 알아보고 놀이를 시작한다.

3 놀이하기(활동하기) – 20분

1) 놀이 방법에 따라 모둠별로 물건 찾기 놀이를 하도록 한다.

2) 놀이를 하면서 친구들이 말한 내용을 써 보게 한다.

- 🔵 놀이를 하면서 친구들이 말한 내용을 문장으로 써 보세요.
- 🟠 익힘책 81쪽의 1번, 2번을 함께 수행하도록 하거나 과제로 부여할 수 있다.

4 정리 – 5분

1) 놀이 활동을 정리한다.

- 🔵 놀이를 하면서 어떤 말을 했어요? 무슨 말이 어려웠어요? 어떤 말이 재미있었어요?

2) 차시 예고를 한다.

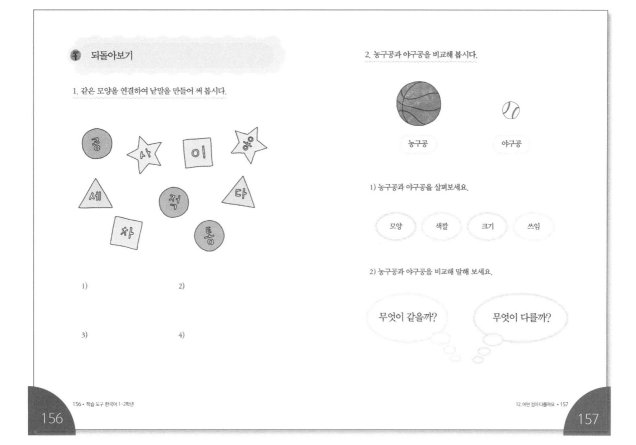

되돌아보기

1. 같은 모양을 연결하여 낱말을 만들어 써 봅시다.

공 사 이 응

세 직 다

차 통

1)   2)

3)   4)

2. 농구공과 야구공을 비교해 봅시다.

농구공   야구공

1) 농구공과 야구공을 살펴보세요.

모양   색깔   크기   쓰임

2) 농구공과 야구공을 비교해 말해 보세요.

무엇이 같을까?   무엇이 다를까?

4차시

1 도입 – 5분

1) 되돌아보기 차시의 성격을 설명하고 복습 활동의 대상이 되는 내용을 간략히 설명한다.

- 선 어떤 낱말을 배웠어요? 기억나는 것을 말해 보세요.
- 선 2번을 보세요. 무엇을 비교해 볼 것 같아요?

2) 3차시까지 배운 내용을 확인한다.

- 선 수박과 귤을 비교해서 말해 보세요.
- 유 배운 내용을 다시 보도록 안내할 수도 있고, 본 차시 활동을 바로 시작하게 할 수도 있다.

2 되돌아보기 I – 10분

1) 1번 복습 활동을 수행한다. 같은 모양을 연결하여 낱말을 만들어 써 보도록 한다.

- 선 여러 가지 모양 속 글자를 살펴보세요.
- 선 같은 모양의 글자를 연결하면 무엇이 될까요?
- 선 같은 모양의 글자를 연결하여 만든 낱말을 써 보세요.
- 유 학생들의 수준을 고려하여 보충 학습으로 교재에서 낱말을 찾아 읽어보기, 심화 학습으로 낱말을 이용하여 문장을 만들어 쓰기 활동을 제시할 수 있다.

2) 찾은 낱말을 이용하여 문장을 만들어 보게 한다.

- 선 찾은 낱말로 문장을 만들어 말해 보세요.

3 되돌아보기 II – 20분

1) 농구공과 야구공 그림을 살펴보고 특징을 찾아보게 한다.

- 선 농구공과 야구공 그림을 살펴보고 모양, 색깔, 크기, 쓰임 등을 말해 보세요.
- 선 농구공을 살펴보고 찾은 특징은 무엇이에요?
- 선 야구공을 살펴보고 찾은 특징은 무엇이에요?

2) 농구공과 야구공을 비교해서 말해 보게 한다.

- 선 농구공과 야구공의 공통점은 무엇이에요?
- 선 농구공과 야구공의 차이점은 무엇이에요?

4 정리 – 5분

1) 단원을 공부하며 든 생각이나 느낌을 이야기한다.

2) 한국어 어휘와 표현에 초점을 두어 배운 내용을 떠올릴 수 있도록 유도한다.

12단원 어떤 점이 다를까요 • 115

13단원 • 특징이 있어요

단원의 개관

'특징이 있어요' 단원은 초등학교 1학년이나 2학년 학생들이 교과 학습에 바탕이 되는 '분석하기'를 중심으로 한국어 어휘와 표현을 배울 수 있도록 구성했다. 이를 위해 '부분으로 나누어 설명하기', '사물의 여러 가지 특징을 찾아보기'를 단원의 주제로 설정했고 '부분 그림 보고 알아맞히기'를 놀이 학습으로서 제시했다. 단원 주제는 1~2학년군의 국어, 수학, 통합(슬기로운 생활) 교과 학습과 관련된 사고 활동, 읽거나 쓰는 문식 활동의 주제가 된다. 주제별 학습은 1차시와 2차시에 주로 이루어지며 개념과 지식을 다루거나 용례를 제시하는 어휘 내용을 포함하고 있다. 이러한 어휘 내용은 '한국어 교육과정'의 1~2학년군 어휘 목록에서 선별된 것이다. 단원마다 주제와 관련된 놀이/협동 학습을 3차시에 제시했으며 4차시는 배운 내용을 복습하는 활동으로 마무리하도록 했다.

이 단원은 생활 한국어 능력 중급(3급)의 학습자가 선택힐 수 있는 활동과 어휘 내용으로 구성되었다. 따라시 〈의사소통 한국어〉 교재 4권 5단원('알기 쉽게 설명해 준 덕분에 이해했어') 필수 차시를 모두 배운 학생을 대상으로 하는 선택 차시로 운영될 수 있다. 학습자의 숙달도에 맞는 어휘 및 쓰기 연습 활동은 익힘책 활동을 병행하여 수행할 수 있도록 했다.

단원의 목표와 내용

1) 단원의 목표

◆ 대상을 부분으로 나누어 설명할 수 있다.
◆ 사물을 여러 부분으로 나누어 살펴보고 특징을 찾을 수 있다.

2) 단원의 주요 내용

주제	1. 부분으로 나누어 설명하기 2. 사물의 여러 가지 특징을 찾아보기		
	교재 활동	**어휘 내용**	**교수·학습 특성**
학습 도구 어휘	🦉 부엉이 선생님	나누어 살펴보기	개념 이해 (교과 연계 및 익힘책 활용)
	💬 어려운 말이 있어요? 확인해 봐요.	알려 주다, 특징, 떠오르다, 생김새	용례 학습 어휘 연습 (익힘책 활용)
	선택 어휘 (파란색 표시)	소개, 놀이, 사이좋다, 사물, 부분	어휘 연습 (익힘책 활용)

● 차시 전개 과정

1) 차시의 흐름

차시	주제	학습 내용	교재 쪽수	익힘책 쪽수
1	부분으로 나누어 설명하기	1. 빈센트의 말을 소리 내어 읽고 물음에 답해 봅시다. 2. 내가 좋아하는 것과 잘하는 것을 친구에게 소개해 봅시다.	160~161	82~84
2	사물의 여러 가지 특징을 찾아보기	1. 사물을 부분으로 나누어 살펴봅시다. 2. 사물을 부분으로 나누어 살펴보고 쓴 글입니다. 다음을 읽고 물음에 답해 봅시다. 3. 토마토를 부분으로 나누어 살펴보고 글로 써 봅시다.	162~165	85~86
3	놀이/협동 학습	1. '부분 그림 보고 알아맞히기' 놀이를 해 봅시다. 2. 부분으로 나누어 살펴본 사물의 특징을 간단하게 써 봅시다.	166~167	87
4	정리 학습	1. 같은 색깔의 카드 속 글자를 연결하여 낱말을 완성해 봅시다. 2. 위 낱말을 이용하여 문장을 완성해 봅시다. 3. 사물을 부분으로 나누어 살펴보고 설명하는 글을 써 봅시다.	168~169	

2) 차시별 교수·학습 활동

◆ 1차시 및 2차시: 단원의 주제에 맞는 읽기(특히 소리 내어 읽기)나 쓰기 활동을 제시했다. 또한 생각을 주고받는 말하기나 발표하기 등의 수업 활동을 경험할 수 있도록 과제를 제시했다. 익힘책 활동이 연계된다.

◆ 3차시: 단원의 주제와 관련된 놀이나 협동 활동을 제시했다. 놀이나 협동 과정에서 사용한 어휘, 문장을 활용하는 쓰기와 말하기 활동이 함께 제시되었다. 익힘책 활동이 연계된다.

◆ 4차시: 단원의 어휘 및 주제별 학습 내용을 정리, 복습하는 활동을 제시했다. 복습 활동 위주의 차시로서 익힘책 활동은 따로 연계되지 않는다.

● 단원 지도상의 유의점

◆ 학습에 필요한 어휘 학습과 문식력 강화 활동이 이루어지도록 운영한다.

◆ 자기를 소개하는 활동보다는 소개를 하기 위해 자신을 여러 부분으로 나누어 살펴보는 활동에 중점을 두어 지도한다.

◆ 사물의 특징을 정확하게 찾는 것보다는 분석 기능 연습과 그 과정에 사용되는 어휘 연습에 중점을 두어 지도한다.

◆ 놀이의 승패보다는 분석의 기능과 표현을 바르게 사용하며 놀이하는지에 중점을 두어 지도한다.

◆ 학습 도구 어휘의 경우 추상성이 강하므로 명시적으로 설명하기보다는 활동 과정에서 경험을 통해 익힐 수 있도록 한다.

주제

부분으로 나누어 설명하기

주요 활동

1. 빈센트의 말을 소리 내어 읽고 물음에 답해 봅시다.

2. 내가 좋아하는 것과 잘하는 것을 친구에게 소개해 봅시다.

학습 도구 어휘

소개, 놀이, 알려 주다, 사이좋게

1 도입 – 5분

1) 단원 도입 모듈에 제시된 〈의사소통 한국어〉 연계 단원 이름을 본다. 〈의사소통 한국어〉 교재에서 배웠던 내용을 간략히 정리해 주거나, 〈의사소통 한국어〉 주제를 활용하여 생활 한국어 이해 수준을 간략히 확인한다.

- 🔵 여러분, 여기 예쁜 집이 있어요.

  여러분이 배워야 할 한국어들이 잘 모이면 이렇게 예쁜 집이 돼요.

- 🔵 여러분은 친구들과 어떤 일을 해 보았어요?

- 🔵 친구들과의 사이에서 일어난 일에 대해 자신의 기분을 어떻게 표현해 보았어요?

- 🟢 도입 모듈에 대한 설명이나 활동은 최대한 간략하게 하며, 경우에 따라 생략할 수 있다.

2) 단원 도입 그림을 보면서 단원의 주제와 학습 목표, 대략적인 단원 학습 내용을 함께 살펴본다.

- 🔵 그림을 살펴보세요. 어떤 일이 있어요?

- 🔵 전학 온 친구에게 선생님이 무엇을 하라고 하셨어요?

- 🔵 무엇을 배울 것 같아요?

3) 단원 학습 목표를 소개하고, 주요한 활동들을 간략히 소개한다.

- 🔵 첫 번째 시간에는 대상을 부분으로 나누어 설명해 볼 거예요.

- 🔵 두 번째 시간에는 사물의 여러 가지 특징을 찾아볼 거예요.

- 🟢 도입 단계에서 학습자들의 수준을 판별하여 차시 활동이나 익힘책 활동 등을 선택적으로 운영할 수 있도록 한다.

2 주요 활동 I – 15분

1) 그림을 살펴보고 활동 내용을 함께 알아본다.

- 🔵 그림을 살펴보세요. 빈센트는 무엇을 하고 있어요?

- 🔵 빈센트는 무엇을 소개했어요?

- 🔵 빈센트는 자신을 어떤 방법으로 소개했어요?

2) 빈센트가 자기를 소개하는 말을 읽고 본문에 제시된 주요한 활동을 수행하게 한다.

- 🔵 빈센트가 자기를 소개하는 말을 소리 내어 읽어 보세요.

- 🔵 빈센트가 좋아하는 것은 무엇이에요?

- 🔵 빈센트가 잘하는 것은 무엇이에요?

- 🔵 빈센트가 친구들에게 알려 주고 싶어 하는 것은 무엇이에요?

- 🔵 빈센트가 친구들에게 하고 싶은 말은 무엇이에요?

● 부분으로 나누어 설명하기

1. 빈센트의 말을 소리 내어 읽고 물음에 답해 봅시다.

내가 좋아하는 것   내가 잘하는 것

안녕하세요? 저를 소개할게요. 제 이름은 빈센트입니다. 제가 좋아하는 것은 부메랑 놀이입니다. 제가 잘하는 것은 노래 부르기입니다. 제가 알고 있는 케냐 노래를 친구들에게 알려 주고 싶습니다. 앞으로 사이좋게 지냈으면 좋겠습니다.

1) 빈센트는 무엇을 하고 있어요?

2) 빈센트가 좋아하는 것을 소개하는 말에서 찾아 ○표 해 보세요.

3) 빈센트가 잘하는 것을 소개하는 말에서 찾아 △표 해 보세요.

160 • 학습 도구 한국어 1~2학년

160

- 🔵 빈센트가 좋아하는 것을 소개하는 말에서 찾아 ○표 해 보세요.

- 🔵 빈센트가 잘하는 것을 소개하는 말에서 찾아 △표 해 보세요.

3) '어려운 말이 있어요? 확인해 봐요.'에서 빨간색으로 표시된 어휘를 확인하게 한다.

- 🔵 '알려 주고(알려 주다)'가 사용된 문장을 읽어 보세요.

어휘 지식	
알려 주다	다른 사람에게 어떤 것을 소개하여 알게 하다. 예 친구들에게 전통 문화를 알려 주었다.

- 🟢 익힘책 82쪽 1번과 83쪽 2번을 쓰게 한다.

4) 본문에 제시된 어휘들 중 파란색으로 표시된 어휘를 확인하게 한다.

- 🔵 '소개', '놀이', '사이좋게(사이좋다)'가 사용된 문장을 읽어 보세요.

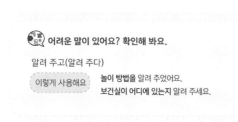

어려운 말이 있어요? 확인해 봐요.

알려 주고(알려 주다)

이렇게 사용해요   놀이 방법을 알려 주었어요.
보건실이 어디에 있는지 알려 주세요.

2. 내가 좋아하는 것과 잘하는 것을 친구에게 소개해 봅시다.

내 이름

내가 좋아하는 것

내가 잘하는 것

13. 특징이 있어요 • 161

161

어휘 지식

소개	잘 알려지지 않았거나 모르는 사실이나 내용을 잘 알도록 해 주는 설명. 예 발표자는 먼저 발표 내용을 간단히 소개했다. 영화 예고편에서 소개된 내용을 보면 줄거리를 알 수 있었다.
놀이 [노리]	즐겁게 노는 일. 예 아이들이 인형 놀이를 하고 있다. 정해진 놀이 시간이 끝났다.
사이좋다 [사이조타]	서로 정답다. 또는 서로 친하다. 예 나는 동생과 사이좋게 지낸다. 친구들과 사이좋게 지내려고 노력한다.

유 익힘책 83쪽 3번과 84쪽 4번을 쓰게 한다. 경우에 따라 과제로 제시할 수 있다.

3 주요 활동 II – 15분

1) 친구들에게 나를 소개할 때 말하고 싶은 내용을 찾아 보게 한다.

선 빈센트처럼 나를 친구들에게 소개해 봐요. 무엇을 소개하면 좋을까요?

선 내가 좋아하는 것과 내가 잘하는 것을 찾아서 써 보세요.

유 좋아하는 것과 잘하는 것 이외에도 친구들에게 자신에 대해 소개하고 싶은 내용을 더 찾아볼 수 있다.

2) 나를 친구들에게 소개해 보게 한다.

선 정리한 내용을 바탕으로 나를 친구들에게 어떻게 소개하면 좋을지 생각해보세요.

유 친구들에게 자기를 소개할 때 어떤 내용을 어떤 순서로 소개할 것인지 생각해 보도록 한다.

유 발표 전 소리 내지 않고 혼자서 자기가 발표할 내용을 말해 보도록 지도하여 발표에 대한 자신감을 높일 수 있다.

선 친구들에게 자신을 소개해 보세요.

선 친구들의 발표를 들으며 친구에 대해 알게 된 내용을 말해 보세요.

유 발표 전 미리 친구들의 발표를 들으며 들은 내용을 메모하도록 지도할 수 있다.

4 정리 – 5분

1) 배운 어휘가 쓰인 문장을 다시 읽어 보도록 한다.

유 정리 활동으로 익힘책 84쪽의 5번을 쓰게 한다. 경우에 따라 과제로 제시할 수 있다.

2) 차시 예고를 한다.

13단원 특징이 있어요 • 119

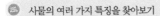

사물의 여러 가지 특징을 찾아보기

1. 사물을 부분으로 나누어 살펴봅시다.

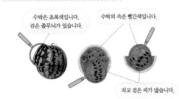

수박은 초록색입니다. 검은 줄무늬가 있습니다.
수박의 속은 빨간색입니다.
작고 검은 씨가 많습니다.

파프리카의 몸통은 빨간색입니다.
꼭지는 초록색입니다.
노란색 씨가 많습니다.

1) 수박을 부분으로 나누어 살펴보세요. 수박의 특징을 소리 내어 읽어 보세요.

2) 파프리카를 부분으로 나누어 살펴보세요. 파프리카의 특징을 소리 내어 읽어 보세요.

2. 사물을 부분으로 나누어 살펴보고 쓴 글입니다. 다음을 읽고 물음에 답해 봅시다.

'자전거' 하면 무엇이 떠오르나요? 자전거를 부분으로 나누어 살펴봅시다. 자전거의 생김새에서 가장 먼저 보이는 것은 바퀴입니다. 자전거에는 두 개의 바퀴가 있습니다. 그리고 페달도 두 개 있습니다. 발로 페달을 밟으면 자전거가 앞으로 나아갑니다.

바퀴
페달

1) 자전거를 어떻게 살펴보았어요?

2) 자전거의 어느 부분을 살펴보았어요?

3) 자전거의 생김새를 알 수 있는 문장에 밑줄을 그어 보세요.

2차시

주제
사물의 여러 가지 특징을 찾아보기

주요 활동
1. 사물을 부분으로 나누어 살펴봅시다.
2. 사물을 부분으로 나누고 살펴보고 쓴 글입니다. 다음을 읽고 물음에 답해 봅시다.
3. 토마토를 부분으로 나누어 살펴보고 글로 써 봅시다.

학습 도구 어휘
사물, 부분, 특징, 떠오르다, 생김새

1 도입 – 5분

1) 1차시 내용에 대한 이해 정도를 확인히며 2차시 내용에 대하여 안내한다.

- 나를 소개할 때 무엇에 대해 말했어요? 나를 어떻게 살펴본 후 말했어요?
- 이번 시간에는 사물의 여러 가지 특징을 찾아볼 거예요.

2 주요 활동 I – 10분

1) 1차시의 첫 번째 활동에 대하여 안내한다.

- 그림을 자세히 살펴보세요. 무엇을 살펴보고 있어요?
- 수박과 파프리카를 어떻게 살펴보았어요?
- 사물을 부분으로 나누어 살펴볼 거예요.

2) 수박과 파프리카를 부분으로 나누어 살펴본다.

- 수박을 어떤 부분으로 나누어 살펴보았어요?
- 수박의 각 부분의 특징을 소리 내어 읽어 보세요.
- 파프리카를 어떤 부분으로 나누어 살펴보았어요?
- 파프리카의 각 부분의 특징을 소리 내어 읽어 보세요.

3) 지시문에 제시된 어휘들 중 파란색으로 표시된 어휘를 확인하도록 한다.

- '사물', '부분'이 사용된 문장을 읽어 보세요.

어휘 지식	
사물 [사:물]	직접 보거나 만질 수 있게 일정한 모양과 성질을 갖추고 있는, 세상의 온갖 물건. 예 내가 본 사물을 그림으로 그렸다. 나는 새로운 사물을 접하면 만져 보는 버릇이 있다.
부분	전체를 이루고 있는 작은 범위. 또는 전체를 여러 개로 나눈 것 가운데 하나. 예 밑줄 그은 부분을 읽어 보세요. 우리 모둠 친구들이 그린 부분 그림을 모아 전체를 완성했다.

- 익힘책 86쪽의 3번을 수행하도록 한다.

4) 지시문에 제시된 어휘들 중 빨간색으로 표시된 어휘를 확인하도록 한다.

- '특징'이 사용된 문장을 읽어 보세요.

어휘 지식	
특징 [특찡]	다른 것에 비해 특별히 달라 눈에 띄는 점. 예 동생은 달달한 맛이 특징인 초콜릿을 좋아한다.

- 교재 163쪽의 '떠오르다', '생김새' 어휘까지 모두 배운 후 익힘책 85쪽 1번과 86쪽 2번을 이어서 수행하도록 한다.

나누어 살펴보기

하나의 사물을 여러 개의 부분으로 나누어 각 부분을 자세히 살펴보는
것이에요. 사물을 부분으로 나누어 살펴보면 사물의 특징을 잘 알 수 있어요.

바퀴   페달

어려운 말이 있어요? 확인해 봐요.

특징

이렇게 사용해요   코끼리의 특징은 긴 코이다.
                  수박은 검은색 줄무늬가 특징이다.

떠오르나요(떠오르다)

이렇게 사용해요   좋은 생각이 떠올랐다.
                  오랜만에 만난 친구의 이름이 떠올랐다.

생김새

이렇게 사용해요   달의 생김새는 동그랗다.
                  내가 가진 인형은 생김새가 독특하다.

3. 토마토를 부분으로 나누어 살펴보고 글로 써 봅시다.

③ 주요 활동 II – 10분

1) 사물을 부분으로 나누어 살펴보고 쓴 글을 읽고 사물의
특징을 찾아보도록 한다.

   🔵 글을 읽어 보세요.

   🔵 무엇에 대해 쓴 글이에요?

   🔵 자전거를 어떤 방법으로 살펴보았어요?

   🔵 자전거의 어느 부분을 살펴보았어요?

   🔵 자전거의 생김새를 알 수 있는 문장에 밑줄을 그어 보세요.

2) '부엉이 선생님'의 내용을 읽고 '나누어 살펴보기'에
대해 알아본다.

   🔵 '부엉이 선생님'의 내용을 읽어 보세요.

   🔵 나누어 살펴보기가 무엇이에요?

   🔵 나누어 살펴보기의 좋은 점은 무엇이에요?

   🟢 익힘책 86쪽 4번을 쓰게 한다.

3) 본문에 제시된 어휘들 중 빨간색으로 표시된 어휘를
확인하도록 한다.

   🔵 '떠오르나요(떠오르다)', '생김새'가 사용된 문장을 읽어
   보세요.

어휘 지식	
떠오르다	기억이 되살아나거나 생각이 나다. 🔴 체육 시간에 한 놀이가 떠올랐다.
생김새	생긴 모양. 🔴 사람은 누구나 생김새가 다르다.

   🟢 빨간색 어휘 박스를 확인하며 익힘책 85쪽 1번과 86쪽 2번
   을 수행하도록 한다.

④ 주요 활동 III – 10분

1) 토마토를 부분으로 나누어 살펴보고 특징을 찾아보도록
한다.

   🔵 무엇을 살펴보나요?

   🔵 토마토에서 살펴볼 부분은 무엇이에요?

   🔵 토마토의 꼭지, 속, 씨를 살펴보고 특징을 써 보세요.

   🟢 교재에 제시된 부분 이외에도 다른 부분의 특징을 더 찾을
   수 있다면 학생들이 그림에 표시를 하고 특징을 쓰도록 할
   수 있다.

2) 토마토를 설명하는 글을 써 보도록 한다.

   🔵 토마토를 설명할 때 어떤 내용을 쓰면 좋을까요?

   🔵 토마토를 부분으로 나누어 살펴본 내용을 바탕으로 토마
   토를 설명하는 글을 써 보세요.

3) 친구가 쓴 설명하는 글을 읽어 보게 한다.

   🔵 친구가 쓴 글을 읽고 나와 같은 부분을 친구는 어떻게 설
   명했는지 살펴보세요. 나와 다른 부분을 살펴본 곳이 있
   는지 찾아보세요.

⑤ 정리 – 5분

1) 배운 어휘가 쓰인 문장을 다시 읽어 보도록 한다.

2) 차시 예고를 한다.

🔵 함께 해 봐요

1. '부분 그림 보고 알아맞히기' 놀이를 해 봅시다.

네 개의 다리가 있어.

의자야.

맞아. 잘했어.

2. 부분으로 나누어 살펴본 사물의 특징을 간단하게 써 봅시다.

사물 이름:

특징 1:

특징 2:

특징 3:

166 167

3차시

1 도입 – 5분

1) 지난 시간에 배운 내용을 상기하고 차시 내용을 안내한다.

- 🔵 지난 시간 무엇을 배웠어요?
- 🔵 사물을 나누어 살펴볼 때 어떻게 하면 되나요?
- 🔵 이번 시간에는 '부분 그림 보고 알아맞히기' 놀이를 해 볼 거예요.

2 놀이 설명 – 5분

1) 그림을 보며 어떤 놀이를 할지 생각해 보게 한다.

- 🔵 첫 번째 그림 속 친구가 무엇을 하고 있는지 그림을 살펴보세요.
- 🔵 그린 그림을 다른 친구에게 어떻게 해서 보여 주었어요?
- 🔵 놀이를 하기 위해 무엇이 필요할까요?

2) 놀이 방법을 확인하게 한다.

- 🔵 '부분 그림 보고 알아맞히기' 놀이를 하는 방법을 잘 들어 보세요.
- 🟡 익힘책 87쪽 1번을 수행하며 '부분'과 '전체'를 이해할 수 있도록 한다.

놀이 방법

1. 친구들에게 알려 주고 싶은 사물을 하나 정하여 그림으로 그린다.
2. 전체를 여러 개의 부분으로 나누어 가위로 자른다.
3. 가위바위보로 문제를 낼 순서를 정한다.
4. 문제를 내는 학생은 여러 조각의 그림 중 하나를 보여 주고, 다른 학생은 부분 그림을 보고 떠오르는 사물의 이름을 말한다.
5. 친구가 사물의 이름을 말하지 못하면 다른 조각을 보여 주고 사물의 이름을 말하도록 한다.
6. 놀이가 끝났을 때 가장 많이 맞힌 사람이 이긴다.

3 놀이하기(활동하기) – 25분

1) 놀이 방법에 따라 '부분 그림 보고 알아맞히기' 놀이를 한다.

- 🟡 모든 부분 그림을 다 보고도 답을 말하지 못할 경우 조각 그림을 맞추어 답이 무엇인지 알아보도록 한다.

2) 놀이를 하면서 친구들이 말한 내용을 써 보도록 한다.

- 🔵 부분으로 나누어 살펴본 사물의 특징을 간단히 써 보세요.

4 정리 – 5분

1) 함께 놀이한 친구들에게 고운 말로 칭찬하며 수업을 마무리한다.

- 🟡 정리 활동으로 익힘책 87쪽의 2번을 수행하게 한다. 경우에 따라 과제로 제시할 수 있다.

2) 차시 예고를 한다.

되돌아보기

1. 같은 색깔의 카드 속 글자를 연결하여 낱말을 완성해 봅시다.

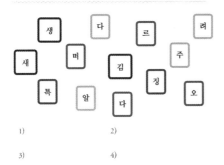

생 / 다 / 르 / 려 / 새 / 떠 / 김 / 주 / 특 / 알 / 징 / 오 / 다

1)   2)

3)   4)

2. 위 낱말을 이용하여 문장을 완성해 봅시다.

1) 토끼의 (   )을/를 살펴보았다.

2) 재미있는 생각이 (   ).

3) 친구에게 무서운 이야기를 (   ).

4) 사과는 동그랗고 빨간 것이 (   )이다.

3. 사물을 부분으로 나누어 살펴보고 설명하는 글을 써 봅시다.

1) 소고를 부분으로 나누어 살펴보세요.

2) 1)의 내용을 바탕으로 소고를 설명하는 글을 써 보세요.

_____

_____

_____

4차시

1 도입 – 5분

1) 되돌아보기 차시의 성격을 설명한다.
- 선 13단원에서 배운 낱말과 표현을 복습해 봅시다.

2) 3차시까지 배운 내용을 확인한다.
- 선 자신을 소개할 때 어떤 내용을 말했어요?
- 선 사물의 특징을 찾을 때 어떻게 했어요?

2 되돌아보기 I – 10분

1) 13단원에서 배운 낱말을 확인한다.
- 선 13단원에서 어떤 낱말을 배웠나요? 떠올려 보세요.
- 선 가장 기억에 남는 낱말을 말해 보세요.

2) 낱자를 연결하여 낱말을 만들어 써 보게 한다.
- 선 카드 속 글자를 살펴보세요.
- 선 같은 색깔의 카드 속 글자를 연결하여 낱말을 만들어 써 보세요.
- 유 학생들이 낱말을 만들기 힘들어할 경우 교재의 앞부분을 찾아보도록 한다.

3) 1번 활동에서 만든 낱말을 이용하여 문장을 완성해 보도록 한다.
- 선 2번에 있는 문장을 읽어 보세요.
- 선 1번에서 만든 낱말을 이용해서 문장을 완성해 보세요.

3 되돌아보기 II – 20분

1) 소고를 부분으로 나누어 살펴보게 한다.
- 선 소고를 몇 개의 부분으로 나누어 살펴볼 수 있어요?
- 선 소고를 나누어 살펴보고, 살펴본 각 부분의 특징을 써 보세요.

2) 소고를 설명하는 글을 써 보게 한다.
- 선 친구들에게 소고를 소개하고 싶어요. 어떤 내용을 쓰면 좋을까요?
- 선 살펴본 내용을 바탕으로 소고를 설명하는 글을 써 보세요.

4 정리 – 5분

1) 친구가 쓴 글을 바꾸어 읽고 잘한 점을 칭찬해 주게 한다.

2) 단원을 공부하며 든 느낌이나 생각을 이야기한다.

14단원 • 잘 했는지 확인해요

● 단원의 개관

'잘 했는지 확인해요' 단원은 초등학교 1학년이나 2학년 학생들이 교과 학습에 바탕이 되는 '비교하기'를 중심으로 한국어 어휘와 표현을 배울 수 있도록 구성했다. 이를 위해 '내가 한 일 되돌아보기', '친구의 작품 평가하기'를 단원의 주제로 설정했고 '누가 누가 잘했나'를 놀이 학습으로서 제시했다. 단원 주제는 1~2학년군의 통합(즐거운 생활, 바른 생활) 교과 학습과 관련된 사고 활동, 읽거나 쓰는 문식 활동의 주제가 된다. 주제별 학습은 1차시와 2차시에 주로 이루어지며 개념과 지식을 다루거나 용례를 제시하는 어휘 내용을 포함하고 있다. 이러한 어휘 내용은 '한국어 교육과정'의 1~2학년군 어휘 목록에서 선별된 것이다. 단원마다 주제와 관련된 놀이/협동 학습을 3차시에 제시하도록 하였으며 4차시는 배운 내용을 복습하는 활동으로 마무리하도록 했다.

이 단원은 생활 한국이 능력 중급(3급)의 학습자가 선택할 수 있는 활동과 어휘 내용으로 구성되었다. 따라서 〈의사소통 한국어〉 교재 4권 6단원('달리기 하다가 넘어지고 말았어요') 필수 차시를 모두 배운 학생을 대상으로 하는 선택 차시로 운영될 수 있다. 학습자의 숙달도에 맞는 어휘 및 쓰기 연습 활동은 익힘책 활동을 병행하여 수행할 수 있도록 했다.

● 단원의 목표와 내용

1) 단원의 목표

◆ 내가 한 일을 되돌아보고 열심히 했는지 확인할 수 있다.
◆ 친구의 작품을 살펴보고 잘된 점과 고칠 점을 말할 수 있다.

2) 단원의 주요 내용

주제	1. 내가 한 일 되돌아보기 2. 친구의 작품 평가하기		
	교재 활동	**어휘 내용**	**교수·학습 특성**
학습 도구 어휘	부엉이 선생님	평가	개념 이해 (교과 연계 및 익힘책 활용)
	어려운 말이 있어요? 확인해 봐요.	실천, 알맞다, 작품, 드러나다	용례 학습 어휘 연습 (익힘책 활용)
	선택 어휘 (파란색 표시)	빈칸, 표시, 고치다, 다양하다, 관계	어휘 연습 (익힘책 활용)

● 차시 전개 과정

1) 차시의 흐름

차시	주제	학습 내용	교재 쪽수	익힘책 쪽수
1	내가 한 일 되돌아보기	1. 요우타가 숙제를 열심히 했는지 되돌아보고 있습니다. 요우타의 생 각을 살펴봅시다. 2. 요우타가 숙제를 잘 했는지 확인해 봅시다.	172~173	88~90
2	친구의 작품 평가하기	1. 친구의 작품을 살펴보려고 합니다. 다음을 읽고 물음에 답해 봅시다. 2. 친구들이 지민이의 작품을 평가하고 있습니다. 읽고 물음에 답해 봅 시다. 3. 작품을 평가할 때 지민이가 더 생각해 보고 싶어 하는 부분을 소리 내어 읽어 봅시다. 4. 요우타의 그림을 보고 평가해 봅시다.	174~177	91~92
3	놀이/협동 학습	1. '누가 누가 잘했나' 활동을 해 봅시다. 2. 친구들이 작품을 평가한 내용을 써 봅시다.	178~179	93
4	정리 학습	1. 제시된 자음자로 만들 수 있는 낱말을 〈보기〉에서 찾아 써 봅시다. 2. 위 낱말 중에서 뜻을 알고 있는 낱말에 〇표시해 봅시다. 그중 하나 를 골라 짧은 문장을 만들어 써 봅시다. 3. 나를 칭찬해 봅시다.	180~181	

2) 차시별 교수·학습 활동

◆ 1차시 및 2차시: 단원의 주제에 맞는 읽기(특히 소리 내어 읽기)나 쓰기 활동을 제시했다. 또한 생각을 주고받는 말
하기나 발표하기 등의 수업 활동을 경험할 수 있도록 과제를 제시했다. 익힘책 활동이 연계된다.

◆ 3차시: 단원의 주제와 관련된 놀이나 협동 활동을 제시했다. 놀이나 협동 과정에서 사용한 어휘, 문장을 활용하는 쓰
기와 말하기 활동이 함께 제시되었다. 익힘책 활동이 연계된다.

◆ 4차시: 단원의 어휘 및 주제별 학습 내용을 정리, 복습하는 활동을 제시했다. 복습 활동 위주의 차시로서 익힘책 활
동은 따로 연계되지 않는다.

● 단원 지도상의 유의점

◆ 학습에 필요한 어휘 학습과 문식력 강화 활동이 이루어지도록 운영한다.

◆ 익숙한 상황을 이용하여 자기 평가를 할 때 사용하는 표현을 익힐 수 있도록 한다.

◆ 학습에서 자주 발생하는 상황을 이용하여 평가와 관련된 표현을 익힐 수 있도록 한다.

◆ 놀이의 승패보다는 평가 기능 연습이나 배운 어휘를 연습하는 활동에 중점을 두어 지도한다.

◆ 학습 도구 어휘의 경우 추상성이 강하므로 명시적으로 설명하기보다는 활동 과정에서 경험을 통해 익힐 수 있도록
한다.

주제

내가 한 일 되돌아보기

주요 활동

1. 요우타가 숙제를 열심히 했는지 되돌아보고 있습니다. 요우타의 생각을 살펴봅시다.
2. 요우타가 숙제를 잘 했는지 확인해 봅시다.

학습 도구 어휘

실천, 알맞다, 빈칸, 표시, 평가

① 도입 – 5분

1) 단원 도입 모듈에 제시된 〈의사소통 한국어〉 연계 단원 이름을 본다. 〈의사소통 한국어〉 교재에서 배웠던 내용을 간략히 정리해 주거나, 〈의사소통 한국어〉 주제를 활용하여 생활 한국어 이해 수준을 간략히 확인한다.

- ㉔ 여러분, 여기 예쁜 집이 있어요.
  여러분이 배워야 할 한국어들이 잘 모이면 이렇게 예쁜 집이 돼요.
- ㉔ 여러분은 실수나 후회를 해 본 적이 있어요?
- ㉕ 도입 모듈에 대한 설명이나 활동은 최대한 간략하게 하며, 경우에 따라 생략할 수 있다.

2) 단원 도입 그림을 보면서 단원의 주제와 학습 목표, 대략적인 단원 학습 내용을 살펴본다.

- ㉔ 작은 그림 속의 요우타는 무엇을 후회하고 있어요?
- ㉔ 큰 그림 속의 선생님께서 무엇을 하라고 하셨어요?
- ㉔ 이번 단원에서 무엇을 배울 것 같아요?

3) 단원 학습 목표를 소개하고, 주요한 활동들을 간략히 소개한다.

- ㉔ 첫 번째 시간에는 내가 해야 할 일을 잘 했는지 확인해 볼 거예요.
- ㉔ 두 번째 시간에는 친구의 작품을 보고 잘 했는지 평가해 볼 거예요.
- ㉕ 도입 단계에서 학습자들의 수준을 판별하여 차시 활동이나 추후 익힘책 활동 등을 선택적으로 운영할 수 있도록 한다.

② 주요 활동 I – 20분

1) 선생님의 말을 읽고 평가 주제를 찾아보도록 한다.

- ㉔ 선생님의 말을 소리 내어 읽어 보세요.
- ㉔ 선생님께서 무엇에 대해 물어보셨어요?
- ㉔ 선생님께서 무엇에 대해 생각해보라고 하셨어요?
- ㉔ 선생님께서 생각해 본 내용을 어떻게 하라고 하셨어요?

2) 요우타의 생각을 읽고 평가 방법을 생각해 보도록 한다.

- ㉔ 요우타의 생각을 소리 내어 읽어 보세요.
- ㉔ 선생님의 말을 들은 요우타는 무엇에 대해 생각했어요?
- ㉔ 요우타는 자기가 실천한 일에 대해 어떻게 평가했어요?
- ㉔ 요우타는 평가한 내용을 어디에 표시해야 할까요?

내가 한 일 되돌아보기

1. 요우타가 숙제를 열심히 했는지 되돌아보고 있습니다. 요우타의 생각을 살펴봅시다.

'집안일 돕기' 숙제를 어떻게 했어요? 열심히 실천했는지 생각해 봐요. 숙제로 한 집안일을 빈칸에 쓰세요. 열심히 했는지 알맞은 그림에 표시하세요.

실천 평가표

내가 한 집안일	열심히 했나요?
	😊😐☹️
	😊😐☹️

신발 정리를 했어. 매일 했으니까 😊에 표시해야지.

놀고 나서 장난감 정리를 못했어. ☹️에 표시해야겠다.

평가

수업에서 평가는 활동을 잘 했는지, 활동 결과물이 잘 되었는지, 해야 할 일을 열심히 했는지 등을 생각해 보는 거예요.

172 • 학습 도구 한국어 1~2학년

172

3) 교재에서 빨간색으로 표시된 어휘를 확인하도록 한다.

- ㉔ '실천', '알맞은(알맞다)'가 사용된 문장을 읽어 보세요.

어휘 지식

실천	이론이나 계획, 생각한 것을 실제 행동으로 옮김. ㉕ 선생님께서 말보다 실천이 중요하다고 하셨어.
알맞다 [알:맏따]	일정한 기준이나 조건 또는 정도에 잘 맞아 넘치거나 모자라지 않은 데가 있다. ㉕ 선생님이 그림을 그리기에 알맞은 종이를 고르고 계신다.

- ㉕ 익힘책 88쪽의 1번, 2번을 쓰게 한다. 경우에 따라 과제로 부여할 수 있다.

4) 교재에서 파란색으로 표시된 어휘를 확인하도록 한다.

- ㉔ '빈칸', '표시'가 사용된 문장을 읽어 보세요.

어휘 지식

빈칸 [빈:칸]	비어 있는 칸. ㉕ 낱말 퀴즈의 빈칸에 들어갈 말을 모두 채웠다. 빈칸에 이름을 썼다.
표시	어떤 사항을 알리는 내용을 겉에 드러내 보임. ㉕ 뚜껑에 파란색 표시가 있는 것이 물이다. 내가 찾은 물건에 ○ 표시를 했다.

2) 요우타가 한 집안일을 실천 평가표에 써 본다.

선 1번 그림 속 요우타의 생각을 보고 요우타가 한 일을 찾아 빈칸에 써 보세요.

선 1번 그림 속 요우타의 생각을 보고 자기가 한 일에 대해 요우타는 어떻게 평가했는지 찾아 알맞은 그림에 ○표 해 보세요.

4 정리 – 5분

1) 배운 어휘가 쓰인 문장을 다시 읽어 보도록 한다.

2) 차시 예고를 한다.

---

2. 요우타가 숙제를 잘 했는지 확인해 봅시다.

실천 평가표

내가 한 집안일	열심히 했나요?

1) '내가 한 집안일' 칸에 요우타가 한 일을 써 보세요.

2) 1번 그림 속 요우타의 생각을 보고 '열심히 했나요?'의 알맞은 그림에 표시해 보세요.

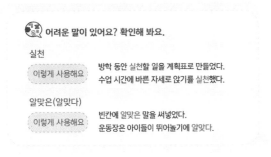

어려운 말이 있어요? 확인해 봐요.

실천

이렇게 사용해요: 방학 동안 실천할 일을 계획표로 만들었다. 수업 시간에 바른 자세로 앉기를 실천했다.

알맞은(알맞다)

이렇게 사용해요: 빈칸에 알맞은 말을 써넣었다. 운동장은 아이들이 뛰어놀기에 알맞다.

14. 잘 했는지 확인해요 • 173

173

유 익힘책 89쪽의 3번, 4번을 쓰게 한다. 익힘책 활동은 과제로 부여할 수 있다. 교사가 판단하여 필요하지 않을 경우 생략할 수 있다.5) '부엉이 선생님'의 내용을 읽고 '평가'에 대해 알아보도록 한다.

선 '부엉이 선생님'의 내용을 읽어 보세요.

선 수업 시간에 하는 평가에는 어떤 것이 있어요?

어휘 지식	
평가 [평:까]	사물의 값이나 가치, 수준 등을 헤아려 정함. 또는 그 값이나 가치, 수준.

유 '부엉이 선생님' 내용을 충분히 설명한 후에 익힘책 90쪽의 5번, 6번 활동을 수행하도록 한다. 경우에 따라 과제로 부여할 수 있다.

3 주요 활동 II – 10분

1) 실천 평가표의 구성 요소를 살펴보도록 한다.

선 실천 평가표를 살펴보세요. 어떤 내용이 있어요?

선 '내가 한 집안일' 칸에 써야할 내용은 무엇이에요?

선 '열심히 했나요?' 칸의 😊모양은 어떤 의미일까요?

선 '열심히 했나요?' 칸의 😐모양은 어떤 의미일까요?

2차시

주제

친구의 작품 평가하기

주요 활동

1. 친구의 작품을 살펴보려고 합니다. 다음을 읽고 물음에 답해 봅시다.
2. 친구들이 지민이의 작품을 평가하고 있습니다. 읽고 물음에 답해 봅시다.
3. 작품을 평가할 때 지민이가 더 생각해 보고 싶어 하는 부분을 소리 내어 읽어 봅시다.
4. 요우타의 그림을 보고 평가해 봅시다.

학습 도구 어휘

작품, 드러나다, 고치다, 다양하다, 관계

1 도입 – 5분

1) 1차시 내용에 대한 이해 정도를 확인하며 2차시 내용에 대하여 안내한다.

- 🔵 지난 시간에 무엇에 대해 평가해 보았어요?
- 🔵 내가 한 일은 어떻게 평가하면 되나요?
- 🔵 지난 시간에 배운 낱말은 무엇이 있어요?
- 🔵 이번 시간에는 친구의 작품을 보고 평가해 볼 거예요.

2 주요 활동 I – 10분

1) 1차시의 첫 번째 활동에 대하여 안내한다.

- 🔵 선생님의 말과 친구들의 생각을 꼼꼼히 보며 그림을 살펴보세요.
- 🔵 무엇에 대해 그림을 그렸어요?
- 🔵 선생님께서 친구들의 그림을 무엇이라고 말씀하셨어요?
- 🔵 선생님께서 친구들의 작품을 보고 무엇을 하라고 하셨어요?
- 🔵 선생님께서 평가를 할 때 어떤 점을 살펴보라고 하셨어요?
- 🔵 성우가 친구의 그림을 보고 찾겠다고 한 것에 밑줄을 그어 보세요.
- 🔵 아이다가 친구의 그림을 보고 찾겠다고 한 것에 밑줄을 그어 보세요.

2) 교재에서 빨간색으로 표시된 어휘를 확인하도록 한다.

- 🔵 '작품', '드러났는지(드러나다)'가 사용된 문장을 읽어 보세요.

어휘 지식

작품	그림, 조각, 소설, 시 등 예술 창작 활동으로 만든 것. 예 우리는 미술관에서 작품을 감상했다.
드러나다	태도나 감정, 개성 등이 표현되다. 예 언니의 얼굴에 행복함이 그대로 드러나 있었다.

- 🔵 익힘책 91쪽의 1번, 2번을 쓰게 한다. 경우에 따라 과제로 부여할 수 있다.

3) 교재에서 파란색으로 표시된 어휘를 확인하도록 한다.

- 🔵 '고칠(고치다)'이 사용된 문장을 읽어 보세요.

어휘 지식

고치다	전과 다르게 바꾸다. 예 친구들이 이해하기 쉽게 내용을 고쳤다. 바퀴 모양을 둥글게 고쳤더니 잘 굴러갔다.

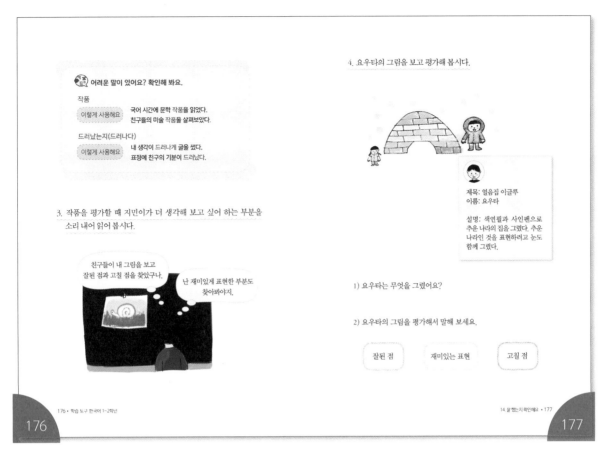

🔵 익힘책 92쪽의 3번 활동 ①을 수행하도록 한다.

🔵 경우에 따라 교재 175쪽의 '다양한', '관계' 어휘까지 모두 배운 후 익힘책 92쪽 3번, 4번 활동을 이어서 하게 한다. 교사가 판단하여 필요하지 않을 경우 생략할 수 있다.

3️⃣ 주요 활동 II - 10분

1) 2번 그림을 살펴보고 평가 내용을 표현하는 방법을 알아보게 한다.

🔵 그림을 소개하고 있는 사람은 누구예요?

🔵 지민이의 그림을 보고 친구들은 무엇을 하고 있어요?

🔵 지민이의 그림을 보고 잘된 점을 말한 친구는 누구예요?

🔵 성우와 요우타가 평가한 내용을 소리 내어 읽어 보세요.

🔵 지민이의 그림을 보고 고칠 점을 말한 사람은 누구예요?

🔵 아이다가 말한 평가 내용을 2-2)에 써 보세요.

2) 교재에서 파란색으로 표시된 어휘를 확인하도록 한다.

🔵 '다양한(다양하다)', '관계'가 사용된 문장을 읽어 보세요.

어휘 지식

다양하다	색깔, 모양, 종류, 내용 등이 여러 가지로 많다. 예 크레파스는 색깔이 다양하다. 다양한 장난감 중에 하나를 골랐다.
관계	둘 이상의 사람, 사물, 현상 등이 서로 관련을 맺음. 또는 그런 관련. 예 나는 친구 관계가 원만하다. 사람들은 서로 관계를 맺고 살아간다.

🔵 익힘책 92쪽의 3번, 4번을 쓰게 한다. 익힘책 활동은 과제로 부여할 수 있다. 교사가 판단하여 필요하지 않을 경우 생략할 수 있다.

3) 3번 그림을 보고 평가를 할 때 더 살펴볼 부분을 찾아보도록 한다.

🔵 그림 속 지민이의 생각을 살펴보세요.

🔵 지민이는 친구들이 자신의 작품을 평가할 때 어떤 점을 찾았다고 했어요?

🔵 지민이가 작품을 평가할 때 더 찾아보고 싶은 부분을 소리 내어 읽어 보세요.

4️⃣ 주요 활동 III - 10분

1) 4번 요우타의 그림을 살펴보고 작품 주제를 찾아보도록 한다.

🔵 요우타가 그린 그림을 살펴보세요.

🔵 요우타는 무엇을 그렸어요?

🔵 요우타가 쓴 설명을 읽어 보세요.

🔵 요우타는 자신의 그림에 대해 무엇을 설명했어요?

2) 요우타의 그림을 평가해 말해 보도록 한다.

🔵 요우타의 작품을 평가하기 위해 무엇을 찾아보면 좋을까요?

🔵 요우타의 그림에서 잘된 점은 무엇이에요?

🔵 요우타의 그림에서 고칠 점은 무엇이에요?

🔵 요우타의 그림에서 재미있는 표현은 무엇이에요?

🔵 잘된 점, 고칠 점, 재미있는 표현 중 학생들이 찾을 수 있는 부분만 찾아 말해 보도록 한다.

5️⃣ 정리 - 5분

1) 배운 어휘가 쓰인 문장을 다시 읽어 보도록 한다.

2) 차시 예고를 한다.

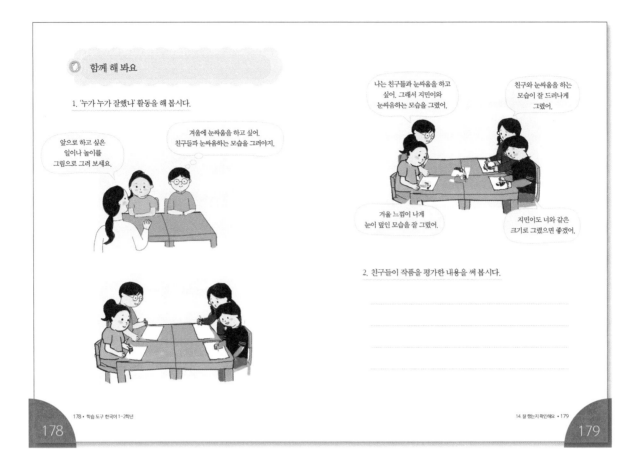

3차시

1 도입 – 3분

1) 전 시간에 배운 내용을 상기한다.

- 선 지난 시간에 무엇을 평가해 보았어요?
- 선 친구의 작품을 평가할 때 찾아볼 점은 무엇이에요?

2 활동 설명 – 7분

1) 그림을 보며 어떤 활동을 할지 생각해 보도록 한다.

- 선 친구들이 무엇을 하고 있는지 그림을 살펴보세요.
- 선 이번 시간에 어떤 활동을 할 것 같아요?
- 선 활동을 하기 위해 무엇이 필요할까요?

2) 활동 방법을 확인하도록 한다.

- 선 '누가 누가 잘했나' 활동을 하는 방법을 잘 들어 보세요.

> **활동 방법**
>
> 1. 주제에 알맞은 그림을 그린다.
> 2. 친구들에게 내가 그린 그림을 설명한다.
> 3. 설명한 친구의 그림을 보고 잘된 점, 고칠 점, 재미있는 표현을 찾아 말한다.

3 놀이하기(활동하기) – 25분

1) 활동 방법에 따라 모둠별로 '누가 누가 잘했나' 활동을 하도록 한다.

- 유 그림의 주제는 교재에 제시된 내용과 학생들과 의논하여 정한 내용 모두 가능하다.
- 유 그림을 다 그리지 못해도 선생님의 신호에 따라 그림을 그리는 활동을 멈추고 친구들의 작품을 평가하는 활동을 하도록 한다.
- 유 친구들의 작품을 평가할 때 친구의 마음을 상하게 할 수 있는 말은 하지 않도록 먼저 지도한다.

2) 친구들이 작품을 평가한 내용을 써 보게 한다.

- 선 친구들이 내 작품을 보고 평가한 내용을 써 보세요. 친구들이 다른 작품을 보고 평가한 내용 중 기억나는 것을 써도 돼요.
- 유 정리 활동으로서 익힘책 93쪽의 1번, 2번 활동을 이어서 수행하도록 하거나 과제로 부여할 수 있다.

4 정리 – 5분

1) 친구에게 들은 가장 기분 좋은 평가 내용을 말해 보게 한다.

2) 차시 예고를 한다.

되돌아보기

1. 제시된 자음자로 만들 수 있는 낱말을 보기 에서 찾아 써 봅시다.

보기

드러나다 실천 알맞다 작품

1) ㅅ ㅊ (   )

2) ㅈ ㅍ (   )

3) ㅇ ㅁ ㄷ (   )

4) ㄷ ㄹ ㄴ ㄷ (   )

2. 위 낱말 중에서 뜻을 알고 있는 낱말에 ○표 해 봅시다. 그중 하나를 골라 짧은 문장을 만들어 써 봅시다.

3. 나를 칭찬해 봅시다.

1) 칭찬하고 싶은 나의 모습을 그려 보세요.

2) 나를 칭찬하는 말을 써 보세요.

4차시

1 도입 – 5분

1) 되돌아보기 차시의 성격을 설명한다.

⨋ 14단원에서 배운 낱말과 표현을 복습해 봅시다.

2) 3차시까지 배운 내용을 확인한다.

⨋ 14단원에서 무엇을 배웠어요?

⨋ 나의 활동을 되돌아볼 때는 어떤 점을 생각해 보면 되나요?

⨋ 친구의 작품을 평가할 때 어떤 점을 찾아보았어요?

2 되돌아보기 I – 10분

1) 제시된 자음자로 만들 수 있는 낱말을 〈보기〉에서 찾아 써 보도록 한다.

⨋ 14단원에서 어떤 낱말을 배웠어요?

⨋ 〈보기〉에 있는 낱말을 소리 내어 읽어 보세요.

⨋ 〈보기〉에서 자음자를 찾아 ○표 해 보세요.

⨋ 제시된 자음자로 만들 수 있는 낱말을 〈보기〉에서 찾아 써 보세요.

⨋ 학생들이 초성으로 만들 수 있는 낱말을 찾기 힘들어할 경우 교사와 함께 〈보기〉에 주어진 초성에 ○표를 해보고 난 뒤 만들어 써 보도록 한다.

2) 뜻을 알고 있는 낱말을 찾아 문장을 만들어 보도록 한다.

⨋ 자음자를 이용하여 만든 낱말 중에 뜻을 알고 있는 낱말에 ○표 해 보세요.

⨋ ○표된 낱말 중에 하나를 골라 문장을 만들어 써 보세요.

3 되돌아보기 II – 20분

1) 나의 행동을 되돌아보고 칭찬할 점을 찾아보도록 한다.

⨋ 학교나 집에서 나의 행동을 되돌아보고 칭찬하고 싶은 점을 생각해 보세요.

⨋ 나의 어떤 모습을 칭찬하고 싶어요?

⨋ 칭찬하고 싶은 나의 모습을 그림으로 그려 보세요.

⨋ 학생들이 그림을 자세하고 예쁘게 그리는 것에 중점을 두지 않도록 한다.

2) 내가 그린 그림 속의 나에게 칭찬하는 말을 써 보도록 한다.

4 정리 – 5분

1) 단원을 공부하며 든 느낌이나 생각을 이야기 한다.

2) 단원을 공부하는 동안 있었던 일 중에 친구의 칭찬할 점을 찾아 칭찬해 주도록 한다.

15단원 • 어떻게 해결할까요

단원의 개관

'어떻게 해결할까요' 단원은 초등학교 1학년이나 2학년 학생들이 교과 학습에 바탕이 되는 '비교하기'를 중심으로 한국어 어휘와 표현을 배울 수 있도록 구성했다. 이를 위해 '과학 문제 해결하기', '칠교판으로 모양 만들기'를 단원의 주제로 설정했고 '친구가 만든 모양 맞히기'를 놀이 학습으로서 제시했다. 단원 주제는 1~2학년군의 국어, 수학, 통합(슬기로운 생활) 교과 학습과 관련된 사고 활동, 읽거나 쓰는 문식 활동의 주제가 된다. 주제별 학습은 1차시와 2차시에 주로 이루어지며 개념과 지식을 다루거나 용례를 제시하는 어휘 내용을 포함하고 있다. 이러한 어휘 내용은 '한국어 교육과정'의 1~2학년군 어휘 목록에서 선별된 것이다. 단원마다 주제와 관련된 놀이/협동 학습을 3차시에 제시했으며 4차시는 배운 내용을 복습하는 활동으로 마무리하도록 했다.

이 단원은 생활 한국이 능력 3급의 학습자가 신택할 수 있는 활동과 어휘 내용으로 구성되었다. 따라서 〈의사소통 한국어〉 교재 4권 7단원('백성을 위해 한글을 만드셨어요') 필수 차시를 모두 배운 학생을 대상으로 하는 선택 차시로 운영될 수 있다. 학습자의 숙달도에 맞는 어휘 및 쓰기 연습 활동은 익힘책 활동을 병행하여 수행할 수 있도록 했다.

단원의 목표와 내용

1) 단원의 목표

◆ 과학과 관련된 문제를 해결하는 과정을 살펴보고 문제 해결 과정을 이해한다.

◆ 칠교판을 사용하여 모양을 만들 때 생길 수 있는 여러 가지 문제를 해결해 본다.

2) 단원의 주요 내용

주제	1. 과학 문제 해결하기 2. 칠교판으로 모양 만들기		
	교재 활동	**어휘 내용**	**교수·학습 특성**
학습 도구 어휘	✏ 꼬마 수업	칠교판	개념 이해 (교과 연계 및 익힘책 활용)
	💬 어려운 말이 있어요? 확인해 봐요.	제시, 추측, 맞다, 주의	용례 학습 어휘 연습 (익힘책 활용)
	선택 어휘 (파란색 표시)	해결, 겨울잠, 빈 곳, 순서	어휘 연습 (익힘책 활용)

● 차시 전개 과정

1) 차시의 흐름

차시	주제	학습 내용	교재 쪽수	익힘책 쪽수
1	과학 문제 해결하기	1. 궁금한 점을 해결하는 방법을 알아봅시다. 2. 아이다가 조사하여 정리한 내용을 읽고 물음에 답해 봅시다.	184~185	94~95
2	칠교판으로 모양 만들기	1. 칠교판으로 모양을 만들려고 합니다. 다음을 읽고 물음에 답해 봅시다. 2. 요우타의 생각을 살펴보고 문제를 해결해 봅시다. 3. 칠교판으로 다음 모양을 만들어 봅시다. 4. 칠교판으로 모양을 만들다 생긴 문제를 해결해 봅시다.	186~189	96~98
3	놀이/협동 학습	1. 칠교놀이를 해 봅시다. 2. 나와 친구들이 무엇을 만들었는지 써 봅시다.	190~191	99
4	정리 학습	1. 같은 색깔의 카드를 모아 문장을 완성해 봅시다. 2. 친구들의 이야기를 살펴보고 물음에 답해 봅시다.	192~193	

2) 차시별 교수·학습 활동

◆ 1차시 및 2차시: 단원의 주제에 맞는 읽기(특히 소리 내어 읽기)나 쓰기 활동을 제시했다. 또한 생각을 주고받는 말하기나 발표하기 등의 수업 활동을 경험할 수 있도록 과제를 제시했다. 익힘책 활동이 연계된다.

◆ 3차시: 단원의 주제와 관련된 놀이나 협동 활동을 제시했다. 놀이나 협동 과정에서 사용한 어휘, 문장을 활용하는 쓰기와 말하기 활동이 함께 제시되었다. 익힘책 활동이 연계된다.

◆ 4차시: 단원의 어휘 및 주제별 학습 내용을 정리, 복습하는 활동을 제시했다. 복습 활동 위주의 차시로서 익힘책 활동은 따로 연계되지 않는다.

● 단원 지도상의 유의점

◆ 학습에 필요한 어휘 학습과 문식력 강화 활동이 이루어지도록 운영한다.

◆ 과학 문제를 해결하는 방법의 예시로 조사가 제시된 것일 뿐 모든 과학 문제를 조사로 해결한다는 잘못된 개념을 가지지 않도록 지도한다.

◆ 칠교판으로 정확한 모양을 만드는 것보다는 칠교판으로 도형 문제를 해결하는 과정에서 익힐 수 있는 어휘를 배우는 것에 중점을 두어 지도한다.

◆ 놀이의 승패보다는 문제 해결 기능을 익히는 것에 중점을 두어 지도한다.

◆ 학습 도구 어휘의 경우 추상성이 강하므로 명시적으로 설명하기보다는 활동 과정에서 경험을 통해 익힐 수 있도록 한다.

주제
과학 문제 해결하기

주요 활동
1. 궁금한 점을 해결하는 방법을 알아봅시다.
2. 아이다가 조사하여 정리한 내용을 읽고 물음에 답해 봅시다.

학습 도구 어휘
해결, 겨울잠, 제시

1 도입 - 5분

1) 단원 도입 모듈에 제시된 〈의사소통 한국어〉 연계 단원 이름을 본다. 〈의사소통 한국어〉 교재에서 배웠던 내용을 간략히 정리해 주거나, 〈의사소통 한국어〉 주제를 활용하여 생활 한국어 이해 수준을 간략히 확인한다.

- 🔵 여러분, 여기 예쁜 집이 있어요.
  여러분이 배워야 할 한국어들이 잘 모이면 이렇게 예쁜 집이 돼요.
- 🔵 여러분이 존경하는 인물은 누구예요?
- 🟢 도입 모듈에 대한 설명이나 활동은 최대한 간략하게 하며, 경우에 따라 생략할 수 있다.

2) 단원 도입 그림을 보면서 단원의 주제와 학습 목표, 대략적인 단원 학습 내용을 살펴본다.

- 🔵 친구들이 무엇을 보고 있어요? 텔레비전 속 인물이 무엇을 설명하고 있어요?
- 🔵 친구들이 궁금해 하는 것은 무엇이에요?
- 🔵 무엇을 배울 것 같아요?

3) 단원 학습 목표를 소개하고, 주요한 활동들을 간략히 소개한다.

- 🔵 첫 번째 시간에는 과학 문제를 해결하는 방법을 알아볼 거예요.
- 🔵 두 번째 시간에는 칠교판으로 여러 가지 모양을 만들어 볼 거예요.
- 🟢 도입 단계에서 학습자들의 수준을 판별하여 차시 활동이나 추후 익힘책 활동 등을 선택적으로 운영할 수 있도록 한다.

2 주요 활동 I - 20분

1) 성우네 모둠의 활동 모습을 살펴보고 문제와 문제를 해결하는 방법을 찾아보도록 한다.

- 🔵 친구들의 말을 꼼꼼히 읽으면서 그림을 살펴보세요.
- 🔵 성우네 모둠은 무엇을 하고 있어요?
- 🔵 책상 위 그림은 무엇에 대해 그린 것인가요?
- 🔵 겨울잠을 자는 동물은 무엇이 있어요?
- 🔵 겨울잠을 자는 동물을 1-1)에 써 보세요.
- 🔵 그림을 보고 아이다가 궁금해하는 점이 무엇인지 아이다의 말을 소리 내어 읽어 보세요.
- 🔵 요우타가 아이다의 궁금함을 해결하기 위해 제시한 방법은 뭐예요?

🔵 과학 문제 해결하기

1. 궁금한 점을 해결하는 방법을 알아봅시다.

1) 겨울잠을 자는 동물을 써 보세요.

_____

2) 아이다가 궁금해하는 점을 소리 내어 읽어 보세요.

3) 궁금한 점을 해결하기 위해 요우타가 제시한 방법을 말해 보세요.

2) 문제 해결 과정을 설명한다.

- 🔵 아이다가 자료를 보고 궁금해하는 점을 문제라고 해요. 아이다가 궁금해하는 것을 해결하기 위해 요우타가 제시한 방법은 문제 해결 방법이라고 해요. 문제를 해결하기 위해서는 주어진 상황에서 무엇이 문제인지 먼저 찾아야 해요. 그 뒤에 문제를 해결할 수 있는 다양한 방법을 생각해 봐요. 여러 가지 문제 해결 방법 중 내가 실천할 수 있는 방법을 찾아서 문제를 해결하면 돼요. 내기 생각한 방법으로 문제를 해결하지 못하면 다른 방법을 찾아 다시 문제를 해결해 보면 돼요.

3) 교재에서 파란색으로 색깔이 표시된 어휘를 확인하도록 한다.

- 🔵 '해결', '겨울잠'이 사용된 문장을 읽어 보세요.

어휘 지식	
해결 [해ː결]	사건이나 문제, 일 등을 잘 처리해 끝을 냄. 예 아버지가 해결 못하는 문제는 없다. 미세 먼지 문제는 해결이 어렵다.
겨울잠 [겨울짬]	동물이 겨울을 나기 위해 활동을 멈추고 겨울철 동안 자는 잠. 예 봄이 되어 동물들이 겨울잠에서 깼다. 동물은 긴 겨울잠을 잔다.

- 🟢 익힘책 95쪽의 3번과 4번을 쓰게 한다. '방법' 어휘의 경우,

2. 아이다가 조사하여 정리한 내용을 읽고 물음에 답해 봅시다.

> 곰은 겨울잠을 잔다. 왜냐하면 겨울에는 먹을 것이 없기 때문이다.
>
> 뱀도 겨울에 땅속에서 잠을 잔다. 왜냐하면 추운 바깥에 있으면 얼어 죽기 때문이다.

1) 곰이 겨울잠을 자는 까닭을 찾아 써 보세요.

_____

2) 뱀이 겨울잠을 자는 까닭을 찾아 써 보세요.

_____

어려운 말이 있어요? 확인해 봐요.

제시

이렇게 사용해요   체육 시간에 지켜야 할 규칙을 제시했다.
친구가 제시한 방법으로 수학 문제를 풀었다.

익힘책 71쪽의 3번, 4번을 다시 보며, 용례를 확인하도록 할 수 있다.

4) 교재에서 빨간색으로 표시된 어휘를 확인한다.

🔵 '제시'가 사용된 문장을 읽어 보세요.

어휘 지식	
제시	무엇을 하고자 하는 생각을 말이나 글로 나타내어 보임. 📍 지민이는 여러 가지 의견을 적극적으로 제시했다.

🔵 익힘책 94쪽의 1번, 2번을 쓰게 한다. 경우에 따라 과제로 부여할 수 있다.

❸ 주요 활동 II – 10분

1) 아이다가 정리한 내용을 읽고 문제 해결 결과를 알아 보도록 한다.

🔵 아이다가 조사하여 정리한 내용을 읽어 보세요.
🔵 아이다는 무엇에 대해 조사했어요?
🔵 아이다는 어떤 동물의 겨울잠을 자는 까닭을 조사했어요?
🔵 곰이 겨울잠을 자는 까닭은 무엇이에요?
🔵 뱀이 겨울잠을 자는 까닭은 무엇이에요?

2) 문제 해결 결과를 정리하도록 한다.

🔵 곰이 겨울잠을 자는 까닭을 조사 내용에서 찾아 2-1)에 써 보세요.
🔵 뱀이 겨울잠을 자는 까닭을 조사 내용에서 찾아 2-2)에 써 보세요.

❹ 정리 – 5분

1) 배운 어휘가 쓰인 문장을 다시 읽어 보도록 한다.
2) 차시 예고를 한다.

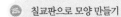

칠교판으로 모양 만들기

1. 칠교판으로 모양을 만들려고 합니다. 다음을 읽고 물음에 답해 봅시다.

칠교판을 이용해서 만든 모양이에요. <u>빈 곳에 어떤 조각이 들어가면 좋을까요?</u> 빈 곳에 들어갈 조각을 추측해 보세요.

칠교 조각으로 나무 모양을 만들면 되네.

1) 해결해야 할 문제는 무엇이에요? 밑줄 그은 부분을 소리 내어 읽어 보세요.

2) 문제를 해결하기 위해 필요한 것은 무엇이에요?

🖉 꼬마 수업 칠교판

칠교판이란 다양한 세모 모양 조각 5개, 네모 모양 조각 2개로 이루어진 놀이판을 말해요. 일곱 조각을 모두 붙이면 옆의 그림처럼 큰 네모 모양을 만들 수 있어요.

2. 요우타의 생각을 살펴보고 문제를 해결해 봅시다.

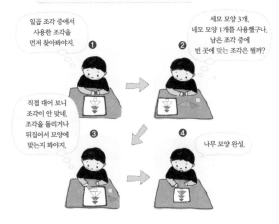

일곱 조각 중에서 사용한 조각을 먼저 찾아봐야지. ❶

세모 모양 3개, 네모 모양 1개를 사용했구나. 남은 조각 중에 빈 곳에 맞는 조각은 뭘까? ❷

직접 대어 보니 조각이 안 맞네. 조각을 돌리거나 뒤집어서 모양에 맞는지 봐야지. ❸

나무 모양 완성. ❹

1) 요우타의 생각을 순서대로 소리 내어 읽어 보세요.

2) 칠교판을 이용하여 제시된 모양을 완성해 보세요. 부록

2차시

주제
칠교판으로 모양 만들기

주요 활동
1. 칠교판으로 모양을 만들려고 합니다. 다음을 읽고 물음에 답해 봅시다.
2. 요우타의 생각을 살펴보고 문제를 해결해 봅시다.
3. 칠교판으로 다음 모양을 만들어 봅시다.
4. 칠교판으로 모양을 만들다 생긴 문제를 해결해 봅시다.

학습 도구 어휘
빈 곳, 추측, 칠교판, 맞다, 순서, 주의

1 도입 – 3분

1) 1차시 내용에 대한 이해 정도를 확인하며 2차시 내용에 대하여 안내한다.

🔵 지난 시간 무엇에 대해 배웠어요? 어떤 낱말을 배웠어요?

🔵 이번 시간에는 칠교판으로 여러 가지 모양을 만들어 볼 거예요.

2 주요 활동Ⅰ - 7분

1) 그림을 살펴보고 문제를 찾아보게 한다.

🔵 선생님의 말씀을 자세히 읽으며 그림을 살펴보세요.

🔵 칠교판으로 어떤 모양을 만들었어요?

🔵 선생님께서 학생들에게 무엇을 하라고 했어요?

🔵 학생들이 해결해야 할 문제가 무엇인지 밑줄 그은 부분을 소리 내어 읽어 보세요.

2) 그림을 살펴보고 문제를 해결하기 위해 필요한 것을 찾아보게 한다.

🔵 요우타의 생각을 읽어 보세요.

🔵 요우타는 문제를 해결하기 위해 무엇이 필요하다고 했어요?

3) 교재에서 파란색으로 표시된 어휘를 확인하도록 한다.

🔵 '빈 곳'이 사용된 문장을 읽어 보세요.

어휘 지식	
빈 곳	아무도, 혹은 아무것도 없는 일정한 장소나 위치. 예 빈 곳을 채워 그림을 완성하세요. 꽃이 많아 화단에는 빈 곳이 없다.

🔵 익힘책 98쪽의 4번 활동 ②을 수행하도록 한다.

🔵 경우에 따라 교재 187쪽의 '순서' 어휘까지 모두 배운 후 익힘책 98쪽 4번, 5번 활동을 이어서 하게 한다.

4) 교재에서 빨간색으로 표시된 어휘를 확인하도록 한다.

🔵 '추측'이 사용된 문장을 읽어 보세요.

어휘 지식	
추측	어떤 사실이나 보이는 것을 통해서 다른 무엇을 미루어 짐작함. 예 친구가 학교에 오지 않은 이유를 추측해 보았다.

🔵 익힘책 96쪽의 1번 활동 ①을 수행하도록 한다.

🔵 경우에 따라 교재 188~189쪽의 '주의', '맞는' 어휘까지 모두 배운 후 익힘책 96~97쪽 1번~3번 활동을 이어서 수행하도록 한다.

5) 꼬마 수업의 내용을 읽고 '칠교판'에 대해 알아본다.

🔵 '꼬마 수업'의 내용을 읽어 보세요.

🔵 칠교판이 무엇이에요? 칠교판은 몇 개의 조각으로 이루어져 있어요?

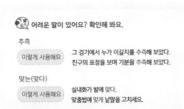

어려운 말이 있어요? 확인해 봐요.

추측

이렇게 사용해요   그 경기에서 누가 이길지를 추측해 보았다.
친구의 표정을 보며 기분을 추측해 보았다.

맞는(맞다)

이렇게 사용해요   실내화가 발에 맞다.
맞춤법에 맞게 낱말을 고치세요.

3. 칠교판으로 다음 모양을 만들어 봅시다.

칠교판을 이용하여 제시한 모양을 만들어 보세요.
모양을 만들 때 일곱 조각을 모두 사용하세요.
조각과 조각이 완전히 떨어지거나
겹치는 부분이 있으면 안 돼요.

1) 모양을 만들 때 주의해야 할 점은 무엇이에요? 밑줄 그은 부분을
소리 내어 읽어 보세요.

2) 주의할 점을 생각하며 칠교판으로 모양을 만들어 보세요. [부록]

4. 칠교판으로 모양을 만들다 생긴 문제를 해결해 봅시다.

주어진 모양과
내가 만든 모양이 달라.
어디가 잘못된 거지?

어떤 부분이 다른지
하나하나 살펴보자.

1) 지민이에게 생긴 문제는 무엇이에요?

2) 요우타가 제시한 해결 방법을 소리 내어 읽어 보세요.

3) 지민이가 잘못 만든 부분을 고쳐서 카드 속 모양을 만들어 보세요. [부록]

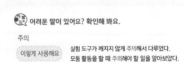

어려운 말이 있어요? 확인해 봐요.

주의

이렇게 사용해요   실험 도구가 깨지지 않게 주의해서 다루었다.
모둠 활동을 할 때 주의해야 할 일을 알아보았다.

---

❸ 주요 활동 II – 7분

1) 그림을 자세히 살펴보고 문제 해결 방법을 찾아 문제
를 해결하도록 한다.

- 🔵 요우타의 생각을 순서대로 소리 내어 읽어 보세요.
- 🔵 요우타가 생각한 차례대로 활동해 1번에서 제시한 모양
을 완성해 보세요.

2) 교재에서 빨간색으로 표시된 어휘를 확인하도록 한다.

- 🔵 '맞는(맞다)'가 사용된 문장을 읽어 보세요.

어휘 지식	
맞다 [맏따]	크기나 규격 등이 어떤 것과 일치하다. 예 반지가 손가락에 맞다.

- 🟡 익힘책 96쪽의 1번 활동 ③을 수행하도록 한다.
- 🟡 경우에 따라 교재 188~189쪽의 '주의' 어휘까지 모두 배운 후
익힘책 96~97쪽 1번~3번 활동을 이어서 수행하도록 한다.

3) 교재에서 파란색으로 색깔이 표시된 어휘를 확인한다.

- 🔵 '순서'가 사용된 문장을 읽어 보세요.

어휘 지식	
순서 [순:서]	어떤 일을 하거나 어떤 일이 이루어지는 차례. 예 순서를 지켜 교실로 들어갔다. 경기 순서를 정했다.

- 🟡 익힘책 98쪽의 4번~5번 활동을 쓰게 한다. 익힘책 활동은
과제로 부여할 수 있다.

❹ 주요 활동 III – 13분

1) 그림을 보고 칠교판으로 모양을 만들 때 주의할 점을 생
각하며 문제를 해결하도록 한다.

- 🔵 배 모양을 만들 때 주의할 점인 밑줄 그은 부분을 소리 내
어 읽어 보세요.
- 🔵 칠교판으로 배 모양을 만들어 보세요.

2) 교재에서 빨간색으로 색깔이 표시된 어휘를 확인한다.

- 🔵 '주의'가 사용된 문장을 읽어 보세요.

어휘 지식	
주의 [주:의]	마음에 새겨 두고 조심함. 예 칼은 손이 베이지 않도록 주의해서 사용해야 한다.

- 🟡 익힘책 96~97쪽의 1번~3번을 쓰게 한다.

❺ 주요 활동 IV – 7분

1) 그림 속 지민이와 요우타의 대화를 살펴보고 문제와 해
결 방법을 찾아보도록 한다.

- 🔵 지민이와 요우타의 대화를 살펴보세요.
- 🔵 지민이에게 생긴 문제는 무엇이에요?
- 🔵 요우타가 문제를 해결하기 위해 제시한 방법을 소리 내어
읽어 보세요.

2) 찾은 문제를 해결하도록 한다.

- 🔵 카드 속 모양과 지민이가 만든 모양을 비교해서 다른 부
분을 찾아보세요.
- 🔵 지민이가 잘못 만든 부분을 고쳐서 카드 속의 모양을 만
들어 보세요.

❻ 정리 – 3분

1) 배운 어휘가 쓰인 문장을 다시 읽어 보도록 한다.

2) 차시 예고를 한다.

함께 해 봐요

1. 칠교놀이를 해 봅시다. [부록]

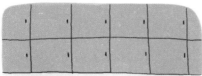

내가 만든 모양이 뭔지 맞혀 봐.

배 모양이야.

맞아. 난 배를 만들었어.

2. 나와 친구들이 무엇을 만들었는지 써 봅시다.

나:

친구 1:

친구 2:

3차시

1 도입 – 5분

1) 전 시간에 배운 내용을 상기한다.

- 선 어떤 문제를 해결해 보았어요? 문제를 해결할 때 어떤 낱말을 사용했어요?
- 선 이번 시간에는 칠교판으로 여러 가지 모양을 만들어 볼 거예요.

2 놀이 설명 – 10분

1) 그림을 보며 어떤 놀이를 할지 생각해 보게 한다.

- 선 친구들이 무엇을 하고 있는지 그림을 살펴보세요.
- 선 친구들이 어떤 놀이를 하는 것 같아요?
- 선 놀이를 하기 위해 무엇이 필요할까요?

2) 놀이 방법을 확인해 보게 한다.

- 선 '칠교놀이'를 하는 방법을 잘 들어 보세요.

> **놀이 방법**
>
> 1. 자기가 만들고 싶은 모양을 생각해 칠교판으로 모양을 만든다.
> 2. 가위바위보를 해 순서를 정한다.
> 3. 정해진 순서대로 자기의 모양을 보여 준다.
> 4. 친구가 보여 주는 모양을 보고 답을 말한다. 답이 맞으면 다음 사람이 문제를 내고 답이 틀리면 다른 사람에게 기회를 준다.
> 5. 놀이가 끝났을 때 많이 맞힌 사람이 이긴다.

3 놀이하기(활동하기) – 20분

1) 놀이 방법에 따라 모둠별로 칠교놀이를 하도록 한다.

- 유 정해진 시간 안에 모양을 만들 수 있도록 너무 오랫동안 생각만 하지 않도록 한다.
- 유 스스로 생각해 만들기 힘들어하는 학생에게는 칠교 도안을 보여 주고 만들도록 한다.
- 유 자기가 만든 모양의 이름을 미리 생각해 놓도록 한다.
- 유 문제당 답을 말할 수 있는 기회를 몇 번 줄 것인지 학생들과 미리 정하고 놀이를 한다.

2) 칠교판으로 나와 친구들이 만든 모양을 써 보도록 한다.

- 선 놀이를 하면서 친구들이 말한 내용을 써 보세요.
- 유 정리 활동으로서 익힘책 99쪽의 1번, 2번 활동을 이어서 수행하도록 하거나 과제로 부여할 수 있다.

4 정리 – 5분

1) 함께 놀이한 친구들에게 고운 말로 칭찬하며 수업을 마무리한다.

2) 차시 예고를 한다.

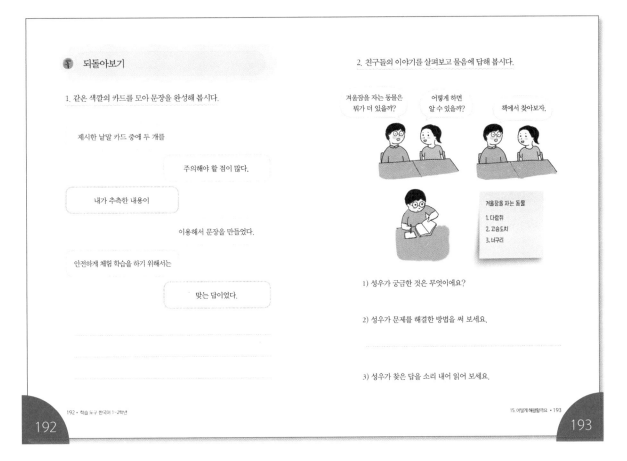

4차시

1 도입 – 5분

1) 되돌아보기 차시의 성격을 설명한다.
- 🔵 15단원에서 배운 낱말과 표현을 복습해 봅시다.

2) 3차시까지 배운 내용을 확인한다.
- 🔵 15단원에서 무엇을 배웠어요?
- 🔵 과학 문제를 해결하기 위해 어떤 방법을 사용했어요?
- 🔵 칠교판으로 무엇을 만들어 보았어요?

2 되돌아보기 I – 15분

1) 15단원에서 배운 낱말을 확인한다.
- 🔵 15단원에서 어떤 낱말을 배웠어요?
- 🔵 가장 기억에 남는 낱말을 사용해서 문장을 만들어 말해 보세요.

2) 제시된 말을 사용하여 문장을 완성해 본다.
- 🔵 카드 속의 말을 소리 내어 읽어 보세요.
- 🔵 이 단원에서 배운 낱말을 찾아 ○표 해 보세요.
- 🟢 학생들이 먼저 표시해 보도록 하고 교사와 함께 이 단원에서 배운 낱말을 모두 확인해 보도록 한다.
- 🔵 같은 색깔의 카드를 연결하여 문장을 완성해 써 보세요.
- 🟢 카드를 연결하여 문장을 완성한 후 하나의 카드의 앞이나 뒤에 어울리는 말을 넣어 문장을 완성하는 활동을 추가할 수 있다.

3 되돌아보기 II – 15분

1) 대화 장면을 살펴보고 문제와 해결 방법을 찾아보도록 한다.
- 🔵 친구들의 대화를 살펴보세요.
- 🔵 성우가 궁금한 것은 무엇이에요?
- 🔵 성우는 문제를 해결하기 위해 어떤 방법을 사용했어요? 2-2)에 써 보세요.

2) 문제의 답을 정리해 보도록 한다.
- 🔵 성우가 찾은 답은 무엇이에요? 소리 내어 읽어 보세요.
- 🟢 학생들이 문제와 해결 방법을 제시하는 활동을 추가할 수 있다.

4 정리 – 5분

1) 단원을 공부하며 든 느낌이나 생각을 이야기한다.

16단원 • 발명가가 될래요

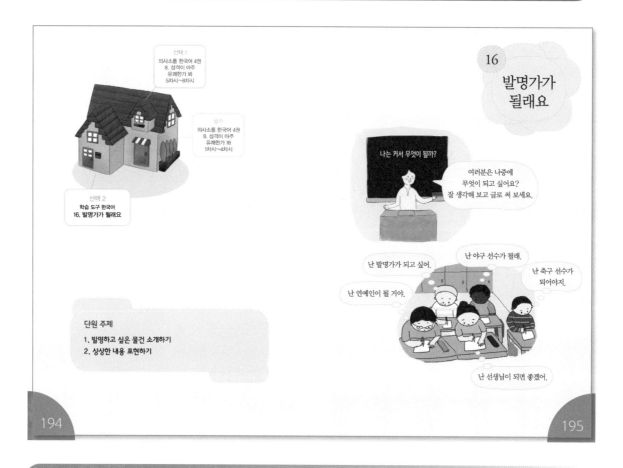

단원의 개관

'발명가가 될래요' 단원은 초등학교 1학년이나 2학년 학생들이 교과 학습에 바탕이 되는 '창의적 사고하기'를 중심으로 한국어 어휘와 표현을 배울 수 있도록 구성했다. 이를 위해 '발명하고 싶은 물건 소개하기', '상상한 내용 표현하기'를 단원의 주제로 설정했고 '상상해서 함께 그리기'를 협동 학습으로서 제시했다. 단원 주제는 1~2학년군의 국어, 수학, 통합(슬기로운 생활) 교과 학습과 관련된 사고 활동 및 읽거나 쓰는 문식 활동의 주제가 된다. 주제별 학습은 1차시와 2차시에 주로 이루어지며 개념 및 지식을 다루거나 용례를 제시하는 어휘 내용을 포함하고 있다. 이러한 어휘 내용은 '한국어 교육과정'의 1~2학년군 어휘 목록에서 선별된 것이다. 단원마다 주제와 관련된 놀이/협동 학습을 3차시에 제시했으며 4차시는 배운 내용을 복습하는 활동으로 마무리하도록 했다.

이 단원은 생활 한국어 능력 중급(3급)의 학습자가 선택할 수 있는 활동과 어휘 내용으로 구성되었다. 따라서 〈의사소통 한국어〉 교재 4권 8단원('성격이 아주 유쾌한가 봐') 필수 차시를 모두 배운 학생을 대상으로 하는 선택 차시로 운영될 수 있다. 학습자의 숙달도에 맞는 어휘 및 쓰기 연습 활동은 익힘책 활동을 병행하여 수행할 수 있도록 했다.

단원의 목표와 내용

1) 단원의 목표

◆ 발명하고 싶은 물건에 대해 생각해 보고 발표할 수 있다.
◆ 상상한 내용을 글로 표현할 수 있다.

2) 단원의 주요 내용

주제	1. 발명하고 싶은 물건 소개하기 2. 상상한 내용 표현하기		
	교재 활동	**어휘 내용**	**교수·학습 특성**
학습 도구 어휘	✏️ 꼬마 수업	여러 가지 일기	개념 이해 (교과 연계 및 익힘책 활용)
	💬 어려운 말이 있어요? 확인해 봐요.	발명, 직접, 표현	용례 학습 어휘 연습 (익힘책 활용)
	선택 어휘 (파란색 표시)	상상	어휘 연습 (익힘책 활용)

● 차시 전개 과정

1) 차시의 흐름

차시	주제	학습 내용	교재 쪽수	익힘책 쪽수
1	발명하고 싶은 물건 소개하기	1. 성우가 발명하고 싶은 물건을 소개하고 있습니다. 소리 내어 읽어 봅시다. 2. 내가 발명하고 싶은 물건을 〈보기〉와 같이 소개해 봅시다.	196~197	100~101
2	상상한 내용 표현하기	1. 내가 커서 되고 싶은 것을 상상해 보고 그리고 그림으로 표현해 봅시다. 2. 상상한 내용을 글로 써 봅시다. 3. 그림일기 쓰는 차례를 알아봅시다. 4. 그림일기를 써 봅시다.	198~201	102~104
3	놀이/협동 학습	1. '상상해서 함께 그리기' 활동을 해 봅시다. 2. 작품이 나타내는 것을 친구들 앞에서 발표해 봅시다.	202~203	105
4	정리 학습	1. 알맞은 것끼리 연결해 봅시다. 2. 선생님께서 '내가 커서 엄마(아빠)가 된다면'에 대한 주제로 상상 일기를 쓰는 숙제를 내주셨습니다. 그림일기로 써 봅시다.	204~205	

2) 차시별 교수·학습 활동

◆ 1차시 및 2차시: 단원의 주제에 맞는 읽기(특히 소리 내어 읽기)나 쓰기 활동을 제시했다. 또한 생각을 주고받는 말하기나 발표하기 등의 수업 활동을 경험할 수 있도록 과제를 제시했다. 익힘책 활동이 연계된다.

◆ 3차시: 단원의 주제와 관련된 놀이나 협동 활동을 제시했다. 놀이나 협동 과정에서 사용한 어휘, 문장을 활용하는 쓰기와 말하기 활동이 함께 제시되었다. 익힘책 활동이 연계된다.

◆ 4차시: 단원의 어휘 및 주제별 학습 내용을 정리, 복습하는 활동을 제시했다. 복습 활동 위주의 차시로서 익힘책 활동은 따로 연계되지 않는다.

● 단원 지도상의 유의점

◆ 학습에 필요한 어휘 학습과 문식력 강화 활동이 이루어지도록 운영한다.

◆ 발명가가 되어서 발명하고 싶은 것을 상상하는 제재를 통해 창의적 사고를 이끌어 낼 수 있도록 한다.

◆ 이 단원(각 학년군별 학습 도구 한국어 끝 단원)은 일기 쓰기 특화 단원이기도 하다. 창의적 사고와 일기 쓰기의 연결 고리를 상상 일기를 쓰는 내용으로 다룬다.

◆ '상상해서 함께 그리기'는 협동화를 그리는 활동 자체에 초점이 있는 것이 아니므로 그리는 과정의 의사소통 활동에 초점을 두고 운영한다.

◆ 학습 도구 어휘의 경우 추상성이 강하므로 명시적으로 설명하기보다는 활동 과정에서 경험을 통해 익힐 수 있도록 한다.

1차시

주제
발명하고 싶은 물건 소개하기
주요 활동
1. 성우가 발명하고 싶은 물건을 소개하고 있습니다. 소리 내어 읽어 봅시다.
2. 내가 발명하고 싶은 물건을 〈보기〉와 같이 소개해 봅시다.
학습 도구 어휘
발명, 직접

1 도입 – 5분

1) 단원 도입 모듈에 제시된 〈의사소통 한국어〉 연계 단원 이름을 본다. 〈의사소통 한국어〉 교재에서 배웠던 내용을 간략히 정리해 주거나, 〈의사소통 한국어〉 주제를 활용하여 생활 한국어 이해 수준을 간략히 확인한다.

   - 선 여러분이 배워야 할 한국어들이 잘 모이면 이렇게 예쁜 집이 돼요.
   - 선 여러분은 무엇인가 발명하고 싶은 것이 있어요? 있다면 이야기 나누어 볼까요?
   - 유 도입 모듈에 대한 설명이나 활동은 최대한 간략하게 하며, 경우에 따라 생략할 수 있다.

2) 단원 도입 그림을 보면서 단원의 주제와 학습 목표, 대략적인 단원 학습 내용을 살펴본다.

   - 선 선생님의 말씀을 읽어 보세요.
   - 선 학생들은 무슨 생각을 하며 글을 쓰고 있어요?
   - 선 이번 단원에서 무엇을 배울 것 같아요?

3) 단원 학습 목표를 소개하고, 주요한 활동들을 간략히 소개한다.

   - 선 이번 단원에서는 내가 발명하고 싶은 물건에 대해 써서 소개할 거예요. 그리고 상상한 내용을 그림과 글로 표현해 보고 이것을 활용하여 그림일기를 써 볼 거예요.
   - 유 도입 단계에서 학습자들의 수준을 판별하여 차시 활동이나 추후 익힘책 활동 등을 선택적으로 운영할 수 있도록 한다.

2 주요 활동 I – 15분

1) 발명하고 싶은 물건 소개하기 활동을 안내한다.

   - 선 이번 시간에는 자기가 발명하고 싶은 물건을 소개하는 활동을 해 볼 거예요.
   - 선 내가 발명해 보고 싶은 물건이 있어요?

2) 교사가 교재의 내용을 읽어 주고, 이해를 확인한다.

   - 선 선생님이 먼저 읽어 줄게요. 같이 보세요.
   - 선 칠판에는 무엇이라고 적혀 있어요?

3) 성우의 말을 소리 내어 읽는 활동을 수행하게 한다.

   - 선 성우의 말을 소리 내어 다 같이 읽어 보세요.
   - 유 성우의 말을 다양하게 소리 내어 읽어 보는 활동을 통해 읽기 유창성을 증진시킬 수 있다.

발명하고 싶은 물건 소개하기

1. 성우가 발명하고 싶은 물건을 소개하고 있습니다. 소리 내어 읽어 봅시다.

> 제가 발명하고 싶은 것은 공부를 도와주는 기계입니다. 제가 모르는 것이 있을 때 기계에게 직접 물을 수 있으면 좋겠습니다. 그러면 그 기계의 대답을 듣고 모르는 것을 쉽게 알 수 있을 것 같습니다.

어려운 말이 있어요? 확인해 봐요.

발명
이렇게 사용해요 · 학생 발명 대회에서 최우수상을 받았습니다.
· 비행기의 발명으로 많은 사람들이 세계 여행을 합니다.

직접
이렇게 사용해요 · 내가 푼 시험지를 내가 직접 채점했다.
· 어머니께서 직접 만드신 장갑을 손에 껴 보았다.

196

---

4) 교재에서 빨간색으로 표시된 어휘를 확인하도록 한다.

   - 선 1번 문제를 다시 읽어 보세요. 본문을 다시 읽어 보세요.
   - 선 '발명'과 '직접'에 대해 좀 더 알아볼게요.

어휘 지식	
발명	아직까지 없던 기술이나 물건을 새로 생각하여 만들어 냄. 예 발명이라고 하면 에디슨이 떠오른다. 세종대왕의 한글 발명은 대단한 일이다.
직접	중간에 아무것도 개재시키지 아니하고 바로. 예 유명한 과학자를 직접 만나 볼 수 있었다. 박물관에서 유명한 그림을 직접 살펴보았다.

   - 유 익힘책 100~101쪽의 1번~4번 활동을 쓰게 한다. 경우에 따라 과제로 부여할 수 있다.

3 주요 활동 II – 15분

1) 내가 발명하고 싶은 물건에 대해 소개하는 활동을 안내한다.

   - 선 내가 발명하고 싶은 물건을 〈보기〉와 같이 쓰고 소개해 볼 거예요.

2. 내가 발명하고 싶은 물건을 보기 와 같이 소개해 봅시다.

보기

저는 스스로 글씨를 쓰는 연필을
만들고 싶어요. 글씨를 써야 할 때
말을 하면 바로 공책에 예쁜 글씨로
써 주는 연필이요. 그게 있으면
매우 편리할 것 같아요.

┌─────────────┐   ┌───────────────────┐   ┌──────────────┐
│ 내 얼굴을 그리거나 │   │ 내가 발명하고 싶은 것을 소개하는 글 │   │ 발명하고 싶은 것을 │
│ 내 이름 쓰기 │   │   │   │   간단히 그리기 │
└─────────────┘   └───────────────────┘   └──────────────┘

16. 발명가가 될래요 • 197

197

2) 교사가 교재의 내용을 읽어 주고 이해한 내용을 확인
한다.

🔵 다 같이 아이다가 쓴 글을 읽어 보세요.

🔵 아이다가 쓴 글을 발표하듯이 소리 내어 읽어 보세요.

🔵 아이다는 무엇을 발명하고 싶다고 했지요?

🔵 오른쪽의 그림은 무엇인지 설명해 보세요.

3) 발명하고 싶은 물건을 소개하는 간단한 글을 쓰도록
안내한다.

🔵 나에게 필요한 물건 중 세상에 없는 물건이 있다면 이것
을 발명해 보는 내용으로 글을 써 볼 수 있어요.

🔵 여러분, 왼쪽에는 자기 얼굴을 그리거나 이름을 쓰고 오
른쪽에는 발명하고 싶은 물건을 그림으로 그리세요.

🔵 내가 발명하고 싶은 물건에 대해 자세하게 써 보세요.

🔵 쓴 것을 바탕으로 친구들 앞에서 내가 발명하고 싶은 물
건에 대해 발표해 보세요.

🟡 발명하고 싶은 물건을 생각해 내기 어려워하는 경우에는 날
아다니는 자동차, 동력기가 달린 신발, 이동하는 집 등 여러
가지 발명품을 생각해 볼 수 있는 다양한 소재를 제시해 줄
수 있다.

---

4 정리 – 5분

1) 이번 시간에 배운 것을 정리한다.

🔵 이번 시간에는 발명하고 싶은 물건에 대해 써 보고 이것
을 발표해 보았어요.

2) 다음 차시를 안내한다.

🔵 다음 시간에는 상상한 것을 표현하고 일기 쓰는 과정에
대해 알아볼 거예요.

1. 내가 커서 되고 싶은 것을 상상해 보고 그림으로 표현해 봅시다.

2. 1번에서 상상한 내용을 글로 써 봅시다.

😊 어려운 말이 있어요? 확인해 봐요.

표현

이렇게 사용해요
내 생각을 글로 표현해 보았다.
나는 감정 표현을 잘하는 편이다.

2차시

주제
상상한 내용 표현하기

주요 활동
1. 내가 커서 되고 싶은 것을 상상해 보고 그림으로 표현해
봅시다.
2. 상상한 내용을 글로 써 봅시다.
3. 그림일기 쓰는 차례를 알아봅시다.
4. 그림일기를 써 봅시다.

학습 도구 어휘
표현, 여러 가지 일기, 상상

1 도입 – 5분

1) 1차시와 달라지는 2차시 활동이나 내용에 대하여 간략
히 안내한다.

🔵 이번 시간에는 상상한 것을 그림과 글로 표현해 보고 그
림일기 쓰는 법을 배워 볼 거예요.

2) 1차시 내용에 대한 이해 정도를 확인하며 2차시 내용
에 대하여 안내한다.

🔵 지난 시간에는 내가 발명하고 싶은 것을 소개해 보았어요.

2 주요 활동 I – 10분

1) 내가 커서 되고 싶은 것을 그림으로 표현하도록 안내
한다.

🔵 여러분은 나중에 커서 무엇이 되고 싶어요? 생각해 보세
요. 여러분의 꿈은 무엇이에요? 미래에 나는 무엇이 되어
있을까요?

🔵 내가 커서 되고 싶은 것을 그림으로 그려 보세요.

🔵 그림을 잘 그리지 않아도 돼요. 내가 커서 무엇이 될지 생
각해 보는 게 더 중요해요.

🟢 미래의 꿈에 대해 충분히 생각해 보고 발표하도록 한다. 그
림으로 표현하는 데 초점을 두기 보다는 자신이 나중에 하고
싶은 것에 대해 충분히 생각하고 말할 수 있도록 안내한다.

2) 교재에서 빨간색으로 표시된 어휘를 확인하도록 한다.

어휘 지식	
표현	생각이나 느낌 따위를 언어나 몸짓 따위의 형상으로 드러내어 나타냄. 예 이 그림은 표현 방법이 다양하다. 친구들에게 좋다는 표현을 잘 하는 편이다.

🟢 익힘책 102쪽의 1번~2번 활동을 쓰게 한다. 경우에 따라
과제로 부여할 수 있다.

3) 교재에서 파란색으로 표시된 어휘를 확인하도록 한다.

어휘 지식	
상상	실제로 없는 것이나 경험하지 않은 것을 머릿속으로 그려 봄. 예 미술 시간에 상상의 세계를 나타내는 그림을 그렸다. 이번 대회에서 상을 받는 것은 상상 밖의 일이다.

3. 그림일기 쓰는 차례를 알아봅시다.

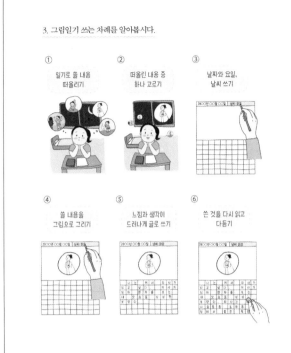

① 일기로 쓸 내용 떠올리기
② 떠올린 내용 중 하나 고르기
③ 날짜와 요일, 날씨 쓰기
④ 쓸 내용을 그림으로 그리기
⑤ 느낌과 생각이 드러나게 글로 쓰기
⑥ 쓴 것을 다시 읽고 다듬기

4. 그림일기를 써 봅시다.

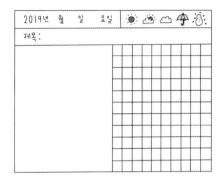

> ✏️ **꼬마 수업**　여러 가지 일기
>
> 일기는 오늘 나에게 있었던 일 중에서 기억에 남는 것, 특별한 것을 주로 쓰지만 다른 내용과 형식으로도 쓸 수 있어요. 선생님께서 정해 주시는 주제에 따라 쓰는 주제 일기, 책을 읽고 생각하고 느낀 점을 쓰는 독서 일기, 신문을 읽고 쓰는 신문 일기, 이야기를 상상하고 지어서 쓰는 상상 일기, 관찰한 것을 쓰는 관찰 일기, 조사한 것을 쓰는 조사 일기, 만화로 표현하는 만화 일기, 동시로 표현하는 동시 일기 등이 있어요.

🔵 익힘책 103~104쪽의 3번~5번 활동을 쓰게 한다. 익힘책 활동은 과제로 부여할 수 있다.

③ 주요 활동 II – 5분

1) 앞에서 그림으로 그린 내용을 글로 표현하도록 안내한다.

　🔵 그림으로 그린 내용에 대해 설명하는 글을 써 보세요.

2) 글로 쓴 것을 친구들 앞에서 발표하게 한다.

　🔵 그림에 대해 쓴 글을 친구들 앞에서 발표해 보세요.

④ 주요 활동 III – 5분

1) 그림일기 쓰는 차례를 알아보도록 한다.

　🔵 그림을 보고 그림일기 쓰는 차례를 알아보세요.

　🔵 무슨 그림이에요? 각 단계별로 무엇을 나타내고 있어요?

⑤ 주요 활동 IV – 10분

1) 그림일기를 써 보게 한다.

　🔵 그림일기를 써 보세요.

2) '꼬마 수업'의 어휘를 확인하고 공부하게 한다.

　🔵 오늘 '꼬마 수업'에서는 '여러 가지 일기'에 대해 알아볼 거예요. 먼저 다 같이 읽어 보세요.

⑥ 정리 – 5분

1) 이번 시간에 배운 것을 정리한다.

　🔵 이번 시간에는 상상한 내용을 그림으로 그리고 글로도 써 보았어요. 그리고 그림일기 쓰는 법을 배워서 그림일기도 써 보았어요.

2) 다음 차시를 안내한다.

　🔵 다음 시간에는 상상한 것을 친구들과 함께 그림으로 그려 볼 거예요.

　🔵 정리 활동으로서 익힘책 104쪽의 6번 활동을 이어서 수행하도록 하거나 과제로 부여할 수 있다.

함께 해 봐요

1. '상상해서 함께 그리기' 활동을 해 봅시다.

2. 작품이 나타내는 것을 친구들 앞에서 발표해 봅시다.

3차시

1 도입 – 2분

1) 이번 시간에 할 활동을 그림을 미리 보고 생각해 보게 한다.

📕 이번 시간에는 무엇을 할까요?

2) 이번 시간 활동을 안내한다.

📕 이번 시간에는 '상상해서 함께 그리기'를 할 거예요.

2 놀이 설명 – 3분

1) 그림을 보며 어떻게 활동할지 생각해 보게 한다.

📕 그림에서 선생님의 말씀을 읽어 보세요.
📕 그림에서 친구들이 한 말을 읽어 보세요.
📕 어떻게 그림을 그리는 활동을 할지 발표해 보세요.

2) 놀이 방법을 확인한다.

📕 다 같이 그림을 그린 다음 선생님께 그 그림을 내면 선생님이 그 그림을 모둠원의 수만큼 잘라서 나누어 줄 거예요. 그러면 여러분은 그 중 한 조각만 색칠하면 돼요. 그리고 모두 완성을 하면 교실 칠판에 모아 같이 감상할 거예요.

📙 그리기 활동 자체보다 그리는 과정에서의 의사소통 활동에 초점을 맞추어 활동하도록 안내한다.

3 놀이하기(활동하기) – 30분

1) 놀이 방법에 따라 모둠별로 그림을 그리도록 한다.

📙 그리다 보면 시간이 부족할 수 있다. 종이 크기를 조금 작게 하여 시간을 조절할 수 있다.

4 정리 – 5분

1) 그린 것을 칠판 앞으로 가지고 와서 다른 친구들에게 발표해 보게 한다.

📙 그림에 대해 발표할 때에는 모둠의 학생들이 모두 나와서 함께 발표하도록 안내하여 말할 수 있는 기회를 더 많이 제공하도록 한다.

2) 다른 모둠의 작품을 감상하며 평가하게 한다.

📙 정리 활동으로서 익힘책 105쪽의 1번~2번 활동을 이어서 수행하도록 하거나 과제로 부여할 수 있다.

🧭 되돌아보기

1. 알맞은 것끼리 연결해 봅시다.

상상	직접	일기	발명	표현
•	•	•	•	•

•	•	•	•	•
오늘 하루 있었던 특별한 일이나 특별한 주제에 대해 쓴 글	세상에 없는 것을 만들어 냄.	느낌, 생각 등을 말이나 글, 몸짓, 그림 등으로 나타냄.	실제 일어나지 않는 것을 생각해 냄.	중간에 아무것도 없이 바로

2. 선생님께서 '내가 커서 엄마(아빠)가 된다면'에 대한 주제로 상상 일기를 쓰는 숙제를 내주셨습니다. 그림일기로 써 봅시다.

년 월 일	날씨:

4차시

1 도입 – 5분

1) 되돌아보기 차시의 성격을 설명한다.

🔴 되돌아보기는 이번 단원에서 배운 것을 다시 확인해 보는 활동이에요.

2) 3차시까지 배운 내용을 확인한다.

🔴 이번 단원에서 우리는 상상한 것을 글과 그림으로 표현하고 그림일기 쓰는 법을 배웠어요. 그리고 그림일기도 써 보았어요.

2 되돌아보기 I – 10분

1) 각 낱말들과 그에 맞는 설명을 이어 보는 활동을 설명한다.

🔴 여기 있는 낱말들과 그에 맞는 설명을 찾아 줄로 이어 보세요.

2) 한 문제 정도는 함께 풀거나 교사가 답을 찾는 과정을 보여 준 후 활동을 수행한다.

🔴 선생님이 어떻게 하는지 보여 줄게요.

3 되돌아보기 II – 20분

1) 상상 일기를 써 보게 한다.

🔴 내가 커서 엄마나 아빠가 된다면 어떨지 상상해 보고 그림일기로 써 보세요.

2) 다 쓴 일기를 발표할 기회를 갖게 한다.

🔴 다 쓴 그림일기를 발표해 보세요.

4 정리 – 5분

1) 단원을 공부하며 든 생각이나 느낌을 이야기한다.

🔴 이번 단원을 공부하며 알게 된 점이나 느낀 점을 발표해 보세요.

2) 단원에서 공부한 것을 교사가 간단히 정리한다.

🔴 이번 단원에서는 상상한 것을 그림과 글로 표현해 보았어요. 그리고 그림일기 쓰는 법도 배워서 그림일기를 써 보았어요.

기획·담당 연구원 ──

정혜선 국립국어원 학예연구사
이승지 국립국어원 연구원
박지수 국립국어원 연구원

집필진 ──

책임 집필
이병규 서울교육대학교 국어교육과 교수

공동 집필
박지순 연세대학교 글로벌인재학부 교수
손희연 서울교육대학교 국어교육과 교수
안찬원 서울창도초등학교 교사
오경숙 서강대학교 전인교육원 교수
이효정 국민대학교 교양대학 교수
김세현 서울명신초등학교 교사
김정은 서울가원초등학교 교사
박유현 연세대학교 언어연구교육원 한국어학당 강사
박지현 연세대학교 언어연구교육원 한국어학당 강사
박창균 대구교육대학교 국어교육과 교수

박혜연 서울교대부설초등학교 교사
박효훈 서울원명초등학교 교사
신윤정 서울도림초등학교 교사
신현진 서울강동초등학교 교사
이은경 세종사이버대학교 한국어학과 교수
이현진 서울천일초등학교 교사
조인옥 연세대학교 언어연구교육원 한국어학당 교수
최근애 서울사근초등학교 교사
강수연 서울구로중학교 다문화이중언어 교원

초등학생을 위한
표준 한국어 교사용 지도서
학습 도구 1~2학년

ⓒ 국립국어원 기획 | 이병규 외 집필

초판 1쇄 인쇄 | 2020년 3월 5일
초판 1쇄 발행 | 2020년 3월 10일

기획 | 국립국어원
지은이 | 이병규 외
발행인 | 정은영
책임 편집 | 한미경
디자인 | 디자인붐, 박현정, 윤혜민, 이경진
일러스트 | 우민혜, 민효인, 김채원, 고굼씨

펴낸 곳 | 마리북스
출판 등록 | 제2019-000292호
주소 | (04053) 서울특별시 마포구 와우산로29길 37 301호(서교동)
전화 | 02)336-0729   팩스 | 070)7610-2870
이메일 | mari@maribooks.com
인쇄 | (주)현문자현

ISBN 979-11-89943-39-4 (64710)
       979-11-89943-30-1 (set)

＊이 책은 마리북스가 저작권사와의 계약에 따라 발행한 것이므로
  본사의 허락 없이는 어떠한 형태나 수단으로도 이용하지 못합니다.
＊잘못된 책은 바꿔 드립니다.
＊가격은 뒤표지에 있습니다.